Léon Degrelle

Tintin, mon copain

Omnia Veritas

LÉON DEGRELLE

Tintin, mon copain

1991

Publié par

Omnia Veritas Ltd

OMNIA VERITAS

www.omnia-veritas.com

À la mémoire de mon frère Édouard, assassiné, dans sa maison de Bouillon, devant ses fillettes, par les "épurateurs belges", le 8 juillet 1944, ainsi qu'à la mémoire de ma mère (âgée de presque quatre-vingts ans) et de mon père, morts d'anéantissement dans les prisons de la haine, à Bruxelles, le 29 octobre 1947 et le 11 mars 1948.

Léon Degrelle

MEIN KAMPF
REX

PREMIÈRE PARTIE

LA NAISSANCE DE TINTIN

CHAPITRE I

HERGÉ ET TOTOR AU 'VINGTIÈME SIÈCLE'

« Le jour d'aujourd'hui » comme on dit à Bruxelles, cent quatre-vingts millions d'albums de Tintin circulent à travers le monde. Ils sont publiés en plus de quarante-cinq langues. Que ce soit à New York ou à Tokyo, des milliards de téléspectateurs se régalent en assistant aux émissions des séries inspirées par les chefs d'œuvre Tintinesques. Ces records triomphaux, toujours croissants, ne se discutent même plus.

Mais son progéniteur, le dessinateur Hergé, d'où est-il sorti ? Qui l'a tenu sur les fonts baptismaux, le matin de sa naissance ?

Hergé en 1937

Et bien, voilà ! Hergé est, avant tout, né des œuvres d'un curé ! C'est bien un prêtre catholique qui a extrait du néant ce petit bonhomme futé. Ce prêtre s'appelait Norbert Wallez. Tintin a eu d'ailleurs plusieurs pères. C'est le fruit dudit abbé, bien sûr ; ce l'est, en second lieu, du grand artiste Hergé, lui-même, brandissant ses crayons. Et, indirectement, c'est de moi.

Hergé au début des années 30

Moi ? Mais oui ! Ce moi, c'est Léon Degrelle !

Imaginez le scandale ! Degrelle, le « fasciste » ! Celui qui fut le « candidat-dictateur » de la Belgique peu après les débuts artistiques de Hergé !

Pire encore : ce Degrelle, on l'a assez répété, Hitler aurait voulu l'avoir pour fils ! C'est tout vous dire ! Quel arbre généalogique ! Grands dieux !

Nous voilà bien mal partis dans notre étude sur les origines du futur explorateur Tintin dans l'U.R.S.S. de Staline, chez les crocodiles du Congo, ou parmi les bouddhistes à robe Jaune du Siam et du Tibet !

De son père (selon les crayons), que sait-on ?

Première constatation : Hergé, en tant que Hergé, n'a jamais existé à l'état civil. Le créateur de Tintin est né à Etterbeek, un faubourg de Bruxelles, le 3 mai 1907. Il s'appelait alors tout simplement Remi, Georges Remi, G.R. Si vous vous en tenez à ces initiales, et si vous intervertissez les majuscules, l'attrapette donne R.G. Épelez avec soin ces deux lettres, résultat : Hergé. Son Tintin va devenir un des personnages les plus connus de l'Univers, celui que le Général De Gaulles, avec son flegme hautain, appellera son rival international !

Léon Degrelle au début des années 30

L'abbé Norbert Wallez, directeur du 'Vingtième Siècle'

Hergé était-il sorti, armé de ses crayons, de la cuisse de Jupiter ? Pas exactement. Sa mère était une accorte flamande, épouse d'un employé. La grand-mère, elle, était originaire des Marolles. Les Marolles , c'est quoi ? C'est un quartier, haut en couleurs et en goguenarderie, de la vieille capitale de la Belgique. C'est un repaire de boutiquiers volubiles et astucieux, de filles abondantes, éminemment breughéliennes, et de gros bras guettant quelque combat rapproché. Cette population ne parle ni le Français, ni le Flamand, ni le Chinois, mais le Marollien, langue locale aux piments forts, que certains prennent pour une espèce de volapuk belgo-bruxellois, riche en termes originaux particulièrement sonores et drôles, inventés, siècle par siècle, par la truculence populaire. Ce Marollien, Georges Remi ne le parlera jamais. Mais jamais Hergé n'oubliera le Marollien fleuri de sa grand-mère. Il le réintroduira maintes fois dans ses vingt-trois albums, sous forme d'énigmes ou de devinettes. Le cheik Bab El Ehr, dans 'L'Or Noir', est la transposition marollienne de babbeleir (un 'causeur') ! Allez le deviner ! Un autre cheik s'appelle Ben Kalisch Ezab : lui, était né… d'un 'jus de réglisse' (le 'calichsap') ! Les indiens d'Amazonie de Hergé sont de curieux polyglottes qui discutent de

LE BLÉ QUI LÈVE

Le Général Brialmont

'Le Blé qui lève' du 10 juin 1928, Frontispice de Hergé. L'article sur le Général Brialmont est signé Léon Degrelle

'Karah bistoup' (carabistouilles !). Les Arumbayas sont 'kwout' (c'est-à-dire 'fâchés' !). Dans *Tintin chez les Picaros*, on voit ceux-ci s'interpeler étrangement : « mö preifh mö Niki ! » Vous tripoterez en vain vos dictionnaires si vous voulez déchiffrer cette exclamation ! Seul un bon Brusseleer retrouvera dans cette expression pseudo-amazonienne le typique « mais essayez seulement une fois ! » de l'affectueuse grand-mère !

La gouaillerie marollienne illuminera le langage de nombre des marionnettes Tintinesques, notamment les illustres *Quick et Flupke*, alertes fripouillards sur le polissonnant pavé bruxellois.

Avec le temps, tout ce monde fleuri va atterrir à Bruxelles, au bureau de l'abbé Wallez.

Là, il s'agit d'un homme tout à fait exceptionnel. « L'abbé Wallez, dira Hergé, a eu sur moi une énorme influence. Il m'a fait prendre conscience de moi-même, il m'a fait voir en moi. » C'est un prêtre hors de série. Il ne dirige ni une paroisse, ni une congrégation de filles pieuses chantant avec enthousiasme des cantiques au mois de mai. Il dirige un journal. Ce journal s'appelle 'Le XXème Siècle'. Plus tard Hergé transformera graphiquement le titre, il deviendra 'Le Vingtième Siècle'. Il est le deuxième quotidien catholique de Belgique, le seul d'ailleurs que daigne lire le Cardinal de Malines, un lourd dignitaire taiseux, taillé comme un portefaix, aussi accueillant qu'une hottée de branches de houx aux picots bien acérés. Ce prélat s'appelait Van Roey, Joseph-Ernest Van Roey : « On prononce Van Roey comme grenouille », faisait aimablement remarquer le concurrent, 'La Libre Belgique'.

L'abbé Norbert Wallez, les bras tendus vers les jeunes, était puissant comme un bahut normand. Il était fondamentalement débonnaire. Rangées avec soin près de son bureau, on apercevait deux gracieuses petites mules à pompons rouges : celles qui attendaient chaque matin les pieds mignons de sa secrétaire, la jolie Germaine (Germaine Kieckens), autre apparition étonnante dans ces lieux présumés abigotis, où on s'attendait à voir des goupillons et non des jupons !

Georges Remi, jeune inconnu timide, s'était présenté un beau jour à l'immeuble de l'abbé Wallez. Il voulait obtenir un job. Il venait d'avoir vingt ans. Que pourrait-il faire ? Dessiner ? Mais, autour de lui, bien qu'il brossât parfois des caricatures, on doutait depuis toujours qu'il eut des dons pour le dessin. Au collège Saint-Boniface de Bruxelles, où il avait excursionné pendant quelques années, on lui avait demandé un jour de reproduire au crayon une fleur. Le dessin avait été lamentablement raté. Hergé n'avait même pas obtenu la moyenne ! Il avait aussi tenté sa chance chez les Petits Frères des Écoles Chrétiennes à l'Institut Saint-Luc. Là, on l'avait prié de recopier la maquette en plâtre d'un chapiteau corinthien. Le chapiteau était resté ridicule sur son socle, face à un Hergé incapable d'en transposer à peu près correctement les lignes architecturales ! Au surplus, il l'avait pris pour une frise assyrienne !

À la création tordue de cet infortuné chapiteau s'était alors limitée la carrière de Hergé étudiant en arts plastiques. Il avait, presque clandestinement, brossé dans la revue 'Le Boy Scout' quelques petits dessins, assez malhabiles. Ils étaient signés Georges Remi. On ne découvrirait un petit 'Hergé' hésitant qu'en décembre 1924, au-dessous d'un modeste en-tête « Coin des Louveteaux ». Ça ne cassait rien. Ce n'était pas alors le dessin qui comptait, mais la ferveur d'un gamin, apôtre du scoutisme. Il bricola aussi quelques dessins, pour faire plaisir à des intimes. Il était fondamentalement chrétien, donc lié aux revues qui rassemblaient les jeunes idéalistes collaborant aux publications de cette époque : 'Le Blé qui lève' et 'L'effort'.

Là, il signe quelques illustrations, d'une indiscutable banalité, y compris le croquis – quelle horreur !– d'un juif à houppelande, barbu, aux mains entortillées. Il brosse également des cartes postales, assez conventionnelles : trois pour l'Association Catholique de la Jeunesse Belge (A. C. J. B.) et six pour 'Le Campeur'. Elles se vendent aujourd'hui à 50 000 Francs Belges. En 1928, elles coûtaient trois Francs, ce qui, entre nous, était bien payé !

"Le Juif", illustration pour 'L'Effort', organe officiel de l'Association Catholique de la Jeunesse Belge (1925)

On a aussi retrouvé quelques croquis créés par Hergé : un Georges Remi le nez rond, l'œil perdu, sérieux comme un pape, serrant dans ses bras de danseur costaud une blondinette quatre fois plus mince que lui, aux cheveux abondamment oxygénés ; deux dessins, aussi, à la plume ; et, enfin, un extraordinaire 'crayon', esquissant en quelques traits d'une admirable sûreté deux gosses encapuchonnés, qui valent, presque, tous les futurs *Quick et Flupke*.

Hergé, danseur mondain ?
Crayon datant de 1923-25

Jusque-là Hergé est, avant tout, un vaillant scout, pur à souhait, ingambe, suivant à la piste les traces de Peaux-Rouges ! D'où le goût de l'aventure qui inspirait Hergé si merveilleusement, le moment venu. Et qui nourrirait sa foi dans la nécessité de la « bonne action ».

L'abbé Wallez était un dénicheur d'hommes. Il avait rapidement repéré, à travers ce scout timide, un garçon qui pourrait être valable. Mais valable en quoi ?

À toutes fins utiles, il l'installa d'abord au département des abonnements du journal. Ce n'était pas spécialement emballant, mais le jeune Georges Remi était disposé à s'adapter à n'importe quelle tâche. En 1938, on l'avait fait passer, de préposé aux abonnements, aux fonctions d'apprenti-photographe. Ça allait. Il devint ensuite aide-photograveur. Nouvelle promotion : il va falloir choisir maintenant les caractères des titres. Il se risque même à brosser quelques illustrations dans les pages spéciales du journal. L'abbé remarque la netteté de celles-ci, le coup sûr du crayon qu'humanise un humour subtil. Le journal, aux maigres ressources, n'abonda jamais en dessinateurs. Aussi se mit-on rapidement à assaisonner toutes les fritures rédactionnelles à la sauce Georges Remi. Il fallait représenter un paysage, un pont, un clocher ? On lui passait une carte postale à copier ! On devait illustrer un conte, un récit, un poème, qu'il fût d'Henri Bordeaux, d'Albert Londres, de Paul Morand, de Genevoix, de Verhaeren, de Tolstoï, ou, remontant dans la nuit des temps, de Perrault ou de Cervantès ? On refilait au brave

Georges la liasse des épreuves : « Dessine ! » « Je faisais absolument tout », avouera plus tard Hergé.

Quick et Flupke, esquissés dès 1920 ?

Toujours, l'illustration était méticuleuse, parfois banale, parfois remarquable, comme cette formidable tête de Hun fonçant à cheval, sabre au clair, l'œil féroce, qui illustrerait à l'emporte-pièces un conte de Henri Lavedan.

En ces mois-là, précisément, l'abbé Wallez a décidé d'ajouter à son journal un supplément pour les jeunes. Il veut le faire paraître tous les jeudis (jour de congé) : il s'appellera 'Le Petit Vingtième'. Georges Remi, tout jeune qu'il soit, a montré qu'il était finet, pas clampin, habile en tout. Au surplus –et, pour un meneur d'hommes comme l'abbé Wallez, c'est très important– il est d'un maniement aisé.

Conclusion rapide : le voilà chargé de mettre en route cette édition spéciale pour la jeunesse, sous la direction du poète surréaliste Paul Werrie.

Le démarrage du 'Petit Vingtième', se fait, très modestement, le 1er novembre 1928.

Jusqu'alors à peu près personne, hors du journal, ne sait qui est ce Georges Remi, ce G. R., ce R. G. Il est tout seul à sa table de bois blanc. Il n'ose pas encore se risquer à une création directe.

Léon Tolstoï. Dessin de Hergé dans 'L'Avant-Garde' du 20 décembre 1928.

Pendant les premiers mois, il illustrera –c'est tout– une historiette sans gloire qu'a pondue un correspondant sportif du journal, dont plus personne ne se souvient aujourd'hui, qui s'appelait Desmedt et se dissimulait sous le pseudonyme de Smeltiéri…

L'abbé avait, en effet, la marotte des sports. Il avait même imaginé, lui qui n'avait jamais joué au football, de lancer, le dimanche après midi, un numéro spécial de son journal qui apporterait, à la sortie même des stades, le compte rendu, composé et imprimé à toute vitesse, de la première partie du match auquel le public venait tout juste d'assister !

D'où le choix privilégié d'un brave chroniqueur sportif pour rédiger le texte que Hergé aurait à illustrer, dans le coin de grenier où, au début, on l'avait installé.

Flup, Nénesse, Poussette et Cochonnet.

La série dont avait accouché l'honnête spécialiste du ballon ne cassait rien, le titre était long mais pas très emballant : 'Les aventures de Flup,

Nénesse, Poussette et Cochonnet'. Remi sua quelques semaines à ravauder ce cochonnet.

Finalement, il trouva qu'il se débrouillerait mieux en rédigent lui-même les textes à illustrer. Sa série personnelle prolongerait les aventures d'un certain Totor, dont il avait dessiné les premiers exploits dans le petit journal 'Le Boy Scout'.

C'est alors que je vais apparaitre, personnellement, au studio où Georges Remi vient de piquet ce cochonnet au bout de son crayon.

CHAPITRE II

« ROI DES PAPOUS, S'IL LE FAUT »

À quoi avait tenu cette rencontre insolite ?...

J'étais tombé chez Wallez par hasard, sans l'avoir cherché. J'étais alors étudiant en Droit à l'Université de Louvain. Un étudiant dans le tas.

Mais très tôt, j'avais commencé à faire un certain tapage. J'avais fanfreluché plusieurs petits bouquins. J'avais même repêché un hebdomadaire universitaire appelé 'L'Avant-Garde', décédé l'été précédent faute de lecteurs.

Pour émerillonner malgré tout les acheteurs rétifs, j'avais fait tomber sur le public une cascade de farces géantes, notamment un faux grand procès intenté par les deux branches –fabriquées par moi de toutes pièces– de la famille d'un illustre écrivain défunt, décédé de longue date, Alexandre Dumas.

Cette famille se plaignait, selon mes dires, d'avoir été outragée par la signature « Alexandre Dumas, petit-fils », que j'avais apposée, chaque semaine, sous un roman extravagant : 'La Barbe ensanglantée', que je publiais en feuilleton dans le canard. Au long de ces joyeusetés, on avait retrouvé dans les égouts de la ville de Louvain, successivement, le crâne de Darius à l'âge de dix-sept ans puis le crâne du même Darius à l'âge de cinquante-sept ans ! Les présumés héritiers Dumas étaient censés étouffer d'indignation devant de telles extravagances !

Une fausse plainte que je fis déposer en leur nom devant la justice louvaniste prospéra. Elle allait être soutenue à la barre par un député démocrate-chrétien particulièrement niquedouille.

Celui-ci, bouffi d'orgueil, s'était vu chargé de cette mission par le sénateur célèbre avocat Torrès, de Paris (papier à lettre et demande d'assignation fabriqués, eux aussi, évidemment, par mes soins !).

Le procès bidon se déroula solennellement à Louvain, devant trois juges ébaubis et face à trois mille étudiants vociférants. Je m'étais pendant deux heures défendu moi-même à la barre avec l'énergie d'un dompteur de lions, épaulé par mon camarade Jean Carton de Wiart.

La Barbe ensanglantée

...nd roman d aventures académiques en 20 épisodes authentique, véridique et réel

CHAPITRE NEUVIEME

'La Barbe ensanglanté', « grand roman d'aventures académiques en vingt épisodes, authentique, véridique est réel », publié dans 'L'Avant-Garde' à partir d'octobre 1928.

Tout le monde, magistrats, public, et la presse accourue de toutes parts, astucieusement rameutée, était tombé dans le panneau.

Les juges, se rendant enfin compte le lendemain qu'ils avaient été enquinaudés, enterrèrent avec bonne humeur le procès dont ils avaient, heureusement, reporté la sentence à huitaine.

Le tirage de mon 'Avant-Garde' était grimpé, depuis lors, de quelques centaines à dix mille exemplaires vendus dans tout le pays ! Nos gaudisseries s'imprimaient sur rotative ! Nous clôturâmes l'année, nantis

Dessins de Guibert Gérard illustrant le procès des "Farces" dans 'L'Avant-Garde trentenaire' (1930)

d'un boni extrêmement appétissant. Nous le mangeâmes et, surtout, bambocheurs, nous le bûmes au restaurant louvaniste 'Le Cornet' au long d'un raout pantagruélique qui dura cinquante-deux heures ! Un record pour le Guiness !

Mes livres –j'étais devenu mon propre éditeur– trottait de pair avec mes farces bruyantes.

Le dernier de mes petits ouvrages s'intitulait 'Jeunes Plumes et Vieilles Barbes'. Évidemment, les vieilles barbes se faisaient sacrément étriller ! C'est alors qu'un grand critique littéraire qui, le bienheureux, ne portait pas de barbe, mais, en revanche, possédait beaucoup de talent, Monseigneur Schyrgens, remarqua ledit bouquin. À ma stupeur, il lui consacra, le dimanche suivant, une chronique sensationnelle, précisément dans 'Le XXème Siècle' : –« Il promet beaucoup ce jeune poulain qui rue, qui piaffe, qui veut sauter les barrières ! »

L'abbé Wallez, curieux de connaitre ce poulain impétueux, m'invita à passer à Bruxelles, à son bureau. En dix minutes, tout fut réglé : je continuerais mes études universitaires à Louvain, mais je deviendrais rédacteur à son quotidien, écrivant, depuis la capitale estudiantine, tout ce que je voudrais.

Décision magnifique qui, brusquement, m'assurait un vaste public et, –merveille pour un tout jeune 'student' !– d'agréables pépites, au creux de mon maigre sac à sous !

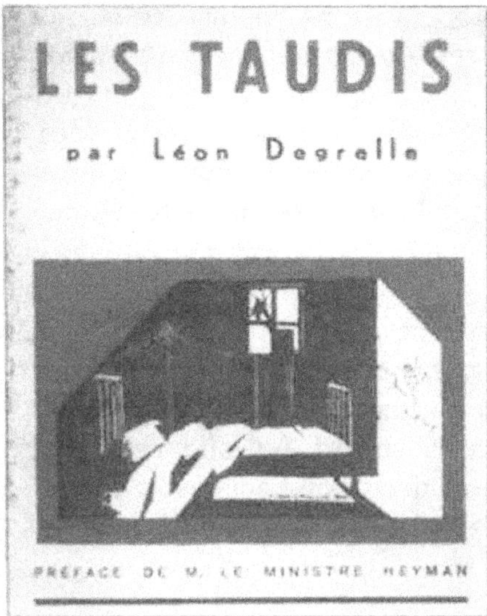

Sans tarder, je publiai dans 'Le XXème Siècle' une enquête illustrée sur les taudis, qui allait avoir une grande répercussion. Le ministre belge du Travail en souligna l'importance en préfaçant le volume qui réunit, peu après, l'ensemble de ces propos.

J'étais lancé dans la pampa des papyrus !

Georges Remi, le Hergé débutant, devint instantanément mon ami.

Nous avions à peu près le même âge. Georges était né dans la banlieue de Bruxelles le 3 juin 1907. J'avais vu le jour à Bouillon, en face d'un vieux château millénaire, le 15 juin 1906. En chiffres ronds : vingt ans chacun. Tous les deux nés sous le même signe : les Gémeaux !

Un troisième larron allait apparaître en 1930 sous les combles du journal : Paul Jamin, qui deviendrait bientôt l'immortel caricaturiste Jam ! Le même qui, après des vacances carcérales très peu désirées, de 1945 à 1951, s'encapuchonnerait sous le pseudonyme charmant d'Alidor. C'était alors un petit jeune homme tout gentil. Il l'est resté, imperturbablement, même si sa jeunesse de 1930 s'est enrichie aujourd'hui de quelque soixante ans supplémentaires ! Lui, en ces débuts, dessinait surtout des culs-de-lampe.

Paul Jamin, alias "Jam", en 1944.

Certes, tout cela n'était pas encore la grande gloire, mais ce studio était notre paradis. Je passais des heures à y blaguer avec mes deux nouveaux camarades. En bas, l'énorme rotative, une espèce de longue machine de chemin de fer, menait un chahut faramineux. De lourdes odeurs de plomb montaient des linotypes essoufflées. C'était la presse d'alors. Ça sentait mauvais. Ça chauffait. Mais ce domaine tout neuf enchantait.

L'abbé Wallez nous laissait convertir ces lieux empestés en une volière. Georges Remi et Paul Jamin avaient des tempéraments moins volcaniques que le mien. Eux eussent pu rester parfaitement, pendant dix ans, à dorloter le cochonnet rédacteur sportif. Au fond, ces deux jeunes artistes de génie n'avaient pas d'ambition. Moi, c'était autre chose, je voulais conquérir le monde, grimper aux étoiles, décrocher la lune de son ostensoir !

Je ne savais pas encore au juste comment je m'y prendrais, mais j'étais bien décidé à soumettre l'impossible à mes lois. J'avais un tempérament de conquérant, je serais le maître. Maître de quoi ? Là était le mystère.

– « Roi des Papous, s'il le faut ! » ajoutais-je en m'esclaffant ! Comme Hergé, j'avais été un ardent boy-scout, qui voulait réaliser les aventures dont Hergé se contentait de rêver.

Hergé à sa table de travail au 'XXe Siècle'.

J'avais foncé, précédemment, à travers dix mille kilomètres d'Europe, sur ma vieille bicyclette de vingt kilos. Je voulais tout voir, tout découvrir, tout risquer, comme un Tintin d'avant la lettre.

Une occasion extraordinaire allait se présenter.

CHAPITRE III

LA B. D. EUROPÉENNE NAÎT À MEXICO

Au Mexique, à cette époque-là, un régime pro-communiste, dirigé par une brute sanguinaire nommée Calles, soumettait des millions de catholiques à une persécution sauvage.

Un mouvement de guérilleros appelés “Los Cristeros” s’était dressé là-bas pour faire front. Le combat était dur. Je décidai d’aller me joindre à eux.

Les risques de l’aventure étaient évidents. L’abbé Wallez, toujours enthousiaste, avait jeté les bras au ciel en m’écoutant annoncer ce plan mirobolant. Puis il s’était écrié : « Bravo, allez-y ! »

La vraie-fausse carte d’identité de Léon Degrelle, établie par l’administration communale de Verviers au nom de Paul Nanson.

À la vérité, personne, au journal, n’était jamais allé en Amérique. En ce temps-là, Georges Remi n’allait pas voir à Liège son unique frère parce que c’était trop loin (100 kilomètres !). Et puis, il était à peine pensable qu’on pût débarquer sans grabuge dans ce pays en état de guerre civile. Et, par-dessus le marché, sous une identité clandestine !

Je m’étais, en effet, fait dresser une fausse carte d’identité sous le nom et avec la photo d’un copain étudiant, appelé Paul Nanson. J’avais emmené celui-ci chez un placide photographe de Louvain : « Photographiez-le ».

Puis je m'étais adressé à l'ami Pau : « Passe-moi ta veste et ta cravate ».

Seconde photo, rigoureusement semblable à la première, sourire angélique quand le petit oiseau classique s'était échappé du gros appareil mystérieux !

Le photographe avait cru à une farce de plus, à ajouter à notre longue série de blagues estudiantines. Un peu ahuri, il s'était exécuté.

Presque aussi étonné était le copain Paul, réenfilant sa veste et renouant sa cravate en me regardant d'un œil soupçonneux.

– Ne t'affole pas. Maintenant tu vas aller à l'Hôtel de Ville de Verviers, ton patelin. Tu diras que tu as perdu ta carte d'identité. Lorsqu'il te faudra donner ta photo, tu tendras la mienne.

– Et si on me dit que ce n'est pas moi ?

– Tu t'esclafferas : « Elle est bien bonne ! Je me suis trompé, c'est la photo d'un copain ».

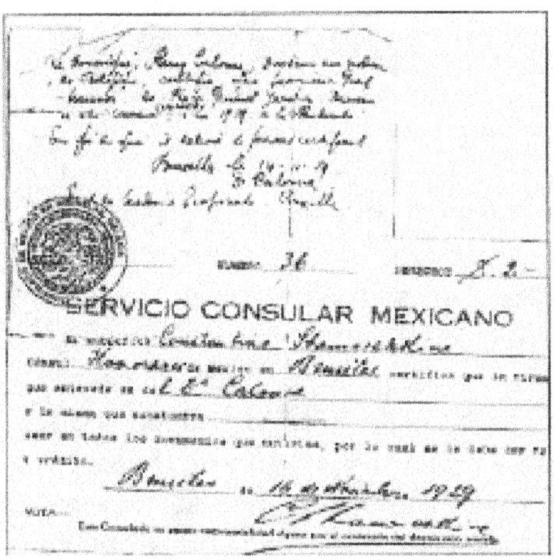
SERVICIO CONSULAR MEXICANO

Certificat médical de vaccination établi par le Dr Remy Calonne pour l'obtention du passeport nécessaire au voyage au Mexique.

Mais à l'Hôtel de Ville de Verviers, l'employé n'avait rien remarqué. L'ami Nanson m'avait rapporté, plutôt fier, la fausse carte d'identité d'où je souriais de toutes mes dents sur la photo jumelle !

Restait à obtenir, grâce à la carte d'identité Nanson, un passeport Nanson. Là, il n'y aurait pas de risque de confusion car la photo à apposer sur le passeport correspondait strictement à la photo d'identification de Verviers. En outre, lorsqu'il s'agit de presse, les fonctionnaires sont toujours, c'est le cas de le dire, empressés. Je mobilisai la secrétaire de l'abbé Wallez. La gentille

Germaine courut aussitôt au Ministère des Affaires Étrangères pour me faire préparer, tambour battant, un passeport sous ce nom d'emprunt. Un sourire féminin ! Quelques coups de tampons ! Je tenais en main le document !

Pour finir, j'avais risqué le coup de me rendre chez le Consul Général du Mexique à Bruxelles. Celui-ci m'avait reçu en pyjama et, en contrepartie de cinq cents Francs, m'avait collé sur un feuillet officiel un beau visa d'entrée dans son pays.

Hergé, à son 'Petit Vingtième', était sidéré : « Toi, t'es culotté ». Notez un détail : Hergé et moi, nous nous tutoyions, alors que ni lui ni moi ne tutoyâmes, notre vie durant, à peu près personne.

"Le fièvre règne dans le port", dessin de Hergé pour 'La Légende d'Albert Ier, Roi des Belges' de Paul Werrie (1934)

Et l'argent ?... L'abbé Wallez, grand prince, m'avait refilé cinq mille Francs d'avance ! Un journal italien, auquel dès alors je fournissais en abondance de la copie, 'L'Avvenire d'Italia' m'en avait envoyé cinq mille autres. Cela avait fait assez pour m'embarquer à fond de cale, à Hambourg, en compagnie de cinq jeunes émigrants, dans un recoin empesté près des machines d'un vieux sabot appelé le Rio Panuco. Mais, à vingt ans, on est bien partout ! Je dormais sur le pont, sous les constellations étincelantes, je m'émerveillais du disque bleu et roux qui cernait la lune, je suivais, ravi, le vol des poissons volant et le souple dandinement des gros dauphins qui sautaient au-dessus des flots en me faisant des clins d'œil complices ! J'étais sûr de moi. Dans 'Mes aventures au Mexique', j'ai raconté ce périple du pré-Tintin degrellien.

Léon Degrelle à bord du Rio Panuco...

Après vingt-trois jours de navigation, je m'étais retrouvé à quelques mètres des quais du port mexicain de Veracruz. Là, tout avait bien failli rater. En effet, pour débarquer, il fallait montrer au service des douanes cinq cents Dollars. Il m'en restait tout juste cent quarante-cinq ! Sans sourciller, j'étais allé au petit bureau de change du bateau transformer ma maigre fortune en une liasse de quarante-cinq billet de un Dollar, que j'avais rangée dans mon portefeuille sous le seul billet de cent Dollars que je possédais encore ; les deux chiffres « cent » brillaient sur le paquet ! Les vérificateurs, à voir ce jeune Crésus au gousset si largement matelassé, m'avaient laissé passer, en me faisant des courbettes.

Les "Cristeros" pendus par centaines aux poteaux télégraphiques...

À la gargote du patelin où j'allais m'installer provisoirement, j'inscrivis sur la feuille d'arrivée, au lieu de Nanson, un vigoureux « Danton ». De l'audace, de l'audace, et toujours de l'audace ! Ça débutait bien.

Mais, l'ami Hergé, que devenait-il là-bas, si loin ? C'est vrai, à Bruxelles, c'est-à-dire à des milliers de kilomètres, au 'XXème Siècle', le copain Hergé, tout en traçant sagement ses bâtonnets au crayon gras, se demandait comment se déroulait mon aventure ! Est-ce que je ne m'étais pas fait choper en route ? Est-ce que j'étais parvenu à me débrouiller parmi les Aztèques ?... Je m'étais débrouillé, et je ne l'oubliais pas. J'arpentais, sous le ciel céladon, les plaines torrides et les volcans aux crêtes de neige entre Veracruz et l'Océan Pacifique. Mais, en même temps, piochant les grands journaux américains, j'avais repéré largement des formules dont ni Hergé, ni moi, n'avions eu l'idée jusqu'alors, si ce n'est à travers la presse que m'envoyait déjà à Louvain des persécutés mexicains. C'étaient des bandes dessinées, des B. D. où des paroles abondantes entremêlaient leurs tirades parmi des dessins en série, étalés avec un maximum d'ampleur. Ces gravures étaient particulièrement attrayantes car leurs actions mouvementées se renouvelaient sans cesse, tandis que, dans notre 'Petit Vingtième', les vignettes, éparpillées sous de maigres légendes, faisaient beaucoup moins d'effet, même si elles chantaient la gloire immortelle de Nénesse et de Cochonnet !

Tout en poursuivant mon enquête parmi les jeunes gaillards entreprenants des Cristeros –du moins ceux qui n'étaient pas pendus, par centaines, aux poteaux des lignes téléphoniques–, je récoltais un maximum de ces bandes dessinées. Je les envoyais régulièrement par grosses liasses à mon copain Georges.

... en route vers le Mexique.

Ces séries si vivantes le laissaient pantois. Il était émerveillé par leur originalité et, plus encore, par leur vivacité. Pourquoi n'en ferions-nous pas autant ? C'est ainsi, et pas autrement, qu'allaient surgir au 'Petit Vingtième', et par ricochet en Europe, des 'bandes dessinée' nées des innovations journalistiques rapportées par moi de Mexico. Bientôt, ces séries rendraient célèbre un Tintin que l'ami Georges allait imaginer comme une sorte de demi-frère du Degrelle du fond de cale du 'Rio Panuco'. Il lui adjoindrait un cabot, l'illustre Milou, un os tout blanc dans les mandibules.

Étrange Milou ! Hergé, plus tard, avouerait ne plus savoir où et comment Tintin avait découvert son alerte petit compagnon de fredaines.

En fait, j'ai presque peur de le révéler. Georges et moi avions déniché, absolument par hasard, sur une vieille photo datant des tranchées de la Première Guerre Mondiale, un gentil quadrupède à l'allure pré-milounesque. Hergé, qui cherchait pour ses B. D. un petit chien ou l'autre parmi des millions d'autres chiens blancs et futés, fut frappé par cette image imprévue. Le petit chien blanc de la photo dressait son nez fureteur aux pieds de quelques soldats allemands, plutôt dépenaillés. C'est à cause d'un de ces soldats que ladite photo avait été publiée, dix ans après, par l'hebdomadaire que nous feuilletions.

Quel soldat, me direz-vous ?

J'ose à peine vous répondre car vous allez faire explosion ! Je me contenterai de vous dire que le nom du soldat commençait par un H... Adolf H., si vous insistez trop ! Regardez la vieille photo, vous comprendrez vite.

"Milou" aux pieds d'un certain Adolf H.

Le brave Hergé, questionné à ce sujet après 1945 se contentait de répondre évasivement : « Milou ? Je ne me souviens vraiment plus d'où il est sorti. » C'était plus sage !

Quant à Tintin, lui-même, révéler son origine était presque aussi périlleux après 1945, car le personnage lui-même découlait en ligne zigzaguante de ma propre aventure. Une fois la gloire de Tintin épandue, au bout de vingt ans, à travers la Belgique puis à travers le monde, qui eût osé révéler que Degrelle, ce 'nazi' monstrueux, avait été au point de départ de l'épopée Tintinesque ?... Moi, pendant soixante ans, je me tairais, parce que, terré au fond de mon exil, j'avais intérêt à être discret. Au surplus je ne voulais compliquer la vie de personne. On avait, après 1944, assez empoisonné la vie d'Hergé pour que je ne l'agrave pas davantage.

La vérité, ce sont d'autres qui la révéleraient.

Après de nombreuses années, le scénariste Benoît Peeters, dans son 'Monde d'Hergé', se risquerait, sans toutefois citer mon nom, –le vaillant froussard !– à laisser entendre que Tintin avait été créé à la suite d'une certaine aventure mexicaine d'un rédacteur du 'Vingtième Siècle'.

Le texte, qui laissait entrevoir l'épouvantable vérité, fut, pour beaucoup d'amateurs de B. D., une révélation : « Le dessinateur –expliquait Peeters– a fait une découverte importante. Par l'intermédiaire de journaux mexicains envoyés à Bruxelles par un correspondant du 'Vingtième Siècle', Hergé vient de prendre connaissant de la bande dessinée américaine, 'Bringing up father' ('La famille Illico'), 'Krazy Cat', 'Katznjammer Kids' ('Pim, Pam, Poum') notamment. La série qu'on va lancer ne sera plus un simple texte mis en images ; il s'agira cette fois d'une véritable bande dessinée où les deux éléments viendront se fondre l'un dans l'autre ».

Le Milou historique, mascotte du régiment d'un certain... Adolf Hitler (x).

À son tour, l'auteur du livre 'Hergé', paru chez Gallimard, Pierre Ajame, rédacteur au 'Nouvel Observateur', devrait bien admettre avec trente ans de retard que l'inspiration Tintinesque remontait aux journaux mexicains adressés au 'Vingtième Siècle' par son envoyé spécial Léon Degrelle.

Mais c'est Hergé lui-même qui, bravant les haines de l'après-guerre, aurait le courage, dans une interview accordée à 'La Libre Belgique' du 30 décembre 1975, de reconnaître sans barguignage cette filiation degrelienne : « J'ai, déclara-t-il, découvert la bande dessinée grâce à... Léon Degrelle ! Celui-ci, en effet, était parti comme journaliste au Mexique et il m'envoyait au 'Vingtième Siècle', non seulement des chroniques personnelles, mais aussi des journaux locaux (pour situer l'atmosphère) dans lesquels paraissaient des bandes dessinées américaines. J'ai découvert ainsi mes premiers comics. »

« Quand j'ai su que je ne reverrais plus mon petit chien, j'ai éprouvé autant de peine que lorsqu'on perd le meilleur des compagnons » Adolf Hitler ('Mein Kampf').

Maintenant, cette fraternité est devenue vérité courante. 'Quid', l'encyclopédie universelle, le reconnait sans hésiter : « Léon Degrelle inspire à Hergé son personnage de Tintin » ('Quid', éd. 1991, page 897).

Léon Degrelle, journaliste en Amérique.

Pas de discussion possible : ce sont les bandes dessinées envoyées par moi d'Amérique à Hergé, puis les commentaires que je fis au retour de mon périple (les Antilles, les Etats-Unis, le Canada) qui déclenchèrent la création des premiers 'comics' de Hergé. Tintin serait le reporter qui partirait à l'aventure en chaussant mes bottes du 'Rio Panuco' !

CHAPITRE IV

LA CULOTTE DE GOLF DE TINTIN

Il ne suffisait pas, toutefois, de créer des bandes dessinées à la manière américaine. Il fallait leur trouver une vedette. Quelle vedette ? Comment s'appellerait-elle ? Comment la vêtir ? La coiffer ? Quelle allure lui donner ?

Le jeune garnement qui allait jaillir du crayon de Hergé se distinguerait, primo, par sa fameuse culotte de golf –immuable pendant près de cinquante ans– et, secundo, par son inoubliable houppette, dressée comme un fanion !

La culotte de golf, d'abord !

Pour Georges Remi, pour Paul Jamin, j'étais le camarade qui, dans leur petit monde de presse, était monté le premier en haut du mât de cocagne. C'était très relatif, d'ailleurs. Nous n'en étions encore qu'à un mât de cocagne de Kermesse. Mais j'avais tout de même décollé du sol. J'avais bâti en peu de temps une petite maison d'édition appelée REX. À chaque événement, je sautais sur l'occasion, je troussais, la nuit même, un ouvrage à l'emporte-pièce. Ce record laissait pantois le bon Hergé peu enclin au travail tempétueux ! À vingt-quatre ans, j'avais publié déjà une poignée de bouquins et de brochures de combat, dont l'une avait atteint les 104 000 exemplaires, une autre les 110 000, et une troisième les 250 000. Des chiffres inimaginables dans la Belgique d'alors.

Jouissant de la confiance presque paternelle de Monseigneur Picard, le patron de l'Action Catholique, j'avais monté un service de diffusion extrêmement dynamique. À chaque lancement, je filais harponner les directeurs et les directrices des grands collèges où des centaines de milliers de jeunes recevaient un enseignement chrétien. Je promettais des pourcentages royaux aux responsables s'ils acceptaient de confier à leurs élèves la répartition massive de mes éditions choc.

Monseigneur Picard

Ils me laissaient haranguer dans leurs salles de fête les garçons et les filles ! Jamais un jeune mâle, toutes dents dehors, n'était apparu à la tribune d'un pensionnat devant des centaines de 'demoiselles', comme on disait alors. Elles m'appelèrent vite « le beau Léon » ! Plus tard, avec succès, ça deviendrait « le chef bien-aimé » ! L'heureux temps des cerises ! J'avais assez bien la manière pour émoustiller le public. Le 'Rex-appeal » fit son effet. Les samedis, tous et toutes partaient à l'assaut de leurs familles et de leurs amis ; mes cent mille ou mes deux cent mille brochures disparaissaient en un week-end.

De ces garçons ardents, de ces filles magnifiques et un brin passionnées, je ferais des milliers de disciples. En quelques années, ils assureraient ma percée en boulet de canon.

Mais la culotte de golf de Tintin, quelle place avait-elle dans tout cela ?... J'y arrive.

Personnellement, je ne me réservais sur les lancements de mes brochures qu'une participation extrêmement modérée. L'argent ne m'intéressa jamais. Tout au long de ma vie politique, je n'ai même jamais eu un compte en banque ! Mes premières ressources me suffisaient toutefois pour m'offrir le vêtement qui, par-dessus tout, m'enchantait : une culotte de golf ! Pourquoi ?... Je n'ai jamais joué au golf ! Mais cet accoutrement me paraissait d'une suprême élégance. Cette folie se limitait d'ailleurs à un achat annuel. Je m'amenais, à cette fin, au grand magasin de vêtements masculins 'Les Trois Suisses', champion bruxellois du merveilleux, –à mes yeux !– prêt à porter ! Je me déshabillais, j'essayais, je payais, j'abandonnais sur une chaise vide l'ancien pantalon, désormais inutile. Je n'avais plus qu'à ressortir rutilant, requinqué à neuf !

Hergé et Jam étaient éblouis par un tel luxe. Cette culotte de golf leur paraissait à tous deux comme le sommet de l'originalité, et aussi,

ANNE

Une nouvelle petite rexiste est née

Tous les Rexistes apprendront avec joie que Mme Léon Degrelle a donné le jour, samedi matin, à cinq heures, à une petite fille, Anne.

La veille, avec cette vaillance souriante que tous ceux qui ont eu le bonheur de l'approcher connaissent bien, Madame Léon Degrelle était restée auprès du chef de Rex aux bureaux du « Pays Réel », jusqu'à 1 heure du matin.

Nous sommes heureux de pouvoir annoncer que l'état de santé de la maman et de la petite Anne est excellent.

Que Madame Léon Degrelle et le chef de Rex trouvent ici les félicitations affectueuses et les voeux les plus chaleureux des collaborateurs et des lecteurs du « Pays Réel », ainsi que de tous les Rexistes.

Le chef de Rex, Madame Léon Degrelle et leur petite Chantal

pour les trois anciens scouts que nous étions, le symbole de l'intrépidité. C'est dans un tel sentiment d'admiration qu'il apparut tout naturel à Hergé de revêtir (au crayon) d'une culotte de golf, toute pareille à la mienne, le jeune Tintin encore tout nu.

Premier attribut degrellien !

De cette filiation culottière, il existe d'amusants témoignages, que Tintin n'eut qu'à copier. J'étais, dans notre petit cercle amical, le seul modèle à sa portée : ou bien arpentant dans ma culotte de golf les routes ardennaises, un peu plus tard, portant ma fillette Chantal dans mes bras à Bruxelles.

Mais une culotte de golf ne suffisait pas, si Hergé voulait que son petit personnage se distinguât de façon indélébile partout où il passerait.

Notre Tintin allait devoir s'aventurer au-delà des neiges des Soviets, et sous les soleils embrasés des Congolais. Il s'agissait qu'il fût reconnaissable aussitôt, pour un Tibétain aussi bien que pour un Picaro ! Est-il vrai, comme certains l'ont affirmé, que Hergé, pour compléter sa panoplie, s'était alors souvenu de son frère plus jeune, qui habitait très loin (à Liège, à une heure de train !) ? Georges Remi, enfant, s'entendait-il bien avec ce dernier ? Hergé lui-même n'en était pas sûr et il répondait, laconique : « Oui et non, pas tellement bien en fait ». Le frérot n'avait d'ailleurs pas de culotte de golf !

Bref, au mieux, il n'avait pu apporter que de l'imprécis, difficilement décelable, même par Hergé ! Surtout, il n'avait pas de houppette !

Léon Degrelle, son épouse Marie-Paule Lemay et leur fille Chantal.

CHAPITRE V

D'OÙ EST SORTIE LA HOUPPETTE ?

Portrait de Léon Degrelle par le peintre Albert Raty (1927).

Cette houppette hurlupée, ce serait, après l'historique culotte, la deuxième caractéristique de Tintin, une houppette qui était presque une crête, qui se dressait comme une bravade qui allait traverser le siècle !

Hergé avait fait cadeau –c'est entendu– à son jeune héros de ma culotte de golf. Il lui avait, de toute évidence, donné ma taille, ma dégaine, et une tête futée comme l'était alors la mienne. Le journaliste Alain de Kuysche écrit dans l'hebdomadaire belge 'Le Moustique', en mars 1991 : « La silhouette de Léon Degrelle, sa verve et son esprit frondeur ne comptèrent pas pour rien dans 'Tintin au pays des Soviets'… »

Mais cette houppette, d'où provenait-elle ?

Pour le savoir, il suffit de regarder l'admirable portait que fit de moi le grand peintre ardennais Albert Raty, dans ma prime jeunesse, au temps où, jeune poète rêveur ('Mon pays me fait mal', 'Prière à Notre-Dame de la Sagesse', les 'Tristesses d'hier'), j'étais presque un sosie de Georges Remi.

L'un des meilleurs spécialistes de Tintin, Stéphane Steeman, propriétaire d'une collection 'Tout Hergé' presque unique au monde,

Les culottes de golf, désormais symboles du bourlingueur redresseur de torts (dessin de Paul Wellens dans 'Mes Aventures au Mexique')

possède un exemplaire numéroté, justement de 'Mon pays me fait mal', qui contient en hors texte, cette œuvre d'Albert Raty. Il a été frappé par la ressemblance, à son avis éclatante, entre ce Degrelle d'une vingtaine d'années et le Tintin qui allait être créé par Hergé. La houppette était là, sur le fusain, bien nette, presque enroulée, à droite de la raie de la chevelure, exactement comme le jeune héros Tintin la porterait. Où Hergé, sur une autre tête, eût-il pu en copier une semblable ? Je la possédais en exclusivité. Hergé la replanta telle quelle sur le chef de notre petit personnage. C'était comme une signature, comme une sorte de fiche d'identification.

Léon Degrelle en 1928.

Mais au moment où Hergé, pour équiper son Tintin m'empruntait mes bandes dessinées du Mexique, ma culotte de golf et la houppette touffue dont m'avait coiffé Albert Raty, qui eût bien pu –que ce fût moi, que ce fût Hergé lui-même– imaginer l'importance que ce petit personnage prendrait un jour ?...

Qui eût pu penser que ce Tintin deviendrait, vingt ans plus tard, la coqueluche de dizaines de millions de jeunes « de 7 à 77 ans » ?

Et puis, disons la vérité, tout cela fut presque accidentel. Je n'étais pas le moins du monde décidé à consacrer ma vie à promouvoir des amusements pour enfants, si ingénieux fussent-ils. Georges Remi était mon ami : tout naturellement je lui avais donné un fraternel coup d'épaule. Mais mon ambition entendait bien dépasser de cent coudées ce rôle d'amuseur enchanté...

Je vivrais, je lutterais, je risquerais ma peau pour conquérir le cœur et l'esprit de mon peuple, pour en faire une double communauté ordonnée, pour forger ensuite, dans les grands combats contre le bolchevisme, une Europe unie, capable de faire face à la poussée puissante des grandes unités hypercapitalistes qui surgissaient en force à travers l'univers –de Tokyo à New-York– et qui feraient le XXIème siècle. Je voulais créer un homme nouveau, un monde nouveau. Tel était le but de ma vie.

Avoir aidé Hergé à faire de Tintin un personnage qui, avec le temps, porterait à travers la planète la culotte de golf de ma garde-robe et la houppette cueillie sur ma boîte crânienne, ne serait qu'un incident merveilleux à travers ma vie haute en couleurs.

Lorsque paraîtrait, à Paris puis à Bruxelles, le livre de la Duchesse de Valence 'Degrelle m'a dit', Lucien Rebatet, le grand romancier des 'Deux Étendards', écrirait qu'il y avait dans cette biographie de quoi faire dix films. C'est dire que Tintin ne serait qu'un épisode, charmant, de ma geste multiforme, où abondent des événements hors du commun ; la conquête d'un million de Belges, en 1936, par un jeune garçon de vingt-neuf ans, mes quatre ans de combat de chef de guerre au Front de l'Est, ma Ritterkreuz et mes Feuilles de Chêne me hissant en tête des créateurs de l'Europe en gestation.

C'est dire que, dans ma vie de conquérant des peuples, les cavalcades endiablées de Hergé seraient des hors-d'œuvre.

J'avais, de toute évidence, contribué à mettre en train l'œuvre de Georges Remi, mon camarade. Mais cette opération ne serait qu'une fleur champêtre cueillie dans la pampa de ma vie tumultueuse.

Hergé lui-même le savait, qui modeste, parfois même effacé ou effaré, vivrait personnellement, on le verra, chacun des heurts et des malheurs de mon épopée.

Au long de ceux-ci, c'est vrai, resurgiraient cent fois des réminiscences et des coïncidences de l'esprit, de l'ingéniosité, de la débrouillardise et de l'humour du Tintin de notre jeunesse.

Nous avions, de toute évidence, des atomes crochus.

Mais le rexisme, le degrellisme, c'était politiquement, socialement, spirituellement, une révolution, tandis que le Tintinisme était un amusement très astucieux qui ne dépassa pas l'imaginaire. Amusement qui, entre 1929 et 1934, en était encore à ses premiers balbutiements. Avec le temps, il deviendrait une création littéraire intéressante, dans la ligne de Molière.

Mais au temps de 'Tintin au pays des Soviets', on n'en était pas encore là. Je soutenais le copain Georges, je bourrais Tintin de vitamines. Ni Hergé, ni moi, ni d'ailleurs personne ne pensait alors à une politisation quelconque du petit personnage.

Dessin (p.10) de Hergé pour 'Histoire de la Guerre scolaire' de Léon Degrelle.

J'aimais bien Hergé. Donc j'aimais bien Tintin, notre Tintin. Un événement insolite allait se présenter qui renforcerait encore notre solidarité.

Je venais, en 1931, d'écrire, en une nuit comme d'habitude, une brochure de quarante pages, intitulée 'Histoire de la Guerre Scolaire'.

Brochure plutôt dépassée soixante ans après ! Mais brochure qui correspondait aux haines anticléricales absurdes qui, à cette époque, hantaient les cervelles dans les milieux marxistes et maçonniques.

Qu'on se souvienne ! Dans certains pays, en Italie par exemple – l'Italie des débuts de Mussolini– on se complaisait encore à exclure du parti socialiste ceux qui avaient eu l'audace de se marier à l'église, ou y avaient fait baptiser leurs enfants.

Dans le journal belge 'La Gazette', on était allé jusqu'à réclamer que les réunions des évêques fussent interdites ou surveillées par la police, et que la flicaille présidât aux assemblées des fidèles dans les églises !

Dessin (p.16à de Hergé pour 'Histoire de la Guerre Scolaire' de Léon Degrelle.

En Belgique, en 1930, on s'était mis à agiter, encore une fois, cers cornichonneries imbéciles, qui, sous le gouvernement du franc-maçon Frère-Orban, avaient précédemment jeté, pour plusieurs années, la moitié des Belges contre la moitié des Belges !

Dessin (p.22) de Hergé pour 'Histoire de la Guerre scolaire' de Léon Degrelle.

Pour arriver à quoi ?

À ce que fussent créées, en riposte, à peu près quatre mille nouvelles écoles libres !

Et à l'élimination presque complète de la population scolaire dans nombre d'établissement de l'État, où deux mille instituteurs avaient démissionné.

Dans le patelin d'Alken, il ne venait plus que trois enfants à l'établissement officiel : les gosses de l'instituteur ! À Cautille, quatre enfants : deux d'un prof et deux d'un douanier ! À Kinroy, trois marmousets en tout, ceux du cantonnier !

Dans les classes vides, on élevait des lapins ! Ou des corneilles ! À Châtillon, il n'y avait plus à l'école de l'État qu'un bouc ! Puis, de la farce, on était passé à la plus basse intolérance ; des communes à direction maçonnique privaient de tous soins médicaux « les familles qui enverraient leurs enfants à l'école privée ». Pour finir, au cours d'une bagarre, trois catholiques avaient été tués près de Courtai.

Je demandais au public belge : vraiment voulez-vous que de telles barbouilleries recommencent ?...

Hergé eût pu assister en simple spectateur à l'énoncé de cette question. Il ne s'en tint pas là. Il tint à illustrer de sa main ma brochure.

Il dessina, avec un art aussi pur que précis –et la signa d'un Hergé en grande lettre capitales– la couverture de mon pamphlet. Elle était un chef d'œuvre de simplicité artistique. Hergé y avait ajouté cinq dessins qui jalonnaient ma description des événements.

Dessin (p.29) de Hergé pour 'Histoire de la Guerre scolaire' de Léon Degrelle.

Dessin (p.37) de Hergé pour 'Histoire de la Guerre scolaire' de Léon Degrelle.

De même que Hergé, deux ans avant de mourir, n'avait pas craint de révéler, par écrit, à 'La Libre Belgique' du 25 décembre 1975, que c'étaient mes bandes dessinées envoyées du Mexique qui avaient donné naissance à la geste de Tintin, de même, dès 1931, nos deux signatures unies dans le même ouvrage allaient porter à jamais témoignage de notre affectueuse solidarité.

Après 1945, on prit grand soin de cacher ce jumelage Degrelle-Hergé. On le cache toujours le plus qu'on peut en cette fin du XXème siècle.

Il aura fallu la réédition, après soixante ans, de ma 'Guerre Scolaire', et la présentation de l'ouvrage portant nos deux signatures manuscrites à la gigantesque exposition 'Tout Hergé', à Welkenraedt (230 000 visiteurs) pour qu'enfin une partie de l'immense public Tintinesque puisse se faire une idée, photos à l'appui, de la sincérité de la collaboration qui unit, dès le début de leur jeunesse, un Georges Remi et un Léon Degrelle traçant ensemble, heureux, leurs premiers sillons...

Hergé, tout naturellement, avait collaboré à mes propres éditions, les édition REX où, rapidement, la plus vaste élite intellectuelle de la Belgique viendrait m'offrir ses manuscrits à imprimer. Là aussi, Hergé était présent, vivait, créait, mêlé à une jeunesse bouillonnante (je ne venais pas de Bouillon pour rien !)... Il donnerait notamment, en toutes couleurs, une merveilleuses couverture au livre 'Le Carnaval de Binche' d'Alfred Labrique.

Il illustrerait, outre mon 'Histoire de la Guerre Scolaire', plusieurs ouvrages du principal animateur de la Jeunesse Indépendante Catholique (J. I. C.), Raymond De Becker, futur directeur du 'Soir' de 1940 à 1944, qui prendrait alors Hergé, Tintin et Milou en croupe, sur son grand cheval de bataille !

La co-édition Degrelle-Hergé de mon 'Histoire de la Guerre Scolaire' allait, sur un tout autre plan, avoir des conséquences considérables, auxquelles ni Hergé, ni moi-même n'avions pensé : le lancement parmi un public beaucoup plus large des albums de Tintin.

Jusqu'alors, les premiers albums de Tintin avaient été tirés très modestement, en noir et blanc, à six cents exemplaires, sur la rotative bruyante du 'Vingtième Siècle' qui imprimait à la fois les bandes dessinées de Hergé et mes papiers volcaniques.

En 1931, j'avais confié le tirage de ma 'Guerre Scolaire' à un imprimeur tournaisien, qui ne serait, dans l'affaire –comme mes autres imprimeurs–, qu'un exécuteur matériel. Il s'appelait Casterman. Celui-ci, à voir que le petit bouquin Degrelle-Hergé imprimé sur ses presses, était grimpé allègrement, et très rapidement, jusqu'aux cent mille exemplaires, avait reniflé l'affaire à emporter. La couverture de Hergé lui avait paru, à la fois, magnifique et accrocheuse.

Pourquoi ne pas proposer à ce jeune Hergé de confier à sa maison d'édition ces albums d'un Tintin débutant, confiné jusqu'alors dans les ateliers du 'Vingtième Siècle', où les services de propagande de livres étaient totalement inexistants ?...

« – J'accepte avec plaisir de travailler avec Casterman », avait répondu Georges Remi, enchanté.

Sans les cent mille exemplaires de cette brochure Degrelle-Hergé, le vieux père Casterman se serait-il aventuré dans le Tintinisme ?

Ce petit bouquin Degrelle-Hergé marqua le premier rush de Tintin vers son destin. Il ferait, par ricochet, la fortune, imprévue en 1932, de la famille Casterman (440 albums ! des gains fabuleux !)...

La bonne humeur de l'Abbé Wallez était proverbiale au 'Vingtième Siècle'.

Après, tout allait filer comme sur des roulettes au 'Vingtième Siècle'.

L'abbé Wallez jubilait. Le tirage du journal, le jeudi, qui apportait au gosses –jeunes et vieux– 'Le Petit Vingtième', avait rapidement doublé. Puis il avait triplé. Il finirait par sextupler. À lui seul, il couvrirait les déficits du quotidien.

Tintin, ma culotte de golf au postérieur, ma houppette sur le crâne, faisait des miracles.

Deuxième Partie

Les Pourris et les balais

CHAPITRE VI

TINTIN CHEZ LES SOVIETS

Un événement ruisselant de poésie juvénile, allait compléter la fête : le mercredi 21 juillet 1932, Georges Remi se mariait ! Mes félicitations au jeune ménage ont été amoureusement conservées par la mariée et sont un des joyaux de la fameuse collection Hergé-Steeman.

Georges était beau garçon. Un portrait, esquissé par lui-même en 1930, eût dès alors, s'il eût été connu, fait frémir les cœurs féminins. Mais Hergé n'avait rien d'un coureur de filles. Il était au naturel plutôt pudique. Et même timide. À croire que les femmes lui faisaient peur.

Bizarrement, dans toute l'œuvre de Hergé, les femmes n'existent pour ainsi dire pas. Oui, de-ci, de-là apparaît une vague midinette, toute gentille, mais insignifiante. Les quelques femmes de poids qui surgissent dans les bandes dessinées de Tintin sont des caravelles chamarrées ! La Castafiore, harnachée de verroteries comme un mulet sicilien, ne séduirait pas un débardeur. Madame Lampion avait, visiblement, peu d'huile !

À part ces matrones démobilisées, on ne trouve dans Hergé que des mâles, des 'machos'. La race des Moulinsart comprend seulement des célibataires. Il n'y a pas de Madame Haddock pour essuyer les traînées de Loch Lommond qui irriguent les bajoues de son pochard de mari, toujours en godaille. Celui-ci éructe tout seul. Pas non plus de Madame Tournesol pour épousseter la gabardine de son mari perdu dans ses cogitations scientifiques, un chapeau de soleil perché sur son chef déplumé alors qu'il pleut à verse !

Tintin lui-même ne changera pas d'un pli sa culotte de golf au long d'un demi-siècle. Il la portera presque jusqu'au trépas, inusable, jamais délavée. Il faudra atteindre ses trois derniers albums pour qu'un blue-jean la remplace.

Sa houppette, en cinquante ans, ne perdra pas un poil. La tête ronde ne prendra pas une ride, alors que, malheureusement, celle de son modèle de 1929 se fera, au long des années et des exils, hachurer de quelques sillons ! Tintin, pendant 59 ans, n'aura jamais ni âge, ni sexe.

Du sexe, pourtant Hergé en avait, puisque, le 21 juillet 1932, flambard comme un tournesol andalou, il se mariait religieusement. Il se mariait avec qui ? « Contre qui ? », dirait-on à Bruxelles !

Rien moins qu'avec la charmante secrétaire du bon abbé Wallez, la belle Germaine (Germaine Kieckens), dont les aimables babouches à pompons rouges avaient, pendant plusieurs années, poétisé le bureau sévère du patron. Pour Germaine, Tintin avait perdu la tête (à houppette) !

Germaine Kieckens, par Hergé en

L'abbé Wallez, aux anges, enfilant son plus beau surplis, inséra définitivement la jeune étoile du 'Petit Vingtième' et sa vigilante collaboratrice dans le firmament d'un amour où son journal stabiliserait désormais ses deux valeurs privilégiées !

Germaine allait être pendant près de trente ans la doublure de Hergé. Celui-ci a laissé d'elle un portait à l'huile –lèvres minuscules, en flèche pour un baiser, nez effilé en rayon de soleil, arcade sourcilière nette comme un arc– qui est une merveille de sûreté du trait et de contrastes élémentaires de couleurs.

Germaine Kieckens, Huile sur toile, par Hergé.

Elle avait été pour lui, dès leurs fiançailles, une inspiratrice enjouée.

En tout, l'équipe Hergé, pendant plusieurs années, ne dépasserait pas notre quatuor : Hergé, le créateur artistique, Jam ensuite, la blague au crayon, puis Germaine veillant à tout… Et moi, par ricochet.

Nous avions tenu, à nous quatre, les forceps lors de la naissance de Tintin. Qui d'autre avait assisté à l'accouchement ?...

Le petit Tintin chercheur d'aventures demeurerait toujours un garçon sans âge défini. Au long de vingt et quelques albums, il resterait aussi impeccablement strict dans sa culotte de golf qu'il avait été en naissant en 1929.

À partir de cette date, deux autres héros accompagneraient Tintin dans les colonnes du 'Petit Vingtième' : *Quick et Flupke*, deux garnements bruxellois alertes et insupportables. Tintin et eux feraient hurler de plaisir chaque jeudi la vaste marmaille.

Hors de Belgique cependant, Hergé était encore presque un inconnu. À Paris, quelques Bons Pères éditaient une revue d'esprit scout : 'Cœurs

Vaillants'. Ils avaient, à peu près seuls, prêté attention au gavroche Tintin de l'abbé Wallez.

Ils lui avaient fait une place dans leur hebdomadaire, non sans rêver dès alors à des illustrations plus édifiantes que les barbaries de Staline en Soviétie, ou que les flèches empennées que Tintin plantait dans l'arrière-train charbonneux des riverains du fleuve Congo ! Ces premiers éditeurs français tripotaient d'ailleurs allègrement les textes originaux de Hergé, les châtraient, les élargissaient, les métamorphosaient, avec une vigueur toute ecclésiastique. Les Pères de Paris eussent tout spécialement aimé voir leur héros chanter les nobles vertus de la vie familiale.

Mais, d'abord, le ménage Hergé n'eut, hélas ! jamais d'enfant.

Ensuite, tout bon fils qu'il fût, Hergé trouvait peu de sujets d'aventures humoristiques dans les cogitations, nécessairement assez casanières, des vieux foyers traditionnels. Il s'en tint donc invariablement aux personnages n's de ses rêves aventureux d'éternel chef d'équipe scout, et du spectacle rigolo que lui offraient les bruyants poulbots marolliens de son enfance.

Les bandes dessinées du journal et les albums, qu'avait repris définitivement le bon Casterman, se succédaient à la cadence d'un tir de mitrailleuse. Après 'Tintin au pays des Soviets' et les exploits vigoureux des Bamboulas, suivis de 'Tintin en Amérique', avaient paru 'Le Lotus Bleu', myosotis agrandi au format oriental, puis 'Les Cigares du Pharaon' : imprévu, ce pharaon qui fumait le cigare !

C'est alors que, personnellement, j'allais flanquer un pétard sensationnel dans notre fête de jeunesse :

stylo au poing, verbe lancé bruyamment à la cantonade, j'allais faire une irruption fantastiquement tapageuse dans le camp interdit de la politique.

Chapitre VII

La baraque politicienne

Léon Degrelle en meeting dans un café de province.

Cela devait arriver. La politique, je l'avais dans le sang.

Au début de mon action, j'avais été, presque uniquement, un apôtre de l'Action Catholique. Mais j'avais constaté bien vite que la politique pourrissait la vie spirituelle de mon pays.

Il fallait d'abord nettoyer à grands coups de balai les écuries du Régime !

Dans tous les partis, quels qu'ils fussent, grouillaient des 'pourris' faisandés comme des bécasses suspendues par les pattes, à la cave, depuis des semaines.

Au parti socialiste belge, la Banque du Travail, qui eût dû protéger les épargnes ouvrières, les avait goulûment dévorées.

Les francs-maçons du Parti Libéral, tripotiers de casinos ou aventuriers gominés du Barreau, avaient crevé leurs poches à force de les remplir.

Le phénomène était absolument conforme à l'éthique du système. Le parlementarisme n'est jamais qu'un refuge provisoire. Tous ses élus sont à la merci d'une mauvaise réélection. Un échec, et ils se retrouvent le derrière par terre, à côté de leur vache à lait, et d'une épouse qui ne l'est pas, bien décidée, elle, à voir l'heureuse saison des vaches grasses se prolonger, munificente et toujours croissante !

Première loi donc du parlementaire : conserver son fameux siège, à n'importe quel prix, et par n'importe quel moyen !

Or, le système 'démocratique' s'oppose à cette stabilité. Il implique obligatoirement de continuels chambardements, au gré d'innombrables appétits. Et il doit recourir sans cesse à de nouvelles élections, qui coûtent des centaines de millions, que nul parlementaire n'a dans sa poche et que seule peut couvrir une corruption impudente, à coups de fausses factures, de pots-de-vin, de commissions sur les travaux publics et autres entourloupes. Un État sérieux ne peut pas vivre dans le tohu-bohu d'un cirque. Il a besoin d'un chef qui tienne solidement le timon. Exactement comme dans n'importe quelle entreprise sérieusement menée.

Quelle usine, en effet, quel négoce tiendraient le coup, s'il leur fallait, comme dans les "démocraties", changer de patron, de conseil d'administration, de méthode de travail et de clientèle tous les six ou tous les douze mois ?...

Léon Degrelle parle devant plus de 70 000 personnes à Lombeek (1938)

Plus de mille ministres s'étaient chevauchés et culbutés avec frénésie en France entre 1918 et 1938, au cours de l'entre-deux guerres !

En Allemagne, rien qu'au cours de l'occupation de le Ruhr, quatre ministères différents s'étaient mutuellement annihilés en la seule année 1924 !

Une grosse demi-douzaine de menaces de crises ministérielles mettraient la Belgique en sotte agitation pendant l'hiver de 1939-1940 !

Jusqu'à hier, à Bruxelles, on numérotait les ministères 'Martens' avec des chiffres romains comme s'il s'agissait de Papes ! On était arrivé en 1991 au numéro VIII : Martens VIII ! Sa Sainteté Martens VIII ! On devrait attendre pendant huit jours la nomination d'un successeur, un gros flamand boudiné, appelé Dehaene, père provisoire des trois tiers de Belgique fédérés ou plus exactement accolés...

En Italie, cinquante-deux gouvernements d'abuseurs corrompus se sont succédé depuis 1945 ! Cinquante-deux hâbleries, craqueries, clabaudages, chantages fantastiques à la commission, pantoufflleries, tripous plus lucratifs ! Et crises continuelles ! Des diarrhées de crises !

De tels ministères ne sont pas des gouvernements, ce sont des maisons de passe. Ils conduisent la machinerie officielle à l'anarchie constante et à une corruption sans cesse accrue. Ils multiplient les doubleries, les surenchères démagogiques des politiciens rivaux, cherchant à embobeliner, chacun pour son compte, les rouspéteurs-électeurs.

Et encore ceux-ci n'ont-ils, en réalité, que le droit de s'indigner. Si leur choix se porte, même à 86% comme en Algérie, sur une formule qui ne plaît pas aux gangs des partis, on recourra à n'importe quel coup d'état pour l'annuler. À l'étranger, pas un soi-disant démocrate ne s'indignera ou ne protestera. Les seules réformes qui, dans ces tohu-bohu, progressent inéluctablement, ce sont les augmentations des impôts, versés angéliquement par les poires permanentes !

Dès 1935, j'avais conclu qu'il ne pouvait exister d'État fécond que dans l'ordre du pouvoir, dans la stabilité des institutions, dans le choix rigoureux des compétences ministérielles, et non dans la répartition à la criée des postes officiels à des écornifleurs de rencontre, élus n'importe comment, dépourvus pour la plupart de toute formation et n'ayant bénéficié, souvent, d'aucune préparation.

Mossieu Loyal : Tachez d'amuser la galerie pendant que j'en finis avec ces messieurs des neuf puissances...

'Les beaux jours de l'Oasis', Jam, 1937. (Emile Vandervelde est caricaturé à gauche ; Paul-Henri Spaak est "Mossieu Loyal")

Bref, j'en étais venu à la forme dite fasciste, alors –qu'on ne l'oublie pas !– en vogue dans toute l'Europe.

Hergé et Jam, en m'entendant, regardaient, rêveurs, le plafond, le crayon soudain immobile.

Hergé, néanmoins, s'était audacieusement accordé une brève récréation politique, assez surprenante chez lui qui ne batifolait guère dans les fondrières de la partitocratie ! Il s'en était pris, tout bravement, dans le 'Vingtième Siècle', au chef du parti socialiste belge, Emile Vandervelde !

Bourgeois cultivé, scandalisé par l'égoïsme et l'inconscience des classes 'possédantes', celui-ci était passé à gauche par souci de justice sociale. Il n'en était pas moins resté épris de culture, avait la 'Somme théologique' de Saint Thomas d'Aquin à portée de la main sur son bureau, à l'instar de son courageux collègue de Paris, Jean Jaurès, qui relisait dans le texte ses auteurs grecs lors des entractes du Parlement français. Vandervelde était un vieillard, courbaturé, aussi sourd qu'un débiteur à l'heure des sommations d'un huissier tenace. En société, il trimbalait en bandoulière, dans l'espoir d'arriver tout de même à entendre quelque chose, un appareil aussi encombrant qu'un haut-parleur de vieux gramophone. En le voyant apparaître, on s'attendait toujours à entendre une rengaine du jeune Tino Rossi s'échappant de son orgue ambulant.

Je n'ai jamais bien compris pourquoi Hergé s'en prit à ce cacochyme peu menaçant que guettaient, à chaque instant, les De Man, les Spaak et autres rivaux de parti, experts impudents en crocs en jambes. Quoi qu'il en soit, Hergé caricatura en dix dessins sa victime toute brinquebalante, qui essayait péniblement de se maintenir sur une longue corde raide et de parvenir, intact, au bout de son parcours. Évidemment, au dixième dessin, notre pauvre Vandervelde dérapait, volait les quatre fers en l'air et s'abattait avec son gramophone dans un éblouissement d'étoiles et d'étincelles.

Sans doute Hergé voulait-il nous dépeindre à l'avance ce que serait en Belgique –et ailleurs– la fin du Socialisme, déconfit et décomposé partout à présent !

Le gros père Spaak, à la bedaine de tétrodon, mais qui s'y connaissait en contorsions multiples, eût pu, lui, se maintenir en équilibre sur cette corde, mais celle-ci se fût certainement rompue sous son poids, lâchant ce tonneau dans l'espace. Avec le temps, il en serait ainsi, à cela près que le tonneau Spaak s'écroulerait dans la salle du conseil d'administration d'une très grosse banque américaine où l'on pouvait ramasser beaucoup de dollars sous les banquettes !

Hergé, catapultant dans le vide Vandervelde et son trombone acoustique, avait, dès alors, indiscutablement montré que, vis-à-vis des politiciens, le respect sacré ne l'étouffait pas. Toutefois, pour l'ami Georges, cette culbute sans parachute du vieux patron n'avait été qu'un amusement. Avec moi, c'est le cirque entier qui risquerait fort de s'effondrer.

Allant plus loin, évidemment, que le doux Hergé balançant Vandervelde, je n'imaginais un pays gouverné par un vrai chef que si celui-ci avait été porté au pouvoir par les masses elles-mêmes, grâce à des élections à la portée de l'intelligence et de la psychologie du peuple moyen.

Préalablement, celui-ci aurait eu cent occasion, au long de plusieurs années de contacts constants, de juger minutieusement, et de tout près, les mérites de l'homme –et non de cinq cents hommes !– à qui il accorderait sa confiance, en partant de données claires, intellectuellement à sa portée.

Léon Degrelle à Lombeek: avec les "6 jours du Palais des Sports à Bruxelles", ce fut l'un des plus grands rassemblements rexistes.

Il est vain et malhonnête d'obliger l'électeur à se débrouiller parmi des centaines d'hurluberlus, députés éventuels, dont un mois avant les élections il ignorait à peu près tout. Trois mois après le vote, il aura déjà oublié le nom de ce gambilleur, vociféré pourtant à grand tapage pendant les quelques semaines qui précédaient. Et cela dans des événements insensés de propagande électorale, financés secrètement, et presque toujours malproprement, à coups de centaines de millions de Francs, de Marks ou de Pesetas rackettés, dont les électeurs, benêts à souhait, régleraient par la suite sans trop rouspéter, ou même sans le savoir, l'ardoise impressionnante !

Lequel d'entre eux pourrait encore citer, après simplement une ou deux saisons, le dixième des noms des parlementaires élus dans son pays ? Ou, plus fort encore, le nom de la moitié de ses ministres ?

D'autre part, dans une telle girouetterie, quel industriel de grand format, quel puissant manager d'affaires irait jamais troquer sa vie professionnelle contre un maroquin ministériel passager qui peut voler en l'air six mois plus tard ?...

Les députés sont très rarement élus pour leur compétence. Ce sont les combines, les pourboires, les appuis, les pressions, les chantages de

Pour Hergé ('Les Cigares du Pharaon') ou Jam ('L'Oasis'), les politiciens sont des opportunistes corrompus, tels De Man et Spaak, croqués par Jam avec le même déguisement de société secrète que les trafiquants Ki-oskh...

politiciens ou de syndicalistes copains qui leur ont valu de se hisser à une place utile sur une liste.

S'ils deviennent ensuite ministres, c'est parce que, dans le partage de la tarte, un quartier devait, en vertu de la loi des dosages, revenir à leur groupe linguistique, ou à leur circonscription électorale, ou à leur tendance dans le parti (surtout s'ils y rouspètent).

On verrait ainsi en Belgique un Paul-Henri Spaak, qui, en 1933, gênait parce qu'il avait fortement chahuté dans la baraque socialiste, recevoir lors de sa première intronisation le ministère des Chemins de Fer, lui qui ignorait totalement pourquoi un train avançait ou reculait ! Combien y eût-il, avant 1945, de ministres belges des Colonies qui, n'avaient jamais mis les pieds au Congo Belge ? Et de ministre de l'Agriculture qui savaient traire une vache !

Le choix, dans un gouvernement, de ministres vraiment capables, ne compte pour ainsi dire pas, il n'a d'ailleurs pas d'importance. Tout ministère est à la merci de n'importe quelle culbute. Son temps est dévoré par les bavards, les raseurs, les quémandeurs : comment pourrait-il préparer un long plan d'action, bien dosé, soigneusement étudié, alors que n'importe quelle pelure de pomme de terre, jetée sous les brodequins d'un ministère par un député hargneux, peut l'envoyer à n'importe quel moment s'étaler de tout son long sur le plancher ? Le dernier des balayeurs ferait tout aussi bien le plongeon.

Meeting de Léon Degrelle sur une place communale de village, en 1928.

D'où le dégoût des foules, qui, à cette heure, ne veulent même plus voter : la moitié des électeurs, si on ne les obligeait pas, ne ferait plus un pas pour aller donner leur voix à tel ou tel représentant d'un système censé additionner les droits du peuple.

Il en est de même, déjà dans les pays fraîchement libérés de l'Europe de l'Est : en Pologne, le 25 octobre 1991, 50% des électeurs se sont abstenus. Le 19 septembre 1993, ce serait pire encore. Trente-cinq partis polonais étaient en lice ! Vous avez bien lu : trente-cinq ! Il y avait même un parti de buveurs de bière ! Tout ce tintamarre démocratique pour arriver à quoi ? À ce que, dans ce pays super-catholique –le Pape est polonais !– ce furent les ex-communistes, qui emportèrent la majorité !

Les pseudo-démocraties occidentales n'avaient strictement rien fait pour secourir ces peuples asservis à l'U.R.S.S. en 1945 : au lieu de courir à leur aide, elles laissèrent en plan les libérateurs de 1989, surgis dans les décombres de ces pays ruinés. Tout ce que les Occidentaux envoyèrent à ces peuples, renaissant péniblement à l'espoir, ce furent leurs tares, leurs maffias de la drogue, des pots de vin, de la prostitution, du marché noir, ce fut la dictature du dollar et l'exemple de leur avilissement moral !

Ce coup de retour de la manivelle fut imparable. Déconfits, écœurés par l'Occident, les peuples de l'Est votent de nouveau pour le communisme ! On se croirait revenus au temps de 'Tintin au pays des Soviets' !

Quant à l'Europe des démocraties, coagulées dans le Marché Commun, elle n'est plus, à Bruxelles, qu'un conglomérat disparate, dominé par des dizaines de de milliers de fonctionnaires gavés, qui ne se préoccupent pas plus du salut du Continent que de la queue de Milou !

Transbahutant à grands frais de Bruxelles à Luxembourg, de Luxembourg à Strasbourg, et vice-versa, des milliers de tonnes de paperasses confuses, ces hordes administratives tiennent, de pays en pays, des centaines de sessions bruyantes et toujours vaines. Elles se disputent, se chamaillent. Elles ont ruiné l'agriculture aussi bien que le marché de l'acier ou du charbon. Elles ont accumulé des millions de chômeurs, qui ne feront que s'accroître à un rythme effrayant. Dix-sept millions aujourd'hui, vingt-cinq millions dans quelques années !

Leur super-Parlement européen est encore plus stérile et plus coûteux que tous les autres. Il additionne et multiplie les défauts du Système qui a démantibulé chacun de nos pays.

L'impuissance des 'démocraties' occidentales avant la guerre, pendant la guerre, après la guerre, s'est révélé totale, en tous lieux.

On le voit plus que jamais depuis deux ans où chaque Européen, horrifié, assiste à l'extermination raciale de centaines de milliers de Croates et de Bosniaques sous le nez même d'une Europe émasculée ! La grande machinerie soi-disant communautaire n'a même pas été capable de réagir devant tous ces crimes, sinon en semant de-ci de-là, dans les Balkans, de piteux déménageurs de ravitaillement, costumés en soldats, empanachés d'un casque bleu comme d'un plumet plastifié.

Inutile, foyer constant de discordes à répétition, de plus en plus discréditée, l'Europe du Marché Commun n'est plus aujourd'hui qu'un veau branlant, à vingt-quatre pattes.

Plus les électeurs seront las, plus ils auront besoin d'un système gouvernemental durable et fort.

Dans la bousculade et l'incohérence, comment pourrait-on donner aux peuples un statut social digne et généreux, base même de l'harmonie nationale et de la sécurité publique ?

Comment, avec des gouvernements faiblards, à la merci d'une empoignade, aurait-on le temps de convaincre un pays qu'il n'est pas de vie économique possible sans la réconciliation et la collaboration du peuple que le marxisme a divisé en 'classes' converties souvent en jouets des maîtres-chanteurs syndicaux ?...

Et comment donner à une renaissance matérielle une impulsion durable, définitive, si on ne dispose pas pour longtemps de cerveaux exceptionnels, rompus à toutes les disciplines et choisis pour leurs seuls mérites ?

Enfin, s'il n'est de paix que dans la justice, il n'est de justice que dans le haut niveau moral des nations. Cette moralité ne peut naître de régimes brinquebalants, corrupteurs et corrompus, où les égoïsmes, les appétits, le besoin de l'argent rapide dévorent ceux qui en sont, à la fois, les bénéficiaires exclusifs et les brocanteurs.

L'attrait de la "démocratie" vue par Hergé…
Épisode de "Quick et Flupke" publié dans le 'Petit Vingtième' (non repris en album).

Au contraire, le vrai chef de peuple, qui parvient à la tête de l'État, ou de l'Europe, après des années de libre conquête des citoyens, on sait au moins, celui-là, ce qu'il veut et ce qu'il peut ! L'électeur a eu tout loisir pour le calibrer.

Si –ce qui peut arriver– cet élu national, ou multinational, décevait ou fatiguait, un plébiscite, frein normal dans toute vraie démocratie, peut le désavouer, le renvoyer dans les décors. Cas d'un De Gaulle en 1969. Cas extrême.

Entre-temps, il aura pu, tout de même, installer aux postes de responsabilité de son pays, ou du continent européen, des collaborateurs de premier ordre, choisis parmi les élites et mieux formées et les plus compétentes.

Mais généralement, hissé au pouvoir démocratiquement après des années d'analyse puis de soutien constant des électeurs, le chef de peuple parviendra à régénérer sa patrie, ses forces vives, ses institutions et à lui ouvrir les voies d'un grand destin. Idem pour le rassemblement de l'Europe. Telle est la 'démocratie du chef', la seule qui soit intelligente et intelligible, qui ne livre pas des peuples bernés à des farceurs, à des escrocs et à des esbroufeurs.

Les autres 'démocraties' sont des démocraties de charlatans. Elles propulsent dans les fauteuils des assemblées et des ministères une tripotée de politiciens souvent incapables, se houspillant, se harpaillant, et qui, à peine perchés sur leur strapontin à coups de millions du public berné, n'en font qu'à leur tête ou ne font même rien du tout, sinon se remplir les poches.

Ce gâchis, cette déliquescence, me donnaient la nausée. Bref, je voulais faire sauter en l'air la boutique politicienne.

CHAPITRE VIII

LE HARPONNAGE DES REQUINS

Laissant Jam et Tintin à leur table à dessin j'irais, à partir d'alors, et pendant deux ans, affronter tous les soirs les politiciens socialistes et communistes qui rassemblaient les ouvriers et les ouvrières dans les Maisons du Peuple. Car c'est, avant tout, le peuple que je voulais convaincre et entrainer.

En ces temps-là, les masses ignoraient encore la télévision et même la radio. Elles venaient assez volontiers se retrouver au pied des tribunes où trônaient leurs parlementaires rebondis. Elles s'y gorgeaient de belles promesses. Ce public simple était de l'or vif, à vingt-quatre carats ! Le peuple d'alors n'avait pas été gangrené par la frénésie de la consommation. Il avait le cœur pur, cherchait instinctivement le vrai et le propre.

J'entendais bien profiter du fait que, dans ces meetings de gauche, les seuls alors qui rassemblaient encore de larges foules, la contradiction – théoriquement du moins– était offerte. L'avantage évident du système était que ces tournois oratoires ne me coûtaient absolument rien. Les dirigeants marxistes qui organisaient ces meetings en couvraient tous les frais, évidemment.

NO PASARAN !

Totor. — Si Degrelle parle au Palais des Sports, nous descendons dans la rue avec nos poitrines... et je ne réponds plus de mes hommes !

Ce sont bel et bien les socialistes et les communistes belges qui, agissant à contrefin, ont payé mon lancement ! Je leur en suis extrêmement reconnaissant.

Jamais, avant que je ne me risque à ces rencontres, nul ne s'était aventuré parmi ces assemblées généralement très tumultueuses. On pouvait s'y faire tabasser. J'y encaisserais des rossées mémorables ! Je tiendrais bon, je finirais par conquérir ces auditoires, à coup d'éloquence sans doute, à force de horions aussi, abondamment administrés. Mais je resterais maître du terrain. J'affronterais même un soir le Ministre Spaak. Il était un orateur fleuri, mafflu et très pompier. J'eus beau jeu à l'abattre en flammes.

Dans les rues des grandes villes, les jeunes balayeurs rexistes nettoient symboliquement les pavés.

Ce public une fois acquis sans bourse délier, j'al- lais pouvoir organiser mes propres meetings, des meetings payants cette fois-là.

Pour la première fois, les électeurs allaient savoir qu'en supportant eux-mêmes les frais des assemblées populaires, c'étaient eux et non des manœuvriers insaisissables qui financeraient leurs réunions politiques.

Rapidement, les Belges accourraient pour m'entendre, par milliers, puis par dizaines de milliers. Je pétrissais ce public. Je l'électrisais.

Nul, en Belgique, n'avait vu (et ne verrait plus jamais) de spectacle de cette ampleur. J'avais alors à peine vingt-cinq ans. Un gamin ! Jusqu'à cinquante ans, à cette époque, un homme était un gamin ! Mais ledit gamin résumait les élans d'un pays entier.

Hergé et Jam, l'œil aux aguets, continuaient dans leur 'Vingtième' à tracer leurs jambages, mais ils jubilaient.

Dans les rues des grandes villes, les colonnes de mes jeunes balayeurs et de mes jeunes balayeuses nettoyaient symboliquement les pavés, aux applaudissements des passants mis en gaieté.

Meeting rexiste au Palais des Sports de Bruxelles (30 000 personnes).

Ma presse, elle aussi, s'était mise à déferler par rafales. Le tirage de mon hebdomadaire 'REX', modeste mensuel au début, puis bi-mensuel, avait atteint les cent mille exemplaires vendus. Il finirait, en 1935, par dépasser les 350 000! Tirage contrôlé par notaire. Chiffres inouïs dans la petite Belgique ! Ils équivalaient à la répartition, contre argent comptant, de deux, trois millions d'exemplaires, chaque dimanche, à travers le territoire français ! Ma copie était du vitriol. Je le déversais à pleins seaux.

Mes équipes de propagandistes sillonnaient à pied ou à vélo tout le pays. En réalité, nous n'avions même plus besoin de courir après le public : c'est le public qui se précipitait pour acheter nos journaux dans les aubettes et pour m'écouter sur les places publiques.

Le matin, le voyageur, époustouflé, pouvait, des fenêtres des trains, voir dans les prés des vaches badigeonnées d'énormes REX écarlates. Sur les canaux, les ponts suspendus se dressaient tout d'un coup des REX géants sous le nez des automobilistes à l'arrêt, lors du passage des chalands ! La propagande était devenue la plus amusante des inventions, gratuite évidemment, chacun de nous, ne luttant, n'inventant, que poussé, propulsé par son idéal.

Pourtant, nous étions tous encore, en ces mois-là, de grands naïfs. Nous n'avions aucune idée des menées louches que tramaient souterrainement dans la grande presse les manipulateurs et les affairistes.

Or, le 'Vingtième Siècle' avait, lui aussi, son requin bancaire, comme l'avaient, exactement, tous les vertueux confrères.

Sur ordre même du Cardinal Van Roey, le bailleur de fonds du 'Vingtième Siècle' avait, envers et contre tout droit, et contre tout sens moral, été nommé sénateur coopté, système employé en Belgique pour repiquer au Sénat les grosses légumes incapables de fructifier par elles-mêmes dans le terreau électoral. Ce coopté sénatorial du 'Vingtième Siècle' était un crapaud aux gros yeux à fleur de tête, appelé Philips. J'avais commencé à brandir mon balai de fer dans les travées ministérielles et parlementaires. Je voulais envoyer lestement au fumier les politiciens pourris. Je m'étais juré d'en débarrasser la Belgique.

J'avais exécuté d'abord –à tout seigneur tout honneur– le Président du Parti Catholique, un nommé Segers, petit bonhomme chafouin, aux moustaches de vieux chat fatigué, au crâne gris engoncé sous la cloche à fromage d'un chapeau boule tout noir. Il était un spécialiste du pillage des Caisses d'Épargne. Avec un plaisir triomphant, je l'avais écrabouillé entre les palmiers maigrelets qui décoraient la tribune d'où il avait, en 1935, présidé, dans la ville de Courtrai, le jour-même des Morts (triste coïncidence !), son tout dernier Congrès.

Je l'avais défié à nouveau, une semaine plus tard, au Palais des Sports de Bruxelles où, devant trente mille personnes, je l'avais exterminé, par défaut, dans une immense rigolade. Froussard, paniqué, il n'avait pas osé se risquer à la confrontation ! Je lui décochais, sur l'heure, une brochure dont le titre à lui seul ne pouvait qu'aguicher le lecteur : 'J'accuse le Ministre Segers d'être un cumulard, un bankster, un pillard d'épargne et un lâche'.

Il essaierait, quelques mois plus tard, de se rattraper devant les tribunaux. Là aussi, je gagnerais. Segers serait balayé, avec des attendus flagellants, et condamné aux frais du procès. Ainsi avait été exécuté, dans un énorme tintamarre, mon premier gros pourri.

"Le Palais des Sports de Bruxelles", dessin de Hergé pour 'La Légende d'Albert Ier, Roi des Belges' de Paul Werrie.

Le deuxième serait le Philips du 'Vingtième Siècle' le patron cardinalesque, encore caché dans les coulisses.

Jam et Hergé ignoraient jusqu'alors les hauts faits secrets de cet odoriférant bipède.

CHAPITRE IX

LE PATRON DANS LA GADOUE

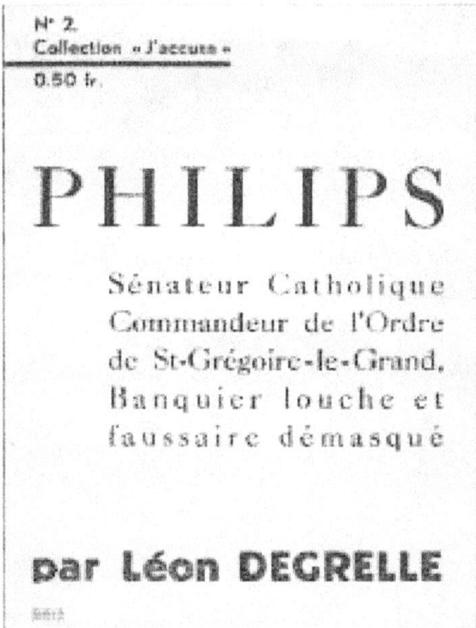
N° 2
Collection « J'accuse »
0.50 fr.

PHILIPS

Sénateur Catholique
Commandeur de l'Ordre
de St-Grégoire-le-Grand,
Banquier louche et
faussaire démasqué

par Léon DEGRELLE

Ce financier Philips 'gérait', entre autres, les fonds des petits paysans flamands, grâce à l'énorme appui -très généreusement rémunéré- du Cardinal et de son clergé. Des centaines de millions de francs avaient disparu dans de scandaleuses déconfitures.

J'avais pris à l'abordage ce gangster, le traitant, en pleine assemblée de son parti –sans exagérer la courtoisie, je le reconnais–, « d'excrément vivant » ! Le public n'avait pas eu besoin de grands dessins pour comprendre.

Dans mes meetings, je malmenais tous les corrompus de la politico-finance avec la même vigueur imagée. Je les attrapais par le fond de la culotte, je les trainais dans leur pourriture, je la leur faisais boire, manger et dégurgiter ! Je les jetais, pour finir, dégoulinants de gadoue, dans les travées du public stupéfait. Jamais, dans aucun pays, nul n'avait harponné avec une telle ardeur de telles escadres de déprédateurs !

Certes, ces ravageurs n'ont pas disparu à cette heure des viviers politiciens ! Bien loin de là ! Ils y jouent toujours de l'aileron, plus nombreux et plus voraces encore que jadis.

Malheureusement, nul ne se risque plus à planter impitoyablement son long javelot aigu dans leurs carcasses gluantes, avec noms, prénoms et hauts faits à l'appui. Le Philips en question ne résista pas longtemps à mon traitement-choc. Il portait sur ses épaules étroites une tête de nabot consterné. À la gauche de son nez de chanoine vicieux, brillait un gros pois-chiche violâtre, collé comme un bouton branlant de braguette. Pour achever cet Adonis, je lui consacrai une brochure d'une violence inouïe : 'Philips, Sénateur Catholique, Commandeur de l'Ordre de Saint-Grégoire-le-Grand, Banquier louche et faussaire démasqué'! Je le plongeai, jusqu'au dernier poil rêche de ses mollets, dans la mélasse de ses déprédations. Après ce plongeon, l'élu de son Éminence était foutu. Il n'eut plus qu'à déguerpir pour toujours du Sénat belge, la queue en déroute. Lui aussi, discrédité à jamais, ne se risquerait plus dans une assemblée politicienne !

Mais il lui restait, à l'insu de beaucoup, 'Le Vingtième Siècle' où Hergé et Jam continuaient de dessiner, non sans se sentir, eux aussi, happés par mes harangues. Ils étaient mes vieux frères. Se compromettant à fond, Jam avait commencé à brosser dans mes journaux de combat, ses premières caricatures, aussi féroces qu'hilarantes. On y voyait les vieux pourris de la politique déguerpir en panique, tous plus bouffons les uns que les autres, volant en tous sens sous mes coups de balai exterminateurs.

L'abbé Wallez fut sommé de mettre fin au scandale dans sa maison. Entre nous, l'abbé vomissait, tout autant que moi, Philips et ses honorables collègues en putréfaction. Philips serait d'ailleurs défenestré peu après de la direction du 'Vingtième Siècle' sur injonction hargneuse du Cardinal Van Roey.

Il deviendrait –lui, le patron bienveillant de mes débuts– un de mes plus acharnés disciples. Après 1944, il connaîtrait des prisons monstrueuses. Anéanti par les outrages, ce patriote d'une vigilance exceptionnelle mourrait pour ma cause, réconforté par les Hergé, qui l'hébergeraient à la fin de sa vie.

Mais, lors de mes premières philippiques, l'abbé Wallez était encore à la tête du 'Vingtième'. Il réunit à son bureau Jam et Hergé, fenêtres grandes ouvertes, pour ne pas être trop incommodés par l'odeur de Philips empestant l'air partout où il gravitait dans l'immeuble.

Quelle solution prendre ? Et, surtout, comment limiter la casse ?

"Le coup de balai de Rex", par Jam ('Les Dernières cartouches', 1936).

CHAPITRE X

LES TROIS COPAINS ET LA VICTOIRE

Pour Hergé, comme pour Jam, gagner la croûte de chaque mois était, à cette époque, aussi dur que de grimper avec les chats dans les gouttières de la cathédrale de Bruxelles.

Au 'Vingtième Siècle' on gagnait peu ! À Rex moins encore !

En dehors de son Tintin, Hergé employait, tant qu'il le pouvait, son talent de dessinateur à brosser des croquis utilitaires. Tout ce qu'il inventa à cette fin dépasse presque l'imagination. Il créa même 'l'atelier Hergé' (pompeuse dénomination pour personne seule), chargé de récolter des contrats publicitaires. Il vanta le matelas 'bien couché', les orchestres 'modulophones', les jacquettes, les manteaux collants, les phonographes, la couture Alice, les conserves Habi, créa des jeux de cartes, des timbres, des dominos, des puzzles, des marionnettes. Il aguicha même le public avec des annonces de cours de boxe !

Il utilisa les Dupont-Dupond, ruisselants de sueur sous leur mouchoir, en plein Sahara, pour chanter les bienfaits des cigares Agio-Méharis ! Après que Georges eut froidement fait l'éloge, dans un autre placard publicitaire, des vertus insignes du tabac, Jam, caustique, planta en première page de mon quotidien 'Le Pays réel' une caricature où notre Hergé apparaissait, flemmard, tirant sur une cigarette tordue pareille à une ablette morte! On le voit : entre nous, la rosserie ne manquait pas.

Où j'aidai le mieux Hergé à décrocher le tout gros contrat, ce fut chez les propriétaires de la chicorée Pacha !

Les "bien couchés" (matelas Simmons) : un gag annoncé parmi les informations de 2e page par l'Agent 15... ('La Nation Belge', 23 mars 1938)

Degrelle dans la chicorée? Un peu tout de même ! La chicorée Pacha avait son usine à Hal, à la droite de la grand-route Bruxelles-Tournai. Or il se fait que le fils du patron était un rexiste acharné, à tel point que nos réunions se tenaient dans le bureau même du président. Je trônais dans le fauteuil. Nous décidions du sort du monde sous d'éloquents panneaux : « Qui a bu boira chicorée Pacha » Refrain bien belge ! Évidemment, Hergé décrocha sur place et sans tarder un contrat sensationnel !

À l'exposition 'Tout Hergé' à Welkenraedt, on pouvait toujours admirer les "strips" de Hergé décrivant, sur le mode épique, le combat d'un pacha friand de chicorée.

Au dessin numéro un, la valetaille offrait au pacha, pour le rafraîchir, une première bouteille, le destinataire, furieux, l'envoyait voler dans les airs (dessin 2). Nouvel essai : d'un formidable coup de pied, le pacha, dégoûté, catapultait au plafond le plateau (dessin 3). Au quatrième dessin, c'était la fuite éperdue du personnel !

Les publicités de Hergé pour des cigarettes (ici, vers 1930) lui valurent d'être caricaturé par Jam le mégot aux lèvres!

Heureusement, au cinquième croquis, apparaissait un gentil négrillon apportant une cafetière de 'chicorée Pacha'! D'où, sur la sixième vignette, des délices célestes! Le pacha, les jambes croisées, dégustait, sur fond de palmiers, la divine boisson. Le négrillon, mignon comme l'Enfant Jésus, se régalait lui aussi au bec de la cafetière, aspergeant du cru mirifique son petit crâne touffu ! Immense allégresse finale : « Qui a bu boira chicorée Pacha », qu'Hergé transcrivait aussi en flamand : « Eens gedronken steeds geschonken ! »...

Ainsi, grâce au crayon enthousiaste de Hergé, la chicorée rexiste de Hal aidait à alimenter la charmante Germaine, et nous maintenait tous en état d'euphorie !

Mais Philips, tabassé, le nez vert, la patte souillée, n'était pas, lui, euphorique du tout. Il exigeait que mes deux copains abandonnassent sur le champ l'iconoclaste Degrelle qui était en train de le pulvériser.

Jam eut vite fait son choix : il laisserait tomber la vieille charogne Philips et me suivrait. Officiellement, on l'expulsa.

Le 'Pourquoi Pas ?' du 29 mai 1936 salue la victoire de REX : « toutes les explications n'empêchent pas qu'en six mois, ce personnage, hier encore inconnu, généralement qualifié de gamin, de primaire échauffé et de grotesque, a bousculé toute la vie politique de ce pays, un des plus traditionnels du monde ».

Mais, on vient de le voir, nous n'étions pas riches. Un traitement de plus –même modeste– à verser chaque mois, était pour nous presque un drame. Or Paul Jamin et Hergé avaient chacun leur jeune foyer à nourrir, des femmes qui avaient besoin, chaque mois, d'un minimum de spaghettis ! Tout d'un coup, nous aurions à verser deux traitements supplémentaires ! Cela dépassait nos possibilités ! On se mit d'accord comme on put.

Hergé était moins compromis. Il n'était pas d'un tempérament spécialement batailleur. À part le joyeux numéro d'équilibrisme du leader socialiste Vandervelde, son Tintin ne s'en était pris jusqu'alors, dans 'Tintin au pays des Soviets', qu'à l'anthropophage communiste des steppes, Joseph Staline, ce qui ne dérangeait pas spécialement l'hypercapitaliste Philips. Les dessins de Hergé ne lardaient jusqu'alors que l'arrière-train de ce Staline lointain ! Pour assurer la tambouille de Germaine, Hergé ferait donc encore, provisoirement le gros dos dans son cagibi du 'Vingtième Siècle'. Le seul Jam fut vidé, étant devenu, de toute évidence, un degrellien pestiféré ! À la porte, misérable !

Hergé demeurerait –pour combien de temps ?–, muet, dans le repaire de Philips. Entre 1935 et 1939, il créerait en silence 'L'Oreille cassée', 'L'Ile Noire', 'Le Sceptre d'Ottokar'. Ce n'est qu'après la débâcle de 1940 qu'il pourrait enfin porter ailleurs ses cliques et ses claques.

Jam, lui, en six mois, allait devenir –pour plus de soixante ans !– le numéro un de la caricature en Belgique, aujourd'hui presque aussi célèbre sous son deuxième pseudonyme, Alidor.

À l'hebdomadaire 'REX' d'abord, puis à notre quotidien 'Le Pays Réel', (tirage de 250 000 exemplaires en 1936, contrôlé, lui aussi, chaque nuit, par notaire), la collaboration de Jam deviendrait très vite un des tout grands attraits de notre presse. Les tracés du dessin, tout au début, étaient encore un peu hésitants. En quelques mois, ils étaient devenus acérés, nets comme des coups de stylet, mais d'un stylet envoyé chaque jour, dans un énorme éclat de rire, en plein les vieilles fesses politiciennes. Des milliers de lecteurs achetaient 'Le Pays Réel' rien que pour le dessin de Jam épinglant chaque jour un cloporte parlementaire au bout de son crayon amusé et meurtrier.

C'était joyeux, énorme, féroce.

Les dessins assassins de Jam, nos balais, brandis partout par les jeunes, mes centaines de meetings, mes trois articles quotidiens (j'écrivais, au fil de la plume, l'équivalent d'un volume de trois cents pages tous les quinze jours !) avaient mis de plus en plus en état d'ébullition l'électorat belge. Trois heures de sommeil me suffisaient.

Le 24 mai 1936, après une campagne fabuleuse qui restera à jamais mémorable dans l'histoire politique de la Belgique, trois cent mille électeurs me plébiscitaient !

En fait, il s'agissait d'un million de citoyens car, en ces temps-là, les femmes et les jeunes ne votaient pas. Vingt et un députés rexistes et douze sénateurs entraient en trombe au Parlement, nos balais vengeurs au poing. J'avais 29 ans. Jamais on n'avait connu une ruée pareille : un jeune garçon défonçant à coups de massue les vitrines empestées des professionnels de la politique !

Hergé, cloîtré dans son 'Vingtième Siècle', n'avait pu, malgré tout rester de glace à côté de notre brasier.

Il usa d'un subterfuge, brossa toute une bande dessinée consacrée à Flupke assistant à une sorte de fin du monde. Des escadres d'avions surgissaient de partout.

Des bombes tombaient. Mais, à côté d'une pancarte Antirex (reprise d'un journal d'insultes, histoire de ne pas faire exploser Philips) se dressait en contrepoids une autre pancarte, victorieuse : 'Rex vaincra'...

Sur le premier dessin, un autre énorme "REX VAINCRA" barrait toute la façade d'un cinéma populaire. C'était exactement le 2 avril 1936. Un mois et demi à l'avance, discrètement, Hergé, via Flupke, nous adressait son salut aimablement rossard !

Il nous manifesterait aussi, d'un clin d'œil mutin, sa complicité amusée en baptisant le gang de détectives qu'il manipulait dans ses albums, du nom d'Agence Judex. *Judex* était le titre du plus infect journal crée de toutes pièces en 1936 pour souiller l'image du rexisme. Mais, malgré tous les Judex et leurs millions, la Belgique entière était ébranlée.

Le 24 mai 1936 nous emportions la victoire.

De notre collaboration, Georges Remi conserverait jusqu'à sa mort un souvenir émouvant. Il garderait précieusement, dans l'intimité de son bureau privé, la correspondance qu'il avait reçue de moi. À son biographe, l'écrivain Numa Sadoul, il accorda le privilège de voir ces souvenirs secrets. Mêlée à eux, se trouvait l'ébauche d'une affiche que Hergé avait brossée pour REX et dont il n'avait jamais accepté de se défaire, même aux jours les plus noirs de la persécution.

Après 1945, on a essayé d'escamoter l'exploit du rexisme ; mais beaucoup de Belges regrettent encore ces jours-là où furent matés aux cris de : « Propreté ! Propreté ! », les tout-puissants gangsters du profitariat démocratique.

La raclée que j'infligeais à cette crapaudaille resta longtemps marquée au fer rouge sur leurs arrière-trains putréfiés, ces fessards qu'avant les balais du Rexisme tant d'électeurs transis avaient baisés pieusement, et qu'après 1945 tant d'ahuris, éternels enquinaudés, se sont mis à pourlécher de nouveau avec une naïveté presque touchante.

TROISIÈME PARTIE

LE HERGÉ DE 1940

CHAPITRE XI

LE CROQUE-MITAINE HITLER

Adolf Hitler en 1925.

De 1936 à 1939, ce fut, pour nous, la bataille acharnée. Ce serait aussi, à deux reprises, la dégringolade.

Les vieux politiciens étaient retors. Tous les traquenards nous seraient tendus. Les électeurs –redevenus souvent des cocus satisfaits– se laisseraient, sous prétexte de lutte pour la 'démocratie', embringuer à nouveau par des clabaudeurs dans de gigantesques campagnes de bobards, d'exagérations folles, de truquages, où la cible, désignée d'un doigt vengeur, serait, c'est clair, l'épouvantable Hitler ! Cet Hitler, aux trousses duquel chacun se devait de vociférer avec fureur !

On pouvait ne pas aimer ce nouveau venu, mais convertir Hitler en un croque-mitaine décidé à se jeter d'un jour à l'autre sur l'Occident, était, ric à rac, une manœuvre d'attrape-nigaud. Nos pays d'Occident intéressaient-ils vraiment Hitler ? N'était-ce pas vers les Soviets, et vers eux seuls, que celui-ci avait les yeux tendus ?

Dans ce cas, pourquoi un tel tapage ?

Que les Français conservent leur Alsace- Lorraine ! Les Belges, leur Eupen-Malmédy ! Les Italiens, leur Tyrol allemand ! Mais oui ! Hitler offrit à diverses reprises à l'Occident ces importants arrangements territoriaux, authentifiés dans des documents diplomatiques, formulés et proclamés du haut des tribunes les plus fameuses, tant du Reichstag que du Congrès de Nuremberg.

Adolf Hitler, vers 1930.

Le chef du Reich savait parfaitement qu'il ne ferait jamais d'un Parisien un Prussien, ni d'un Bouillonnais un Potsdamien !

De notre côté, quel intérêt pouvions-nous trouver à héler Hitler à Paris quand il brûlait d'aller à la Moscova et à la Volga ?... C'est-à-dire à deux ou trois mille kilomètres de nos poteaux-frontières, nous laissant donc déguster en paix nos pommes de terre frites et nos cramiques croustillants !

Alors, répéter inlassablement aux Belges et aux Français qu'un nazi énorme était décidé à leur sauter dessus, était-ce habile ?... Donner sans répit des nasardes à Hitler, était-ce intelligent ? N'est-ce pas Spaak en personne qui, après la défaite de 1940, devrait bien reconnaître, marri, que l'Occident s'était fourvoyé et que la guerre à l'Ouest avait été 'inutile et imbécile' ?...

Si Hitler rêvait d'aller se cavaler un jour à travers les steppes, n'eût-on pas dû, tout au contraire, et dans tout l'Occident s'en réjouir !

C'était la garantie que, durant des dizaines d'années, le dynamisme hitlérien serait entièrement absorbé par cette gigantesque aventure.

Mettre de l'ordre dans les espaces immenses esclavagisés par Lénine depuis 1927, liquider dans ces régions géantes la tyrannie du communisme stalinien, reconstruire en Russie une économie brisée en mille pièces par le marxisme, adapter vingt peuples de l'Est à une compréhension communautaire de la vieille Europe !

Adolf Hitler, à la fin des années 20.

La réalisation de ces objectifs énormes, étalés de la Mer Baltique à l'Océan Pacifique, aurait réclamé, même d'un chef-né comme Hitler, un effort de dizaines et de dizaines d'années.

Alors, quoi ! Pourquoi les milliers de Milous eussent-ils dû aboyer éperdument !

On le voit maintenant encore à la fin du vingtième siècle : un Gorbatchev, liquidé dans des difficultés innombrables, puis un Eltsine, pochard, grognon, courant, l'un après l'autre, sébile à la main, de New-York à Paris, se débattant dans des projets de réformes politiques, sociales, économiques et raciales, dont ils ne voient plus eux-mêmes comment ils vont pouvoir les aborder ! Et moins encore, les régler !

L'Europe et l'Amérique barbotent, autant qu'eux, en face de ces problèmes, aujourd'hui, insolubles 'démocratiquement'.

C'est dire que Hitler, en s'embarquant dans une gigantesque chevauchée jusqu'au fond des Républiques soviétiques –autrement compliquée que celle du Tintin de 1929 !– eût, pour un demi-siècle au moins, libéré l'Occident tout entier de toute hantise d'invasion venant de l'Est. C'est même l'inverse qui se fût passé. Une fois enfoncé, et pour

Hitler parle dans une brasserie (vers 1930).

longtemps, dans les steppes infinies, Hitler eût été inévitablement le client privilégié, providentiel, de l'agriculture aussi bien que de l'industrie de nos pays occidentaux ! Il aurait eu besoin de leurs renforts alimentaires, de leurs produits fabriqués, de leurs armes, et cela, très probablement, pendant toute sa vie. Une véritable 'collaboration' de fait, nous eût rapprochés dès lors au lieu de nous opposer.

Par-dessus le marché, un Hitler nous débarrassant de la menace d'un déferlement soviétique nous eût servi considérablement. Aussi affoler l'Occident, entre 1935 et 1940, avec des histoires à la croque-mitaine d'ogres teutons décidés à nous broyer tous entre la Meuse et la Garonne, et taire qu'un tout autre plan d'action attirait le dynamisme hitlérien vers l'Est était vraiment peu sérieux.

Chef des armées, Adolf Hitler ne faisait qu'un avec ses soldats.

Surtout, c'était dangereux. On le verrait à l'heure de payer la note.

Face à ces Soviets, péril pour tous, Hitler reconstituait l'unité de son pays ?... Et alors ?

Les Autrichiens, indiscutablement, étaient Allemands. Déjà en novembre 1919, ils avaient voulu, la Gauche Socialiste en tête, être réincorporés à l'unité germanique (mon livre 'Les Tricheurs de Versailles' donne là-dessus toutes précisions utiles). Ils avaient voté, en 1938, pour le retour au Reich à plus de 99%.

Prestation de serment d'Adolf Hitler, Chancelier du Reich, à Potsdam, le 21 mars 1933. Peinture de Richard Lindmar (Munich, 1937).

Évêques et Cardinal Innitzer en tête, l'Église catholique avait, par écrit, appelé les fidèles à « voter Hitler » aux élections. L'ex et futur chancelier socialiste, le docteur Renner, avait, de la même façon, appelé ses électeurs de gauche à plébisciter l'Anschluss. Les Autrichiens, par hasard, n'avaient-ils pas le droit –élémentaire– de disposer d'eux-mêmes ?...

Hitler est accueilli en libérateur par une foule en liesse, toute acquise à l'Anschluss, dans sa ville natale de Linz, le 12 mars 1938.

Le Traité de Versailles, en 1919, avait reconnu ce droit comme absolument naturel. Il s'était engagé à le faire respecter. Si les Allemands d'Autriche voulaient retourner au vieux Reich de leurs pères, qui pouvait trouver à y redire ?...

Léon Blum, le chef juif des socialistes français, avait bien dû le reconnaître, moins de deux ans avant le triomphe final de Hitler, en écrivant dans son quotidien 'Le Populaire' (24 mars 1931) : « Personne ne peut nier qu'une affinité naturelle et fondée sur de multiples causes attire la petite Autriche vers l'Allemagne et qu'un jour, le rattachement se produira ; il ne sera jamais que l'expression du plus indiscutable de tous les droits : le droit d'un peuple à disposer de lui-même. »

Que signifiait alors le chantage hypocrite des craqueurs démocratiques, indignés à la seule idée de cette consultation ! Le Droit était-il blanc ou était-il noir, selon qu'on était Allemand ou adversaire des Allemands ?...

Adolf Hitler et le Nonce du Pape Basallo di Torregrossa affichent leur communauté de vues : « Pendant longtemps, je ne vous ai pas compris. C'est pourquoi j'ai longtemps été inquiet ; aujourd'hui je vous comprends. Tout catholique allemand vote aujourd'hui : Oui ! »

Même raisonnement, en 1938, à propos des trois millions cinq cent mille habitants des Sudètes. Eux aussi étaient, à presque cent pour cent, des Volksdeutschers ! Alors, au nom de quel principe, prétendait-on les retenir de force, et sans fin, le nez coincé dans la muselière des occupants tchèques ?...

Idem, encore, pour les habitants de Dantzig, qui réclamaient électoralement, à plus de 99%, qu'on leur accordât le retour au sein de leur communauté nationale. Les Silésiens eux-mêmes, arrachés frauduleusement à la patrie allemande en 1922, eussent pu, tout aussi légalement, émettre une revendication similaire.

Ce qui était, en réalité, intolérable, ce n'était pas que les Allemands réclamassent de tels retours, mais qu'on les leur refusât !

En 1990, refuserait-on aux Allemands de l'Est de ne faire qu'un État avec les Allemands de l'Ouest ?...

Ces rejets fanatiques de 1938 et de 1939 à l'unification légitime d'un même peuple tenaient non pas du Droit, mais du plus hypocrite despotisme !

Dans la Sarre, par exemple, les Alliés, en 1919, avaient repoussé jusqu'en 1935 le droit des habitants allemands de cette province à déclarer leur volonté au moyen d'un plébiscite. Entre-temps, des troupes anglaises, françaises, italiennes, avaient occupé très durement le terrain. Toutes les richesses de la région, la houille notamment, avaient été gérées et digérées par l'occupant allié. Après quinze ans d'attente – et de constante propagande contre le rattachement à l'Allemagne–, le fameux plébiscite, promis formellement à Versailles, allait enfin avoir lieu, en 1935 ! Sous le contrôle des canons et des blindés alliés ! Jusqu'au dernier jour, on fit tout pour influencer les électeurs. On n'avait même pas permis à Hitler, pourtant Chancelier du Reich depuis deux ans, de venir une seule fois parler à ses compatriotes sarrois avant que n'eût lieu la compétition ! On vota donc sous la contrainte ou, du moins, sous la supervision rigoureuse des Alliés, et à dix mètres des chars français. Résultats du vote sarrois : 91% des voix pour Hitler ! Pour l'autonomie socialiste : 8%. Et, feu d'artifice final, pas même 1% pour la France ! À peine deux mille voix !

Alors que, en 1919, lors des discussions du Traité de Versailles, le ministre Tardieu avait affirmé avec morgue que, rien qu'à Sarebrück, 150 000 électeurs enverraient à Paris un député français !

N'importe quel lecteur de Tintin eût dû s'esclaffer à constater l'ampleur de ce démenti presque comique ! Ce résultat énorme, dû aux Alliés eux-mêmes, n'ébranla même pas d'un millimètre la jactance des meneurs, démocratiques. Les 91% n'avaient aucun sens puisqu'ils ne s'étaient pas dirigés dans le bon sens.

Hitler, c'était le sens interdit !

Le plan de démontage de l'Allemagne de Hitler était, dès 1935, visible à l'œil nu. L'Internationale marxiste, la toute première, était furieuse de voir qu'une révolution rivale, le national-socialisme, était en train de liquider ses hérésies économiques.

Idem pour la Franc-maçonnerie, pestant de constater que son hégémonie politique s'effondrait partout et que tout son attirail de ferblanterie n'intéressait même plus le Marché aux Puces.

Démonstration de l'armée anglaise à Sarrebrück avant le référendum de 1935.

Les Juifs, de leur côté, bouillaient d'indignation parce qu'ils ne pouvaient plus, comme au temps béni d'avant 1933, détenir à la toute puissante Reichsbank vingt-deux sièges d'administrateurs sur vingt-huit et que Hitler poussait l'insolence, jusqu'à demander aux Israélites de bien vouloir se contenter d'être, dans l'univers, des citoyens comme tout le monde.

L'armée allemande réoccupe la Rhénanie en 1936.

Alors quoi ! Le « peuple dominateur » (De Gaulle dixit) ne dominerait plus ? Impensable !

De ces vieilles dictatures occultes, marxistes, maçonnes, juives, nous décelions les complexes de frustration. Nous voyions aussi jaillir, à tout instant, leurs provocations.

Nous demandions au public belge, qui n'avait rien à gagner à des bagarres truquées, de ne pas perdre les pédales et de réfléchir tout de même un peu avant de se jeter bêtement dans un bain de sang et d'horreurs, sans même avoir compris le fond de l'affaire.

Mais qui, en 1938, n'était pas d'accord avec les internationales de la guerre se voyait aussitôt dénoncé, par cent folliculaires, pétant de jactance, comme un suppôt du Diable, un vendu à un tyran !

Tant de fanatisme était consternant. On affichait, sur tous les murs de Belgique, ma tête coiffée d'un casque à pointe de 1914 (j'avais huit ans en 1914 !)

Personne, ni REX, ni moi, ni Jam, ni moins encore le pacifique Hergé n'avions depuis 1937, la plus mince relation avec un homme politique allemand quel qu'il fût! À casque à pointe, ou sans casque à pointe !

De passage à Berlin, j'avais, sans l'avoir cherché, rencontré à l'été de 1936, dans la solitude de son bureau, le Chancelier Adolf Hitler pendant deux heures. J'ai raconté ailleurs cette entrevue fraîche, directe, exaltante. Hitler était d'accord avec moi pour qu'n plébiscite amical réglât l'avenir des terres contestées d'Eupen et de Malmédy, le Roi Léopold III et lui-même présidant ensemble l'ouverture de la consultation électorale, et en célébrant ensemble la conclusion. J'en avais informé le Roi Léopold III dès mon retour.

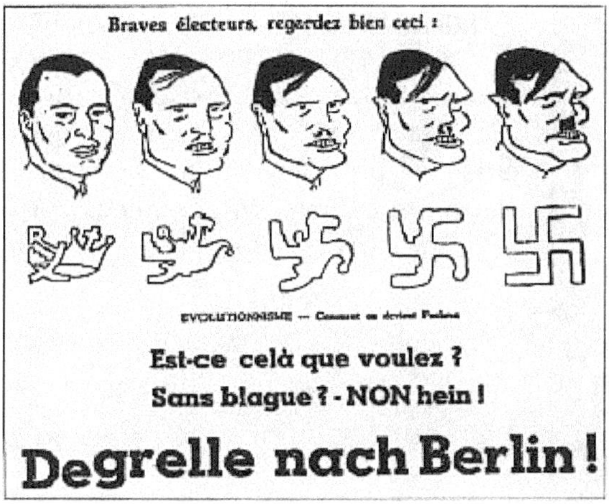

Exactement la même année, j'avais vu longuement Mussolini.

De la même façon, je dînerais aux Communes à Londres avec Winston Churchill et je passerais un week-end dans un château écossais à converser avec une série de députés britanniques.

Je pouvais être porté à la tête de mon pays, pays isolé, souvent envahi, toujours menacé. Il était donc utile que j'aie établi préalablement des contacts internationaux afin de pouvoir parer à des surprises. Mais le chahut déchainé contre Hitler à partir de 1936 avait été tel que, dès alors, j'avais coupé court à tout débat avec quelque dirigeant que ce fût du Troisième Reich.

Certainement ce fut regrettable : Plus grands étaient les périls, plus les rencontres eussent été nécessaires.

Qui dirait le contraire après avoir vu, le 13 septembre 1993, Messieurs Begin et Arafat, ennemis qu'on eût pu croire à jamais irréductibles, se serrer la main à la Maison Blanche à Washington !

Les barrières fanatiquement dressées entre Européens nous coupaient de toute possibilité de rechercher des arrangements qui eussent pu sauver la vie aux cinquante millions de personnes qui périrent entre 1939 et 1945.

La valeur n'attend pas le nombre des années.

Notre Chefdarex n'a pas passé ses examens : il a quand même été à bonne école.

CHAPITRE XII

LA MÉTHODE COUÉ

Au lieu de courir à l'aveugle vers les risques d'une guerre européenne, le public eût été mille fois plus avisé en étudiant de près la révolution sociale qui, renversant quinze ans de démagogie, était en train de réconcilier en Allemagne la classe ouvrière et la classe industrielle, dressées jusqu'alors l'une contre l'autre par le marxisme, alors qu'elles sont incapables, dans la bataille moderne, de subsister l'une sans l'autre.

De toute façon, cet Hitler, les Allemands eux-mêmes l'avaient voulu ! Ils l'avaient. C'était leur affaire. Nous n'avions pas plus à leur dicter leurs choix électoraux que nous les dictions aux Français, aux Italiens ou aux Anglais.

Hitler, qu'on en fût ou non marri, était devenu, par le seul jeu électoral du régime même de Weimar, le chef parlementaire du plus important parti de l'Allemagne.

Les réalisations nationales-socialistes n'avaient pas d'égal en Europe. On voit ici un jardin d'enfants.

Était-ce exact ou non ? N'était-il pas arrivé à la Chancellerie grâce à des millions et des millions de votes indiscutablement démocratiques ? N'avait-il pas été choisi légalement par le Président du Reich, le Maréchal von Hindenburg ? Ce choix n'avait-il pas été approuvé, trois mois plus tard, au suffrage universel, par la majorité absolue des électeurs du Reich ?

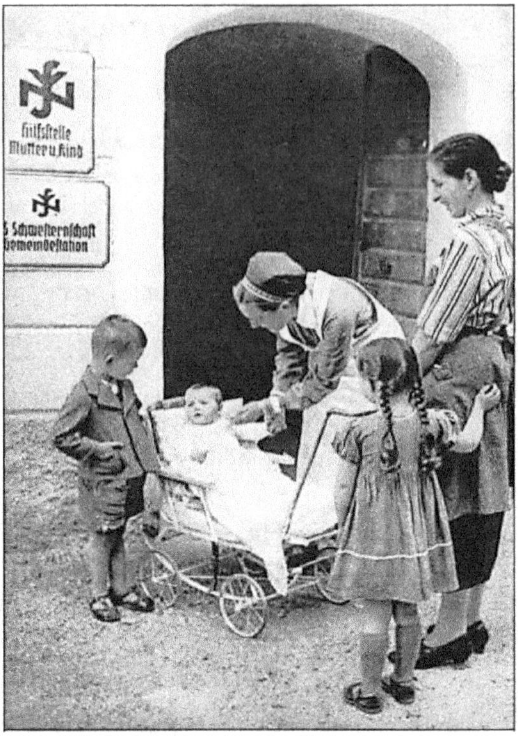

Parmi les innombrables réalisations sociales nationales-socialistes : un puissant réseau d'aides ménagères.

Cette Allemagne, que l'électorat même confiait ainsi à Hitler, était, en 1933, un État presque ruiné, à la vie économique effondrée, accablé de six millions de chômeurs.

En deux ans, Hitler avait-il oui ou non, ramené à peu près à zéro ce chiffre monumental d'ouvriers sans travail ? Quel pays en Europe, avant ou après 1945, en fit jamais autant ?

La réorganisation d'une armée, alors presque inexistante (1935), n'avait été pour à peu près rien dans le retour rapide de l'Allemagne au travail et à la prospérité.

L'étude des réformes économiques du Troisième Reich eût dû présenter de l'intérêt pour tout spécialiste social un peu curieux. Hitler avait magnifié la dignité du travail, il avait obligé les industriels à assurer à leurs ouvriers un statut décent, des salaires accrus, des locaux modernisés.

Il avait doté obligatoirement les usines de milliers d'installations modernes : terrains de sport, piscines, salles d'eau.

Esquisse de la "Voiture du Peuple" ou "Volkswagen". Dessinée par Adolf Hitler en 1924, elle fut réalisée par F. Porsche et demeura peut-être la seule réalisation nationale-socialiste à survivre au désastre de 1945.

Il avait instauré les vacances ouvrières payées, qui s'élèveraient jusqu'à vingt-deux jours par an.

Ce n'est que trois ans plus tard, en 1936, que le gouvernement marxiste du Front Populaire de Léon Blum accorderait aux travailleurs français six jours de congé par an, en tout et pour tout !

Pour faciliter la vie du peuple travailleur et embellir ses loisirs, Hitler avait créé des kilomètres de plages sur la Mer Baltique, organisé des croisières ouvrières parvenant aux fjords de Norvège et aux Îles Canaries. Il avait bâti, à la cadence d'un kilomètre par jour, plusieurs milliers de kilomètres d'autoroutes gratuites, et mis à la disposition des travailleurs un million sept cent soixante-quinze mille maisons coquettes, payables en dix ans, avec une réduction de 25% à la naissance de chaque enfant.

« 5 Marks par semaines tu devras épargner. Si dans ta propre voiture tu veux voyager. » Publicité pour la VW, figure emblématique des réalisations populaires du national-socialisme.

Ne faisait-il pas réaliser, dans un énorme complexe industriel tout neuf, d'après un modèle dessiné de sa main même dès 1924, une auto véritablement populaire, la première en Europe, la Volkswagen, à la portée d'un salaire ouvrier et payable à raison de cinq marks par semaine ?...

C. C. P. 15216 (REX LOUVAIN)
TÉLÉPHONE 1613 LOUVAIN
MAGAZINE HEBDOMADAIRE

SOIRÉES
DIRECTEUR LÉON DEGRELLE

ABONNEMENTS
JUSQU'À FIN 1934 : 50 FCS
ÉDITIONS REX LOUVAIN

SOMMAIRE de ce N°

La terreur hitlérienne, grande enquête par Xavier de Hautecloque.
Cocktails, Jazz et âmes mortes, par François Mauriac, de l'Académie française.
Une famille japonaise sur un toit bruxellois, par Annie Lucq.
La plus grande volière du monde.
Les beaux pèlerinages de chez nous. Sainte Adèle à Brye.
LES CHRONIQUES
Actualités. – La mode. – Les sports. – Les arts. – Le théâtre. – Les disques. – L'humour.
LE CINÉMA
Stuart Legg nous parle du cinéma anglais, par Karel Luyten.
LES FILMS
Le Rebelle.
Le Paquebot Tenacity.
Le chant du berceau.
La foire aux illusions.

La terreur hitlérienne
SUPPLICES

Le Ministre Dr. Joseph Goebbels, le conseiller le plus fanatique de Hitler.

grande enquête sur les crimes politiques (assassinats, enlèvements, séquestrations, noyades) perpétrés dans le IIIme Reich
par Xavier de HAUTECLOCQUE

I. L'effroyable massacre de toute une famille, criblée de balles, carbonisée, et dont personne n'ose évoquer, par peur des représailles, le démoniaque trépas

Ne valait-il pas la peine de jeter un petit coup d'œil objectif sur ces transformations ?...

Autre constatation : Les familles allemandes donnaient au Reich un million six cent mille enfants par an (un million de plus qu'en France !) Lorsqu'un peuple a tant d'enfants, et de si beaux enfants, c'est que les soucis d'argent n'empoisonnent plus son existence, c'est qu'il est heureux dans le confort de son foyer, et c'est, surtout, qu'il se sent en paix !

Ces réformes étaient un fait. Alors, fallait-il se couvrir éternellement la face ? S'acharner à nier ? Ne rien soupeser ?

L'intolérance, hélas, était, dès alors, devenue la loi. Accepter les pires bobards était virtuellement obligatoire.

Un demi-siècle après, ce l'est bien davantage encore, maintenant que la télévision, manipulée par les lobbys, bourre les crânes, implacablement, saucissonnés, avec une moyenne d'audition de trois heures et demie par journée et par tête de pipe !

Depuis 1945, tout débat sur l'Allemagne du Troisième Reich est braqué uniquement sur les infortunes des Israélites. Il faut se fier aveuglément à tout ce qui s'est écrit à ce sujet, accepter bouche bée des chiffres fous, avaler comme des caramels les détails les plus horrifiants.

Ils sont, à cette heure, des dogmes. Il est rigoureusement interdit d'émettre le moindre doute. Interdire le doute, pourtant, c'est anéantir toute possibilité de recherche scientifique.

Douter n'est pas seulement le droit, mais le devoir même de tout historien !

Pourquoi cette frousse étrange à la seule pensée qu'une démonstration objective pourrait faire dégringoler des légendes, qu'on a enfoncées de force, au marteau-pilon, dans des millions de cerveaux, sans cesse harcelés et finalement complètement tourneboulés !...

Numéro du 20 juillet 1934 de 'Soirées', hebdomadaire de REX : loin de prôner l'alignement sur la politique hitlérienne, le mouvement de Léon Degrelle se livre à une dénonciation en règle du régime national-socialiste après un an de pouvoir...

Ce fanatisme se poursuivant inlassablement en cette fin de siècle, est devenu presque drôle. En 1991, on entendrait, à l'émission 'Culture Club', le chanteur-compositeur Jean Guidoni déclarer, mi-rigolo, mi-cynique : « Quand je suis entré dans le monde du spectacle, on m'a dit : 'Tu ne peux réussir que si tu es de gauche, juif ou homosexuel' : J'ai fait ce que j'ai pu. »

Grâce à cette méthode Coué, d'une efficacité irrésistible, les bobards des propagandistes bellicistes étaient parvenus, avant le 1er septembre 1939, à emberlificoter dans les rêts de leurs hâbleries des millions de naïfs.

Dès alors, notre honnête Hergé devait bien constater, comme à peu près tout le monde, que l'idée d'une guerre de religion submergeait de plus en plus les foules. Freiner ces fureurs était devenu presque impossible.

On ne savait qu'inventer pour affoler le public.

« En 1939, une odeur de chambre à gaz emplit l'Europe », oserait écrire, sans sourciller, le gauchiste Pierre Ajame, poulain des éditions Gallimard, dans son livre 'Hergé', alors qu'en 1939 ni Dupont, ni Dupond, ni Spaak, ni personne, n'avait la plus mince idée des possibilités d'existence, où que ce fût, d'un appareillage de cette odeur ! Le même Ajame m'endossait cet appel aux Belges, censé lancé par moi à l'automne de 1939 : « Engagez-vous, rengagez-vous dans la Wehrmacht ! »

Ajame en 1990, inventait ces aberrations alors qu'en 1939, REX et Léopold III étaient les farouches adversaires de toute intervention inconsidérée dans un sens ou dans l'autre.

Mieux : la grande majorité des rexistes belges, des jeunes en l'occurrence, avaient rejoint, Hergé compris, disciplinés et fervents, leurs cantonnements militaires respectifs.

Oui, il est possible que certains habitants d'Eupen et de Malmédy, devenus Belges par escroquerie plébiscitaire en 1919, soient partis clandestinement servir leur vieux pays allemand, dont le Traité de Versailles les avait séparés. Mais à part eux, on n'a jamais pu citer le nom d'un seul Belge, rexiste ou non, qui ait rejoint alors la Wehrmacht. Ni non plus bien sûr, apporté la moindre trace d'un appel non rigoureusement neutralise, émis par moi ou par quiconque des miens, directement ou en termes voilés, conviant en 1939 qui que ce fût à chausser des bottillons étrangers.

Pour qui n'avait pas l'esprit de guingois, l'unique planche de salut pour la Belgique, à partir de cet automne de 1939, était le maintien de la neutralité.

Hergé, tout pacifique qu'il fut –et précisément parce qu'il était pacifique–, allais immédiatement s'identifier à cette politique de neutralité et se dresser contre l'hystérie des va-t-en-guerre !

Le pays réel

LE ROI A REÇU
LEON DEGRELLE

L'audience s'est prolongée pendant une heure et vingt minutes

Parmi les sujets de conversation du Souverain avec le vainqueur des élections de 1936 : la neutralité de la Belgique. (À noter : le lettrage du titre sera refait peu après par Hergé.)

Que pouvait, en effet, réellement gagner un pays d'entre-deux comme la petit Belgique, à se fourrer à tout prix, dès le premier jour, dans une effroyable empoignade ?... Les Français gagneraient peut-être quelque chose à une guerre, les Allemands aussi peut-être, si le vieux dieu Thor se décidait à leur faire des risettes.

Les Belges pourraient tout juste se faire broyer entre les deux rivaux ! La neutralité belge que nous réclamions depuis 1936, en parfaite concordance avec Léopold III, relevait donc de la plus stricte sagesse.

Hergé, refusant de se plier aux ukases des maîtres-chanteurs bellicistes, témoigna donc ostensiblement de sa solidarité avec la politique que Léopold III et le Rexisme avaient mise à l'avant-plan de leurs positions internationales.

Il n'hésita pas à prendre un engagement public ; il envoya à Léopold III un message ostentatoire d'adhésion au neutralisme que lui et nous défendions devant l'opinion excitée par les partisans frénétiques de la guerre civile européenne.

Pour essayer, en y mettant de l'humour, de contrer ces fleuves de bêtise galopante, Jam, sentant venir la tempête, avait imaginé de créer en Belgique un hebdomadaire rexiste abordant tout événement avec des réflexes amusés. Il l'envisageait comme un refuge pour l'esprit. D'où le nom d''Oasis'.

Qui s'était chargé de dessiner un titre pour ce journal ? Qui ? Dans l'O d'Oasis gîtait une petite mosquée solitaire ; un palmier s'y abritait, un autre en sortait, visant le ciel. Sur les deux côtés du titre galopaient deux chameaux noirs ('L'Oasis hebdromadaire' !)... Une étoile les guidait, accrochée en haut du L de 'L'Oasis'. La mosquée, les palmiers, les chameaux s'alignaient sur une double ligne légère, sinueuse et fine comme le sable. Cette oasis de silence, de paix, et de fraîcheur, qui donc l'avait dessinée ? Hergé, évidemment ! L'ami fidèle, qui voulait faire sa part, en souriant !

Hélas, avant la guerre, en Belgique, l'humour n'était plus à la mode. On grognait. On rouspétait. On s'insultait. Au nom de Hitler, bien sûr, l'excuse à tout, à la grogne, à la rogne, aux fumisteries, aux casques à pointe plantés sur la tête des gamins qui, paraît-il, sentaient le Germain !

Face aux campagnes bellicistes contre la nouvelle Allemagne, les autorité nationales-socialistes ont eu recours à des moyens de propagande dont l'impuissante sincérité a inspiré à Hergé un épisode pertinent des aventures de Flupke (voir page suivante)

Même l'os que rongeait innocemment Milou devait être anti-nazi, cela ne faisait aucun doute !

Les clans bellicistes, alimentés puissamment par de fabuleux subsides étrangers, s'abattaient chaque matin sur les lecteurs belges avec la violence d'une tornade tropicale. La 'canaille plumitive', comme eût dit Beaumarchais, était déchaînée.

La neutralité se faisait piétiner rageusement. Et irrémédiablement. Des réactions éclateraient tôt ou tard, feraient explosion.

À quel saint le roi des Belges pouvait-il encore se vouer, parmi ces furies flagrantes ?

Finalement, se risquant à un double jeu redoutable, Léopold III, rognonnant, s'aboucherait, en octobre 1939, avec le généralissime allié Gamelin, et concocterait avec lui un engagement secret (mon livre 'La Cohue de 1940' apporte là-dessus toutes les précisions désirables). Le Lieutenant-Colonel français Hautcœur vint s'installer à Bruxelles afin d'assurer des contacts constants.

Imagine-t-on un Lieutenant-Colonel de Hitler campant de la même façon près du Roi, dès le même automne, dans la capitale belge ?...

Il ne restait plus dès lors à l'horizon que quelques maigres flammèches dans le ciel, de plus en plus emboucané, d'un Occident pris de vertige, mais convaincu que Hitler serait réduit en une semaine ou deux en pâtée pour chiens enragés.

CHAPITRE XIII

LE GRELOT AU-DELÀ DE LA MORT

"C'est bientôt la guerre", dessin de Hergé pour 'La Légende d'Albert Ier, Roi des Belges' de Paul Werrie (1934).

Alors que, noirs de poudre, réduites presque au néant, nous avions mené le combat des derniers mois pour la paix, qu'était devenu Hergé ?

Et Tintin, qui tenait Milou en laisse ?...

Hergé se régalait à déguste les caricatures de l'ami Jam dans 'Le Pays réel'. Il était 'de droite', c'est incontestable, une droite 'rexisante' comme disent aujourd'hui ses biographes. Mais nous n'avions compromis Hergé en rien. Celui-ci n'était pas né boxeur. Mieux valait ne pas bourrer d'explosifs la petite niche de Milou.

Au début de l'automne de 1939 avec sa "drôle de guerre", Hergé avait brusquement disparu. Où ?

Il était parti à Turnhout, patelin limbourgeois où des gravures imitées d'Epinal étaient copiées par un imprimeur appelé Brepols. Hergé se trouvait donc encore, là-bas, plus ou moins au pays des 'bandes dessinées'. Mais ce n'était pas à cette fin, uniquement, qu'il se trouvait à Turnhout. On l'y avait mobilisé ! Lui, qui n'avait rêvé jusqu'alors que d'expéditions dans une Russie à paravents artificiels, ou dans un Congo à éléphants monumentaux et à léopards moustachus, avait été envoyé dans cette région en tant que militaire rappelé au service afin de préparer la troupe à farcir de pruneaux les maudits Teutons.

Le soldat Georges Remy, en compagnie de son frère Paul : une mobilisation surréaliste !

Telles étaient l'anarchie et la bêtise de la pré-guerre : Hergé qui appartenait à une compagnie de mitrailleurs d'expression française se voyait dépêché au fin fond du Limbourg en qualité d'instructeur d'une compagnie d'infanterie intégralement flamande ! Une fonction secondaire, d'une nécessité capitale, lui avait été assignée : « On m'a confié une mission extrêmement insupportable : réquisitionner des bicyclettes dans les fermes ». Chaque Belge, évidemment, savait que Hitler et ses coupeurs de mains fonceraient sur Bruxelles perchés sur des vélos et qu'il fallait mettre les vélocipèdes à l'abri des rapteurs.

Mais même alors que les stratèges du Haut État-Major l'utilisaient à ramasser des bicyclettes de paysans betteraviers, Hergé était resté fidèle à ses convictions : Cette guerre était de la folie, les provocateurs à la tuerie occidentale étaient des misérables. Le seul danger réel pour l'Europe, depuis 1917, était à l'Est, dans les immensités asservies par les Soviets. En face de Staline, l'Europe ne pouvait être qu'unie sous peine de s'auto-poignarder.

On vit alors le lieutenant Georges Remi risquer gros, malgré ses épaulettes, et collaborer ouvertement à l'hebdomadaire neutraliste 'L'Ouest', créé tout spécialement pour combattre en Belgique la folie belliciste des littératuriers de presse.

'L'Ouest' était devenu en 1939, comme tout ce qui cherchait à sauver la paix, la cible des va-t-en-guerre. Voulant à tout prix les clouer au pilori de sa verve, Hergé leur décocha une série de dessins merveilleux, où la vedette, appelée Bellum (la guerre) se faisait fustiger avec un humour cinglant, ainsi que tous les instigateurs à l'empoignade qui, lorsqu'ils obtiendraient la tuerie tant désirée par eux, le 10 mai 1940, s'enfuiraient au premier coup de carabine, comme des perdreaux paniqués. Des mois à l'avance, Hergé flagella ces matamores intrépides qui, le moment venu, se révéleraient, en cinq minutes, de si grotesques froussards.

Pourquoi Hergé avait-il choisi, pour vider son carquois, l'hebdomadaire le plus houspillé, à cause précisément de sa défense acharnée de la paix en Belgique ?... 'L'Ouest' avait été créé par Raymond De Becker, personnage assez mystérieux, mais dont Hergé avait jadis illustré à REX, trois petits bouquins. Adversaire acharné de toute compromission visant à détruire la neutralité belge, l'hebdomadaire avait été l'objet de hourvaris hystériques.

Les 7, 14, 21 et 28 décembre 1939, Hergé donna à 'L'Ouest' vingt-trois dessins, en sept 'strips' dans lesquels 'un bon Belge' dénommé ironiquement Monsieur Bellum, entendait pratiquer la neutralité en bravant et en narguant un ennemi alors inexistant !

Ces dessins de Hergé étaient magnifiquement ironiques. Quel malheur que le fanatisme de la Fondation Hergé, épouvantée à la pensée qu'apparaîtrait ainsi un Hergé 'fasciste', tienne aujourd'hui encore ces vingt-trois caricatures sous le boisseau et n'en permette à personne la reproduction !

Dans les deux premiers "strips" Monsieur Bellum écoute distraitement la radio. Il est en bras de chemise, mais porte néanmoins un faux-col, raide comme la Tour Eiffel. Il lit 'Le Soir', ainsi que le veut la bienséance. Soudain une voix surgit dans l'appareil de radio : « Et dans le conflit actuel, la Belgique se doit de garder la plus stricte neutralité ». Le sang de Monsieur Bellum passe aussitôt du violet à l'écarlate. Il se dresse, virulent. Des flèches, des étoiles, des vapeurs jaillissent de ses bras, de son nez rond, de son crâne luisant sur lequel se hérisse une mèche de cheveux, droite comme un vieux blaireau de coiffeur : « – Neutralité ! Neutralité ! mais la neutralité des consciences, ça, jamais ! »

Au cinquième dessin, M. Bellum arrive dans une rue lépreuse, aux briques fatiguées, près d'une inscription lyriquement évocatrice, « Jules est avec Mariette ». Il s'arrête, tend l'oreille, les mains en alerte. Personne à l'horizon. Alors, en hâte, M. Bellum inscrit, vengeur, sur le mur rongé : « Hitler est un fou ! »... Ni vu, ni connu. Il a pu faire du patriotisme sans être pris ! Faisant marche arrière, frottant la craie de ses paumes afin d'effacer toute trace accusatrice de son exploit, il se remet en route, le cigare vainqueur. Il a sauvé la conscience de la Belgique !

Tous les dessins donnés par Hergé à 'L'Ouest' sont de la même veine, sarcastiques, incisifs, démasquant à travers la pleutrerie trépidante de M. Bellum la fausse neutralité des trois quarts des Belges d'alors.

Le gauchiste français Ajame (pour qui un Belge qui ne voulait pas, en 1939, se faire casser la figure afin de sauver le marxisme international était, à l'avance, un traître) a scruté un par un, dans son livre 'Hergé', les mêmes strips de l'Hergé de 'L'Ouest', preuves des 'crimes de guerre' sciemment répétés du père de Tintin !

Gag typique décrit par Ajame : « Encore la radio : "Des avions étrangers survolent la région bruxelloise..." Monsieur Bellum descend précipitamment à la cave, puis remonte un instant pour s'écrier : "Sales Boches !". »

Autre gag : « Dans un café où un Italien lit un journal italien, un Russe un journal russe, un Allemand un journal allemand, Monsieur Bellum s'écrie : "Qu'est-ce qu'on attend, au gouvernement, pour interdire tous ces journaux étrangers ?", puis déplie... Paris-Soir ».

Un strip de plus. Toujours la radio : « L'agence D.N.B. annonce qu'au cours du mois de novembre, 167 avions ennemis ont été abattus, un appareil allemand n'est pas rentré... » Furieux, Monsieur Bellum éteint le poste, lance : « Bourreurs de crânes ! » et, ravi, se plonge dans la lecture de 'Paris-Soir', qui titre en énormes caractères : « Hitler a la scarlatine ».

Dessins sacrilèges de Hergé, on le voit ! Dès cet hiver 1939-1440, les bellicistes dressaient déjà les listes qui feraient fureur en 1944-1945. Défendre la paix, c'était se condamner !

« En 1940, édicte gravement Ajame, Hergé s'attache un grelot qui sonnera jusqu'à sa mort et bien au-delà ! »

Ce "grelot" fatidique fut secoué pendant des dizaines d'années par des Ajame, avec une mauvaise foi indécente.

D'abord, ces dessins de Hergé n'étaient nullement de 1940 (l'année de la guerre !) mais de 1939, année où, en Belgique c'était la paix.

Ajame cherchait à égarer ses lecteurs en embrouillant les dates.

Ensuite, dans ses dessins de 'L'Ouest', Hergé essayait uniquement de défendre la neutralité belge, dans une Belgique officiellement neutre. Ironiser, en 1939, sur le zèle intempestif des amateurs de bagarres, était tout à fait licite, et même louable. Défendre la neutralité, c'était défendre les dernières chances belges de sauver la paix.

C'est, précisément, ce que les bellicistes à la Ajame prétendraient convertir après 1945 en "crimes de guerre" d'avant la guerre !

Un "grelot" qui sonnerait jusqu'à la mort d'Hergé, en 1983, et "bien au-delà" !

C'est dès alors, en pleine paix, pour avoir voulu défendre la neutralité belge avec humour, en se payant sans méchanceté la bobine du va-t-en-guerre M. Bellum, qu'Hergé, le courageux Hergé, fut fiché à jamais au tableau fanatique et imbécile de l'anti-patriotisme !

Hergé a illustré trois livres de Raymond de Becker, fondateur de 'L'Ouest' et futur directeur du 'Soir'.

Dès le début de cette année fatale de 1940, il devenait de plus en plus probable que ni la prétendue scarlatine de Hitler, ni la confiscation des bicyclettes des paysans limbourgeois ne suffiraient plus à stopper la gigantesque tuerie si sottement et si criminellement recherchée.

Hergé sentait bien que la catastrophe approchait.

Hergé en 1939, à l'époque des aventures de "Monsieur Bellum".

Dès qu'il eut fini d'apprendre à ses "ploucs" l'art de couper l'accès de la Belgique aux cyclistes nazis, Tintin se fit mettre en congé, le 10 avril 1940, « en raison de sa santé délicate » (ce qui était d'ailleurs exact). Bref entracte car, le 10 mai 1940, au premier bombardier allemand survolant la Meuse, le Haut Commandement Militaire Belge allait catapulter Hergé, ainsi que des dizaines de milliers de "rappelé", sur les routes du sud, bouchées dès les premières heures par les fuyards !

CHAPITRE XIV

TINTIN, GERMAINE ET LE CHAT SIAMOIS

C'était ainsi ! Pour résister aux Allemands au nord et à l'est de la Belgique, on envoyait aussitôt les conscrits wallons et flamands se cavaler au sud de la France !

Tous les mobilisables, qui étaient censés devoir enfoncer en cinq-sec les chleuhs maudits, étaient sommés de filer sur l'heure, à pied, à cheval, à saute-mouton, en trottinette, vers la Somme, vers la Seine, vers la Garonne et vers les cols et les précipices du Tourmalet !

En mai 1940, une grande partie de la population belge fuyait sur les routes françaises : ce fut "l'exode"...

En réalité, la Belgique entière, n'écoutant que son courage légendaire, avait fichu le camp à toute vitesse ! Deux millions de fuyards, fondant de chaleur, arpentaient les routes françaises : les grosses mémères, en plein mois de mai, croulaient sous leurs fourrures ; les couvents s'étaient hissés sur des voitures de pompiers ; les détraqués mentaux s'agrippaient à des corbillards. Les grand-mères mouraient d'épuisement dans les talus, abandonnées sans rémission aux rats et aux vers en pleine euphorie.

Les glorieux journalistes va-t-en-guerre d'avant le 10 mai 1940, qui se tambourinaient la veille encore, avaient déguerpi aussi lestement que leurs lecteurs. Le journal 'Le Vingtième Siècle', comme ses collègues, ne paraissait plus à Bruxelles depuis le début de la bagarre. Quant à l'éditeur Casterman, à Tournai il s'était évanoui dans la nature, avec la souplesse d'un Milou !

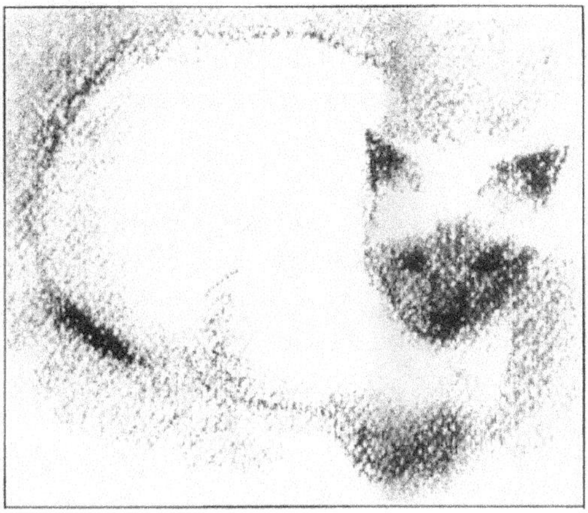

« Taiké, à l'œil jaune et perfide. » Aquarelle d'Hergé.

Hergé quant à lui, au bout de quelques centaines de kilomètres, s'était aperçu que le maigre trésor familial (« Dix francs le verre d'eau ! » « Allez donc boire au canal Albert ! ») s'était dégonflé comme un pneu. Germaine, l'épouse appliquée, qui avait suivi la plongée des héros filant vers les Pyrénées, avait conclu rapidement que cette vaillantise pédestre était redoutable pour la bonne tenue des cors aux pieds.

Et puis, par-dessus le marché, il y avait le chat ! Car, laissant froidement Milou attendre seul l'irruption des Allemands coupeurs de pattes, le ménage Hergé avait embarqué dans cette transhumance son chat, pas même un chat belge mais un chat siamois, Taiké, à l'œil jaune et perfide.

Georges adorait les chats, « aussi beaux, disait-il, qu'une potiche chinoise ».

Lorsqu'on l'interrogea un jour sur son rêve de bonheur, il inscrivit aussitôt "les chats" sur sa réponse. Et il signa ! Aquarelliste, Hergé brossa du compagnon de la fuite de 1940 des croquis surprenants, le poil blanc sur coussin bleu, le museau noir piqué de deux oreilles nettes, pointues, qui semblaient être deux papillons. En tout cas, le chat du Siam et Germaine en eurent vite assez de cette empoignade européenne où on ne pouvait se battre qu'à coups d'orteils. Ayant abouti, en boitant, en

Auvergne, comme tant d'autres, ils étaient, pour la "capitulation en rase campagne" !

Léopold III, le 28 mai 1940, avait bien dû s'y résoudre lui-même, acculé au bout des prés du Courtraisis.

Hergé, Germaine et le quadrupède asiatique regagnèrent alors, sans gloire excessive, d'auto-stop en auto-stop, le regretté pavé bruxellois, martelé par les bottes des gars de Hitler. Pendant les mois qui suivraient, on allait assister sur les routes de France au retour multitudinaire des intrépides assaillants des pics basques.

Le gouvernement belge s'était enfui plus loin que tout le monde. Fourbu, il s'était finalement tapi dans un village pauvreteux du Bordelais, où il n'existait, en tout et pour tout, qu'un téléphone, dans l'unique café du patelin, près d'un billard. Le Premier ministre, les Pierlot, Spaak, Janson et compagnie avaient laissé tomber les bras, la veste et les portefeuilles ministériels. Ils étaient ensuite remonté péniblement à Vichy, essayant encore de grappiller –en vain !– quelques sous aux guichets du Maréchal Pétain.

Séance du "Parlement" belge à Limoges.

Déconfits, l'humeur rogue, abasourdis, ils avaient fait offrir à Hitler, par tous les intermédiaires qu'ils avaient pu racoler de Berne à Madrid, de signer non seulement l'armistice mais de conclure la paix ! Oui, la paix !

En quelque sorte, la "paix des Braves" ! Eux qui avaient annoncé si fièrement qu'ils mettraient Hitler en pièces en trois coups de carabine !

Le Führer décore les 83 parachutistes qui ont emporté, en quelques minutes, le fort d'Eben-Emael, "verrou" de la défense belge...

Ils avaient laissé les parachutistes allemands (quatre-vingt-trois hommes en tout !) s'emparer en quelques heures, dès le premier matin, de la plus importante de leurs forteresses, Eben-Emael. Après, ils avaient couru faire les pitres à Limoges. Ils y avaient réuni, pour quelques heures, en une extravagante séance de cirque, un semi-Parlement belge ramassé de-ci de-là dans les talus de la défaite. Le mois suivant, lessivés et balayés, ils se déclareraient prêts à subir en Belgique l'autorité d'un Gauleiter ! Ils en avaient informé publiquement et officiellement le Sénat Belge (tous les détails là-dessus se trouvent dans mon livre 'La Cohue de 1940').

Les Français n'avaient guère été plus brillants, projetés, dès le troisième jour, dans l'eau de la Meuse à Sedan, poussés ensuite dans l'arrière-train vers la Mer du Nord par les panzers de Guderian. Huit jours plus tard, les tankistes du IIIème Reich prenaient leur premier bain de mer au Pas-de-Calais !

Deux semaines encore, et les Allemands, fifres en tête, dévaleraient à Paris les Champs-Élysées. Quelques jours de plus, les Reynaud et autres Jeroboam Mandel, imitant intrépidement les géants du Tour de France, arrivaient à tombeau ouvert à Bordeaux. La guerre était finie.

Les troupes allemandes s'offrent un défilé de la victoire sur les Champs-Élysées de Paris.

Quant aux Hollandais, il avait suffi de quatre jours en tout, à la mi-mai 1940, pour qu'ils se retrouvassent nez à nez avec les harengs de la Mer du Nord !

Avec cent mille hommes au combat direct et trois mille chars menant la sarabande, le Reich avait balayé les cinq millions de Marius partis, le 10 mai 1940, de Paris à Berlin, via Bruxelles et Breda, afin d'y déguster le crustacé Hitler à la sauce mayonnaise ! Presque instantanément l'indigestion avait pris un caractère épidémique. Vaincus, Hollandais, Belges, Français, s'ébrouaient parmi les chevaux crevés et les chars culbutés. Ils comprenaient enfin qu'on les avait sacrément dindonnés en 1939 en leur badigeonnant le cerveau de bobards dignes du Premier Avril ou de la Fête des Saints-Innocents ! Chacun était confus d'avoir été si grotesquement refait par des bellicistes provocateurs qui, le coup raté, avaient été les plus prompts à détaler.

Les Allemands n'avaient pas mangé leurs enfants à la broche. Ils distribuaient –figurez- vous !– aux revenants de Perpignan, de Toulouse, ou de Carcassonne de l'essence gratuite, afin de leur permettre de regagner –le portefeuille à plat– les foyers abandonnés où seuls, depuis deux mois, des voleurs et des courants d'air faisaient visite.

Et que faire ?

Le roi Léopold expliquait aux Belges qu'il fallait se remettre au travail. Henri de Man, Président, la veille encore, du Parti Socialiste belge, s'était senti pousser dans le dos des ailes de néo-nazi. Il proclamait que la défaite de son pays n'avait pas été une débâcle mais tout simplement une "défaite-délivrance" !

Hergé et Taiké, de retour "d'exode"...

Alors, de quoi se serait-on plaint !... Tout le monde se ruait, bourrasquait pour collaborer avec les Allemands.

Les va-t-en-guerre les plus enragés d'avant mai 1940 couraient s'offrir aux occupants : le vieux diplodocus Lippens, le franc-maçon Devèze, le visage zébré de tics, l'ex ministre démocrate-chrétien Tchoffen, la tête en betterave mouchetée !

Les affairistes, les trafiquants, les grippe-sous à la Empain, les pompiers à la Vaxelaire, les affairistes à la de Launoit pédalaient, haletants, sur des bicyclettes déglinguées pour avoir l'honneur d'être reçus par l'un ou l'autre sous-officier d'obscures "Dienstellen".

Cinquante ans après, il est de bon ton de ne plus rien savoir de ces avilissements et de ces blaisements collectifs. Pourtant il en fut ainsi. En juillet 1940, seules quelques chauve-souris dans les soirs ardennais ou quelques lapins distraits dans les talus campinois, n'étaient pas entichés de fringales collaborationnistes. Les uns prétendaient collaborer pour se venger d'avoir été escroqués par les va-t-en-guerre pétaradants d'avant le 10 mai. Les autres bisquaient parce que les garde-manger étaient vides. Il fallait absolument se remettre au boulot. N'importe quel boulot offert par n'importe qui, "boches" compris !

Une seule préoccupation : le fric !, les quatre sous qui, avant la fin du mois en cours, devraient absolument avoir réapparu dans le gousset de centaines de milliers de chômeurs malgré eux ! C'était tout spécialement le cas des innombrables jeunes ménages qui, après la folle équipée de la Provence, de l'Auvergne ou du Loiret s'étaient retrouvés sans un centime, devant des bureaux vides et des ateliers abandonnés.

Parmi eux, et comme eux tous, misérait Hergé, notre coureur à pied, de retour d'Auvergne ! Et Germaine ! Et le chat siamois ! Milou rêvait d'une copieuse assiettée ! Il ne pouvait même plus racler un gramme de graisse sur son os historique, sec comme une arête de poisson. 'Le Petit Vingtième' avait publié, le 9 mai 1940, son dernier numéro, son ultime numéro. Plus jamais 'Le Vingtième Siècle' ne referait surface.

Alors, à quoi Hergé pourrait-il se cramponner ?...

Se cramponner à moi, Léon Degrelle ?...

Mais à ce moment-là, tout le monde en Belgique croyait que j'étais mort ! Et enterré. Nul ne savait même où.

CHAPITRE XV

DEGRELLE FUSILLÉ

La nouvelle de mon exécution par fusillade avait paru, sous des titres ronflants, en tête des premiers journaux réédités à Bruxelles à peine signée la capitulation du 28 mai 1940. Des témoins avaient assisté à mon exécution : Ils en publiaient dans la presse des récits aussi précis qu'abondants.

Léon Degrelle fusillé
après un simulacre de jugement !
Le témoignage d'un officier du 2me bureau français

On célébra dans diverses églises des offices émus, pour le repos de l'âme de ce pauvre Léon, mort si prématurément. On traina à mes funérailles, corps non présent, mes pauvres parents désespérés. En de tels moments, tout le monde est gentil tout plein. Vivant, j'encombrais. Mort, je devenais tout à fait tolérable. Un petit éloge, la larme à l'œil, faisait même distingué.

J'étais dans le trou noir, pour toujours, et il était vain pour le pauvre Hergé de venir ébranler ma sonnette... Ma maison avait d'ailleurs, sans ménagement quelconque, été réquisitionnée par des aviateurs allemands.

En fait, je n'étais pas mort du tout.

Le ministre franc-maçon Paul-Emile Janson et son janissaire familial Ganshof van der Mersch, qui a eu l'amabilité de mourir dernièrement, avaient commis, c'est vrai, la petite infamie de me faire arrêter, le 10 mai 1940, bien décidés à profiter de l'occasion de la guerre pour liquider dans la honte le chef du Rexisme, leur ennemi privilégié. J'étais député de Bruxelles, donc couvert par l'immunité parlementaire. Janson, violant sans sourciller la Constitution, m'avait fait mettre en boite instantanément. La mauvaise foi était absolue. Jamais –et Janson le savait mieux que quiconque– je n'avais été mêlé à un abouchement, si vague fût-il, avec un comploteur allemand. Janson, une fois sa guerre perdue, reconnaîtrait d'ailleurs, par écrit, de Vichy même, sur papier à lettre du Gouvernement belge, que j'avais été victime d'une injustice caractérisée et que le Ministère belge tout entier tenait à le proclamer ouvertement.

Joris Van Severen, chef du 'Verdinaso' (Verbond van Dietsch Nationale Solidaristen), interviewé par un journaliste de l'hebdomadaire rexiste 'Voilà'.

En juillet 1940, Janson aurait l'impudence, dans ce document officiel, de me demander platement l'aman ! Même, il m'encouragerait vivement à remettre immédiatement sur les rails la Belgique qu'il avait télescopée ! Le texte intégral de cette lettre époustouflante est reproduit dans ma 'Cohue de 1940'.

Mais cette lettre de repentir et d'aplatissement du Gouvernement belge de Vichy serait trop tardive ! Depuis mon arrestation du 10 mai 1940, deux mois et demi s'étaient écoulés. Pour le chômeur Hergé, j'étais mort depuis la fin de mai. Jusqu'à la fin de juillet, on ne saurait rien à Bruxelles de ma soudaine résurrection.

Dans les aventures de Tintin, les histoires de morts qui ne sont pas morts sont coutumières. Ici, toutefois, en mai et en juin 1940, j'avais bien failli aller retrouver les mânes de mes ancêtres glorieux !

Sans qu'on me soumit même un mandat d'arrêt, sans qu'un juge m'eût interrogé, ne fût-ce que pendant une demi-minute, sans qu'on daignât me signifier la moindre explication, les policiers belges m'avaient, le 10 mai 1940, ligoté comme un veau. Ils m'emmenèrent vers la mer du Nord et me livrèrent, à Dunkerque, à la police française. Les garde-chiourmes gaulois, ravis, me happèrent.

Ils n'avaient pas la plus mince idée de ce que l'on pouvait bien me reprocher, sinon qu'au moment de mon incarcération, alors que je priais pour les premiers morts de la guerre, on m'avait confisqué mon missel !

Le kioske d'Abbeville où furent enfermés les compagnons de captivité de Léon Degrelle avant leur sauvage assassinat.

Un missel, c'était la preuve que j'étais protestant ; protestant, j'étais un Allemand ; Allemand, j'étais un nazi. Le cas était clair, j'étais bon pour la casserole ou, plus exactement, pour le poteau.

Je faillis être fusillé dès le premier jour de mon arrivée sur le territoire français. Un peloton d'exécution me tira dessus, mais c'était en l'air, pour la frime. Puis, pendant deux jours, on me tabassa frénétiquement, on me fracassa la mâchoire (dix dents cassées ; tous détails dans mon livre 'La Guerre en Prison'). Comme les Allemands approchaient à la vitesse du mistral, on m'enfourna, à Lille, dans un camion cellulaire, les bras coincés dans des barres de fer, d'énormes boulets de fonte aux pieds.

A la nuit, nous arrivâmes à Abbeville.

On achevait d'y débarquer quelques dizaines d'autres "compagnons parachutistes", dont on m'avait séparé au moment où, théâtralement, on se préparait, à Dunkerque, à m'envoyer douze jolies balles bien chaudes dans la peau ! Ce seraient, hélas, mes vingt et un compagnons de malheur qui, quelques heures plus tard, allaient recevoir les décharges à ma place...

Moi, on estima que, à force de me rosser, j'allais, tôt ou tard, révéler tous les plans stratégiques de Hitler, dont, évidemment, j'ignorais le premier alinéa.

C'est cette bêtise de mes bourreaux qui me sauva.

Quant aux vingt et un autres, on allait monstrueusement les tuer à ma place. C'étaient des civils, des femmes, une grand-mère, sa fille, sa petite-fille, un moinillon allemand et le chef grand-flamand Joris Van Severen. De lui, comme de tous ces malheureux, les assassins ignoraient même les noms lorsqu'ils les liquidèrent –c'était à l'aube du 21 mai 1940– au fusil et à la baïonnette devant le kiosque à musique du patelin.

Les victimes du massacre d'Abbeville, parmi lesquelles se trouvait Joris Van Severen, chef du mouvement grand-flamand Verdinaso. Léon Degrelle n'échappa que par miracle à cette tuerie.

Vous parlez d'un crime de guerre ! On le cache encore. Qui, en France, à part quelques amis, en a jamais soufflé mot ?...

C'était pourtant le crime de guerre, typique, aveugle, sadique ! La vieille grand-mère reçut une trentaine de coups de baïonnette dans les seins avant d'expirer !

Vous doutez de mon récit ? Allez le vérifier sur place ! Vous trouverez au cimetière d'Abbeville le tombeau de ces vingt et un martyrs !

Mais on connaît parfaitement la rengaine : il n'y a que chez les Allemands que l'on déniche des "criminels de guerre" !

Le doute n'est plus permis

Degrelle et Van Severen ont été fusillés...

Une information absolument officielle vient enfin nous confirmer aujourd'hui l'assassinat du leader rexiste, Léon Degrelle.

D'après les renseignements qui nous

Lorsque les troupes d'Hitler pénétrèrent dans Abbeville, elles découvrirent ce monceau de cadavres, pourrissant sous le soleil et déjà méconnaissables. Dans le camion cellulaire abandonné – que les meurtriers n'avaient même pas visité, ni avant ni après le crime– un nom était inscrit en tête d'une liste : le mien. On repéra un cadavre comme étant ma propre dépouille. La nouvelle fit aussitôt le tour de l'Europe.

L'aventure Degrelle était terminée...

Marie-Thérèse Rossel, propriétaire du 'Soir' : ses offres de service aux Allemands ont été prises de vitesse par l'autorisation qu'ils avaient déjà donnée de faire reparaître le quotidien sous la direction de Raymond De Becker.

Enterré à Abbeville, je ne pouvais plus, évidemment, dépanner à Bruxelles notre Hergé en chômage !

D'autres, à REX, eussent-ils pu me remplacer à cette fin ?...

Qui ? Des milliers de dirigeants rexistes avaient été arrêtées en Belgique, sans rime, ni raison, le même jour que moi. Ils avaient disparu, nul alors ne savait encore où. Ceux de mes rares collaborateurs qui avaient échappé aux mailles de Janson et de Ganshof ne savaient pas –une fois que j'étais hors de circuit– s'ils devaient ou s'ils pouvaient se compromettre. Les Allemands leur avaient envoyé une autorisation à faire reparaître notre quotidien 'Le Pays réel'. Prudemment, ils s'étaient abstenus de réagir. Les occupants, mécontents, vinrent alors confisquer notre stock de papier, sur lequel ils allaient imprimer pendant quelques semaines une fausse 'Nation Belge'. On ne nous remboursa même jamais ce prélèvement.

Pas question donc qu'un représentant de REX eût offert, au cours de ces semaines-là, à l'ami Hergé ou à Jam de prendre –ou de reprendre– place dans notre équipe. L'équipe n'existait même plus. Et personne ne possédait un mandat quelconque pour prendre en mon nom une décision.

Moi mort, REX ressusciterait-il jamais ?...

Pour certains rescapés, la situation était devenue tragique. Un Jam, par exemple, n'ayant plus de journal où faire paraître ses caricatures, se trouvait sans ressources depuis le 10 mai. Hergé de même. Problème de chaque matin : comment subsister ?

Raymond De Becker remit 'Le Soir' sur les rails dès l'installation des autorités allemandes. C'est tout naturellement qu'il accueillit Hergé et Jam dans sa nouvelle équipe.

Une possibilité de solution se présenta alors : 'Le Soir' avait réapparu.

"Le Soir volé", a-t-on dit ? Une belle blague ! La propriétaire du journal, Mlle Marie-Thérèse Rossel, une belle grande fille aux jambes effilées, qu'elle déployait d'ailleurs largement et poétiquement, avait couru dans toutes les Dienstellen offrir de republier elle-même son canard. J'aurais aussi, par la suite, une fois ressuscité, l'honneur insigne de sa visite, prié de soutenir son offre de collaborer.

L'affaire échoua uniquement parce qu'un journaliste "intrus", Raymond De Becker, se rebiffa. Pour quel motif, ce chat-en-jambe ? Grâce au docteur Liebe, important manitou allemand qui l'avait, dès le premier jour, propulsé, ce De Becker avait remis 'Le Soir' sur rotative. Il n'acceptait pas de n'être plus que secrétaire général du journal, fonction que Mlle Rossel lui attribuait sur la liste des futurs rédacteurs livrée par elle par écrit aux autorités d'occupation.

Seul, cet incident personnel empêcha que le "Soir-volé" ne devint, sous l'autorité de Mademoiselle Marie-Thérèse Rossel, un "Soir-nazifié".

Jam et Hergé étaient en relations depuis longtemps avec De Becker. Six mois plus tôt, celui-ci publiait encore dans 'L'Ouest' les 23 dessins pro-neutralité de Hergé ! Les deux chômeurs lui demandèrent donc de leur faire, dans l'équipe nouvelle, une petite place. Gracieuseté intéressée ! 'Le Soir' était le plus important des journaux belges. Jam et Hergé, pour un quotidien qui reprenait son élan, étaient des recrues de choix. Eux, les deux sans-travail, avaient, de leur côté, besoin d'un journal accueillant pour survivre. C'est ainsi qu'avant même mon improbable résurrection, Jam et Hergé, attirés par la tartine, entrèrent dans l'aventure collaborationniste.

CHAPITRE XVI

TINTIN ET MILOU AU "SOIR VOLÉ"

Écrire dans 'Le Soir', à l'été de 1940, n'effrayait personne en Belgique. Des personnalités très huppées y paradaient. 'Le Soir', constate froidement Ajame dans son 'Hergé', atteindra vite un tirage de 300 000 exemplaires, « preuve que la presse collaborationniste a une belle clientèle. » « En gros, conclut-il, la majorité des Belges partage les vœux de l'occupant. » Ce n'est pas De Man qui écrivit ces mots assez effrayants. Ni moi non plus, censé mort à l'époque. C'est un gauchiste notoire, antifasciste, du 'Nouvel Observateur' !

Lorsque je réapparus, après deux mois et demi de cimetière prématuré, c'était trop tard pour repêcher les poissons perdus depuis la fin de juillet. Côte à côte avec les bandes dessinées de Hergé, les caricatures de Jam pavoiseraient pour quatre ans dans 'Le Soir'. Elles étaient désormais hors de portée de la canne à pêche du 'Pays réel'.

En fait, une fois libéré, je ne savais même pas si je relancerais 'Le Pays réel'. Certes, dans une lettre officielle, remise pour moi à Pierre Daye, à Vichy (texte intégral, pages 102-103, dans la nouvelle édition de ma 'Cohue de 1940', le ministre Janson m'encourageait vivement à remettre ma presse en route : « vous rendriez incontestablement un service signalé au pays. » Mais l'avis de ces faillis ne me suffisait pas. Je voulais d'abord connaître l'avis du Roi. Je ne l'obtiendrais, affirmatif que le 25 août 1940. Mais, même alors, je n'apparaîtrais plus comme directeur de mon journal : je fis inscrire simplement sous le titre, "Fondateur : Léon Degrelle".

Nul ne savait au juste alors ce que les Allemands se proposaient de faire avec la Belgique. L'Europe n'était encore qu'un projet lointain. D'autre part, je me défiais des autorités d'occupation, pions passagers, interchangeables, et d'ailleurs, on l'avait vu presque immédiatement, dangereusement liés à l'Hypercapitalisme. De toute manière, avant de m'engager, je voulais, au préalable, savoir ce que Hitler en personne avait dans la tête.

Pour Jam et pour Hergé, les préoccupations n'avaient pas à aller si loin. Leur part de collaboration au 'Soir' était limitée. L'une, celle de Jam, consistait à faire rire le public en lui servant des caricatures impayables ; l'autre, celle de Hergé, visait uniquement à mettre en gaieté la marmaille.

Dernier strip du 'Crabe aux Pinces d'or' et annonce de 'L'Etoile mystérieuse' ('Le Soir' du 18 octobre 1941).

De 1940 à 1944, les créations de Jam et de Hergé ajouteraient beaucoup à l'intérêt du 'Soir'. Mais, politiquement, leur rôle serait toujours discret. Celui de Hergé tout spécialement, qui brossait des aventures hors de toute actualité.

'L'Etoile mystérieuse' : la fin de l'aventure permet une parodie des reportages où « l'on parle pour ne rien dire » ; une occasion de se plaindre élégamment des restrictions de papier qui amputent régulièrement 'Le Soir Jeunesse'.

'Le Soir' allait, non seulement assurer sa pitance à Hergé pendant quatre années, mais promouvoir fantastiquement son œuvre. Jusqu'en 1940, Hergé n'avait été qu'un dessinateur à public modeste. Depuis 1930, sa gloire, certes, avait augmenté d'année en année, mais lentement, 'Le Vingtième Siècle' n'ayant qu'un tirage assez médiocre. Sans les dessins publicitaires (Chicorée Pacha et consorts) les Hergé auraient eu parfois des fins de mois à macaroni et à pois chiches. Quant aux albums, le tirage, avant 1940, n'avait jamais dépassé les 8000 exemplaires. Et encore mettait-on des années pour les écouler.

L'entrée au 'Soir' en 1940 fut le tout grand tournant. Alors, ce ne serait plus quelques douze ou quinze mille fidèles du 'Vingtième Siècle' qui se répéteraient les noms de Hergé, de Tintin et de Milou, mais, pendant quatre années, trois cent mille acheteurs, en réalité un bon million de lecteurs ! Et cela, chaque semaine, puis chaque jour ! Le papier manquerait au 'Soir'. Les strips quotidiens se rétréciraient. Mais un public immense s'accrocherait, définitivement à cet Hergé devenu mythique au long de ces quatre années.

Cinquante ans ont passé : qui se souvient encore des noms des rédacteurs du 'Soir' d'alors ? Mais Hergé, lui, est resté la vedette, immortelle, dont les petit-fils et les arrière-petit-fils des lecteurs du 'Soir' achèteront encore des millions d'albums de Tintin au prochain siècle ! Hergé, au 'Soir', passa de la semi-obscurité à l'illumination solaire. De petit Belge, il devint l'un des plus célèbres des Belges ! Il était définitivement lancé. Les 160 millions d'albums de l'après-1946, les traductions en quarante-cinq langues, les millions de "gadgets" ne seraient que la suite normale des quatre années pendant lesquelles Hergé put utiliser le gigantesque porte-voix du 'Soir'. Jamais, sans le bouleversement de 1940, Hergé n'eût pu rêver, en Belgique, d'un si prodigieux lancement.

Pour 'Le Soir', Hergé fut le fleuron, l'unique fleuron d'ailleurs, de sa vie journalistique. S'adressant depuis 107 ans à un public amorphe, petit-bourgeois, 'Le Soir', conformiste et poussif, n'a jamais rien produit de sensationnel, à part Tintin. C'est un des journaux les plus ternes de l'Europe, énorme mais bouffi de mauvaise graisse, rédigé par des gratte-papier nuls au naturel, tous interchangeables. La bouillie est indigeste. Néanmoins –reconnaissons ses mérites– ce journal a des effets heureux, il est puissamment soporifique. Dans l'histoire du journalisme belge, il ne restera à la gloire du 'Soir' que le fait d'avoir ouvert toutes grandes à Hergé, en 1940, les portes de l'immortalité. À part cela, l'histoire ne repérera que l'énorme fatras de milliers de tonnes de papier jauni où s'affairent des souris et des rats peu difficiles. Mais voilà, de 1940 à 1944, il y eut Tintin, ce qui sauve tout !

Salut donc, pour cela, à Marie-Thérèse Rossel, l'élégante patronne !

Comment ne l'a-t-on pas nommée, après la guerre, "Duchesse de la Tintinerie", avant qu'elle n'aille rejoindre dans l'au-delà le Hergé rayonnant qui fut, en partie grâce à elle, le plus merveilleux des enchanteurs de la Belgique ?...

QUATRIÈME PARTIE
TINTIN AU TEMPS DE LA CROIX GAMMÉE

CHAPITRE XVII

L'ÉPANOUISSEMENT D'UNE VEDETTE

Au 'Soir' de 1940, comme dans n'importe quelle institution humaine, il y avait un peu de tout. Certaines créatures du début, hommes de main des Allemands dans la hâte des premiers jours, avaient presque aussitôt disparu. L'essentiel serait composé, pour quatre ans, de nouveaux venus au patriotisme prudent.

Léopold III avait fait nettement savoir qu'il fallait, en collaborant, essayer tout à la fois de maintenir ce qui restait valable du passé et de poser les jalons utiles qui pourraient être une ébauche de l'avenir. Ces conseils de Léopold III, plus que des allèchements, étaient en réalité des consignes. Le Roi les émettrait tout au longg de la guerre en se camouflant plus ou moins derrière des émissaires patentés. Le plus effectif serait son secrétaire, le Comte Capelle. Assez inélégamment, il faut bien le dire, Léopold III, chagrineux, les laisserait tous tomber comme des fripes au rebut lorsqu'il se rendrait compte, vers la fin de l'Occupation, que la cohabitation n'était plus rentable et même était devenue encombrante.

Émissions philatéliques associant le Roi Léopold III à l'emblème de REX.

'Le Soir' serait rédigé par des nationalistes sincères, qui crurent servir honnêtement leur pays en lui assurant un maximum d'informations, les moins engagées qu'ils le pourraient. Le contrôle allemand, on doit le reconnaître, était plutôt bon enfant. Les ciseaux des censeurs étaient rouillés. Rarement un article était caviardé. Les quelques occupants de Bruxelles chargés de cette supervision étaient des papas assez pantouflards, enclins à profiter du semi-confort bruxellois, plutôt portés à envoyer des petits colis réconfortants à leur famille que d'encombrer de remarques affligeantes les secrétariats de rédaction !

Le public belge lui-même le sentait : il lisait 'Le Soir' d'après 1940 avec la même régularité que 'Le Soir' d'avant 1940. On y fouaillait, c'est indiscutable, les Pierlot, les Spaak, les Guttenstein et autres politicards devenus londoniens faute de n'avoir pas pu être hitlériens.

Dans ma 'Cohue de 1940', je décris longuement la comédie de ces farceurs suppliant, à l'été de 1940, Hitler en personne de les laisser retourner à leurs vomissures, dans l'ancien pays de leurs brigandages.

Les Belges de 1940, dans leur presque unanimité, méprisaient alors cordialement ces équilibristes sans pudeur. Lorsque ces transfuges ministériels revinrent, en septembre 1944, ils rappliquèrent en Belgique assez piteusement, dans un avion anglais, le nez rasant le sol, sans un vivat populaire pour les accueillir.

On avait même, durant toute l'Occupation, laissé tranquilles leurs femmes, car Madame Spaak et Madame Guttenstein (qui était juive) étalent restées à Bruxelles. Plus fort : durant la guerre, elles touchèrent un demi-traitement ministériel ! Plus fort encore : c'est le "nazi" Degrelle lui-même qui, par courtoisie à l'égard de femmes d'adversaires, s'était rendu au secrétariat général de l'Intérieur à l'automne de 1940 afin qu'on assurât ce viatique imprévu à ces épouses de ministres répudiés par le Roi et tombés en discrédit.

"À l'école des traitres" : Churchill accueille le roi d'Italie auprès des Spaak, De Gaulle, etc. (Jam, 'Brüsseler Zeitung', 10 septembre 1943).

Des ministres qui, pourtant, m'avaient froidement envoyé à la mort le 10 mai 1940 ! Des ministres qui, de retour à Bruxelles après la "Libération" de 1944, feraient, dévorés de mesquinerie et de hargnerie, jeter dans des cachots et périr, après deux ans de souffrances affreuses, deux vieillards presque octogénaires qui avaient commis un crime impardonnable : celui de donner la vie à l'homme qui, après 1940, avait

Roosevelt à Churchill à propos de Van Zeeland qui leur cire les pompes : « Evidemment, nous nous débarrasserons de tous ces émigrés, mais en attendant, ils peuvent rendre de menus services » (Jam, 'Brüsseler Zeitung', 26 mars 1943).

fait assurer à leurs épouses respectives la possibilité de survivre matériellement à Bruxelles, où les fuyards les avaient laissées en plan !

Cela dit, que faisaient exactement dans 'Le Soir' de l'Occupation nos pittoresques amis Jam et Hergé ? Jam, c'est tout à fait vrai, brossait des caricatures virulentes, non seulement dans 'Le Soir', mais aussi dans la 'Brusseler Zeitung' le quotidien, remarquablement rédigé, des occupants.

Pourquoi ces caricatures, à la fois simples, incisives, et témoignant d'une culture classique étonnante ?... Tout simplement parce que la satire lui plaisait.

Pour Jam, l'essentiel était de croquer un personnage solennel ou grotesque, ou les deux à la fois, que ce fût Spaak, sous son chapeau de peintre désaffecté, ou les Guttenstein et consorts, avec leur nez à charnière, ou Pierlot, nourri au cadavre congelé, ou, plus simplement, l'un ou l'autre requin vorace du marché "parallèle" !

Jam soulignait les travers de ces bonshommes avec une férocité hilarante. Que le sujet plût ou non au Général allemand Von Falkenhausen ne le préoccupait pas un instant. Il dessinait. C'était sa joie. Oui, Il était contre la pétarade belliciste qui avait valu à la Belgique de 1940 une sensationnelle tripotée ! Oui, il eût aimé voir les Soviets renvoyés à mille verstes au-delà du fleuve Volga, avec, dans leurs bagages, la momie de Lénine.

Roosevelt à ses "conseillers culturels" : « Le but de notre commission culturelle, Messieurs, est de sauver les valeurs essentielles de la civilisation européenne. »
(Jam, 'Brüsseler Zeitung', 25 août 1943).

Mais les aléas de la guerre restaient grands.

Quant à Hergé, ce qui le passionnait par-dessus tout, ce n'était ni Hitler, ni Roosevelt, ni Churchill, c'était son Tintin, c'était de voir le héros de ses B.D. continuer à gigoter aventureusement et allègrement par monts et par vaux. De temps en temps, c'est vrai, il améliorait, comme Jam, l'architecture nasale d'un Blumenstein ou autre. Mais Cyrano aussi avait le nez de travers, et nul ne s'en était jamais scandalisé. Surtout, Hergé donnerait alors à tous ses personnages –Tintin en tête– le style (la "Ligne claire") qui allait rendre unique son œuvre : simplicité, clarté, netteté des traits, étude ethnographique de cent peuples, morts ou vivants. Et même, équilibre des gestes. Hergé irait jusqu'à les imaginer lui-même devant son armoire à glace !

Ses personnages, dans les albums, se mouvaient de gauche à droite, comme se lit l'écriture européenne. Sinon le geste et le regard qui le suit eussent abouti à des télescopages. À l'inverse, dans des éditions de Tintin en langues étrangères, l'hébreu ou l'arabe notamment, l'œil du lecteur suit le texte de la droite vers la gauche : la bande dessinée devra donc prendre un mouvement identique. Plus un détail, chez Hergé, ne serait abandonné à la seule improvisation. Au début, lors de 'Tintin au pays des Soviets', l'imagination de Hergé courait sans entrave et sans recherche. Les travaux d'investigation étaient presque nuls, à part d'utiles coups de pioche dans le 'Neuf ans au pays des Soviets' d'un ancien consul de Belgique en Russie nommé Joseph Douillet et quelques attitudes rigolotes inspirées par feu le tonitruant général Dourakine.

Hergé, avant 1940, créait ses doubles pages de dessins à l'emporte-pièce, les inventant semaine par semaine, ignorant à cet instant-là les aventures nouvelles, les quiproquos, les gags, qui émailleraient la livraison suivante. 'Le Petit Vingtième' imaginerait même de lancer à ses milliers de jeunes lecteurs des appels angoissés pour qu'ils suggérassent des solutions de salut aux péripéties qui mettaient en danger, si terriblement, l'audacieux Tintin !

Par la suite, passionné de perfection, Hergé établirait préalablement les plans de ses albums, multipliant les études préparatoires, brossant des centaines de croquis, piochant cent fois les ouvrages illustrés d'auteurs anciens, sur les traces desquels Tintin aurait à se lancer. Par exemple, le récit, orné de mille gravures, 'Pérou et Bolivie', publié en 1886. Chaque flèche, chaque poison, chaque turban, chaque totem, chaque maquette de bateau de course, Hergé les étudierait, les scruterait, calepin au poing, dans les musées les plus divers, du Musée colonial de Tervueren au Musée de la Marine à Paris. À la question « Le principal trait de votre caractère ? » Il répondait tout net : « Le perfectionnisme ».

Cet impératif deviendrait de plus en plus, chez Hergé, une loi inflexible. Il ne voudra pas être pris en défaut pour un seul détail, si anodin fût-il. Que ce soit en chinois ou en arabe, chaque interjection ou chaque inscription murale aura été strictement vérifiée. Pas une erreur d'orthographe sur une seule épigraphe ! En tout, indispensable, l'authenticité ! Le perfectionnisme serait vraiment la note dominante de l'évolution artistique de Hergé.

C'est au long de la Seconde Guerre Mondiale, au cours de la "Collaboration", que Georges Remi établit définitivement son code de l'exactitude. Il l'imposa aussi strictement à la mise en couleurs de ses albums, qui date de ces années-là. L'œuvre d'imagination artistique de Hergé atteint son sommet à cette époque pourtant ingrate, car les moyens matériels de s'extérioriser manquaient de plus en plus.

Hergé se rendra notamment au château de Wezembeek-Oppem, au nord de Bruxelles, où habitait l'ancien sénateur rexiste Xavier de

Dès 'Tintin au Congo', le souci de la documentation ira dans le sens d'une toujours plus grande précision : voici l'homme-léopard tel que l'a dessiné Hergé et tel qu'on peut le voir au Musée royal de l'Afrique centrale, à Bruxelles.

Grünne et son frère Eugène. Dix fois j'avais tenu, avant la guerre des réunions confidentielles dans ce manoir, partageant la table de famille.

Xavier qui, lui, avait cru, avant tout le monde, en cas d'échec du national-socialisme, à la victoire finale de l'extrême gauche bolcheviste (elle pourrait mettre en péril, prévoyait-il dès alors, le trône de Léopold III), avait, pour faire face à un possible coup d'État révolutionnaire, stocké dès juin 1940 dans les souterrains de son château des quantités énormes d'armes (de quoi équiper des milliers de soldats). Ces armes, il était allé les déterrer près de Bruges dans des cachettes où les avaient enfouies les divisions belges vaincues, le 28 mai 1940.

Xavier de Grunne, sénateur rexiste et familier de Léon Degrelle.

Avec cet énorme attirail, entassé dans les soutes du château, Xavier comptait bien rendre efficaces les troupes qu'il opposerait à l'extrême-gauche et à Staline le matin où celui-ci apparaîtrait en tyran à nos frontières. Ingénuité presque touchante car les Allemands, intrigués par tout ce remue-ménage, finirent par découvrir cet imposant dépôt et, alors que j'étais, hélas, bien loin de lui, sur le front de Russie, ils coffrèrent notre cher et inoubliable Xavier. Il fut enfermé dans un camp du Reich où il périt misérablement, torturé, comme le révélerait son frère Willy, grand-maître de la Maison de la Reine Élisabeth, par des "Kapos" polonais. Ceux-ci le firent mourir dans de l'eau glacée.

Détail inouï : dans le 'Livre d'or de la Résistance belge', on a délibérément exclu le nom de Xavier de Grünne, résistant insigne s'il en fût ! Il avait été, avant 1940, sénateur rexiste ! Crime inexpiable, évidemment...

Dans ce vieux château à mystères, se trouvaient aussi (les de Grünne ont plus de mille ans d'existence historique) des trophées de tous ordres, notamment une fabuleuse momie péruvienne, personnage formidable pour un futur album de Tintin. Hergé alla l'y étudier, se pénétra de son mystère. La momie deviendrait le Rascar Capac des aventures Tintinesques au pays des Incas.

Le supplément hebdomadaire –'Le Soir Jeunesse'– s'était déployé, au début, sur huit pages. Puis, en mai 1941, le papier manquant, ses pages s'étaient rétrécies de moitié. Le 23 septembre 1941, 'Le Crabe aux pinces d'or' de Hergé réduirait encore ses pincettes. Il ne pouvait plus s'étirer que dans des strips étroits. Le crustacé n'agiterait plus, jusqu'à la mi-octobre 1941, que des pattes atrophiées. Quant au récit 'Les Sept Boules de cristal', il n'arriverait même pas –après 152 épisodes– au bout de sa course aventureuse. Chez l'éditeur Casterman, les albums de Hergé avaient subi, eux aussi, au long de l'Occupation, des régimes sévères d'amaigrissement ! Tintin avait fondu de moitié ! Soixante-deux pages, au lieu des cent trente planches de jadis ! C'était comme si on avait enlevé Tintin la moitié de sa culotte de golf !

Mais Hergé, lui, personnellement, comment avait-il vécu ces castrations inattendues ?

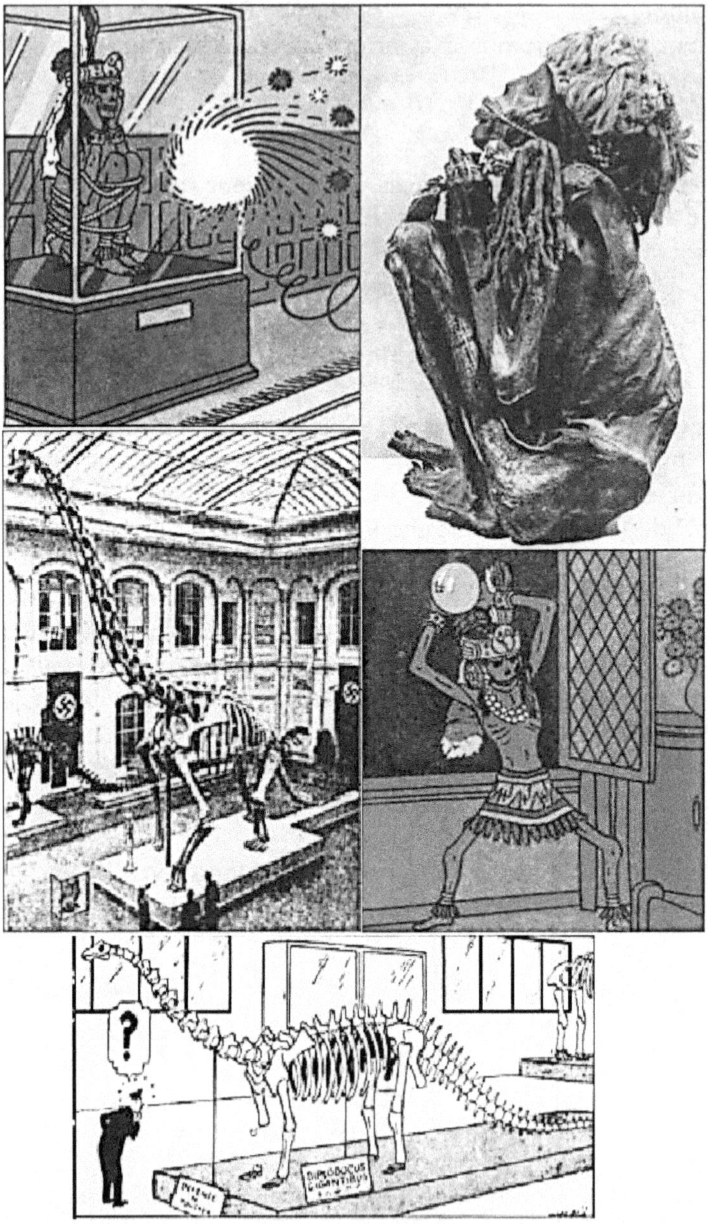

En haut et à droite : La momie péruvienne des collections de Xavier de Grunne au château de Wezembeek-Oppem et le parti qu'en tira Hergé dans 'Les Sept Boules de Cristal'…
À gauche et en bas : Une constante chez Hergé : l'inspiration politiquement incorrecte ('Le Sceptre d'Ottokar', photo du 'Patriote illustré', 16 janvier 1938).

CHAPITRE XVIII

LE PRIX D'OR D'UN NEZ CROCHU

Le principal crime que commit Hergé au cours de ces années périlleuses 1940-1944 fut, dans l'un ou l'autre des dessins du 'Soir', de se payer une plaisanterie assez innocente à propos de quelques nez un peu trop crochus.

Que le banquier Blumenstein, un gros cigare à la transversale sous un appendice nasal imposant comme un sous-marin de poche, eût amusé, par la faute d'Hergé, la jeunesse –et la vieillesse– du 'Soir' dit volé, releva très nettement, après 1944, du crime racial caractérisé !

Tout le monde, pourtant, sait que les Juifs bien nés ont des nez d'un format plutôt exubérant, courbés parfois comme une roue de bicyclette ! Plaisanter là-dessus n'est pas spécialement méchant. N'empêche, le nez un peu trop étoffé du banquier Blumenstein pèserait comme une masse de plomb à l'heure des comptes.

Cette susceptibilité des Juifs –pour des bêtises souvent !– a beaucoup contribué à les rendre difficilement supportables. À voir qu'on les plaisante, ils se scandalisent comme si on outrageait en eux une part de divinité !

Le fait, malheureusement, est indéniable : depuis que l'Histoire existe, le Juif n'a jamais pu se faire vraiment aimer. De Gaulle lui-même a marqué cette aversion d'un qualificatif décisif : "Peuple dominateur". Le Juif –il a ça dans le sang– veut dominer. Dominer la finance. Dominer la politique. Dominer la presse. Dominer l'opinion. Dominer l'univers, alors que la population juive ne représente, à peine, que la trois centième partie de l'humanité ! On voudrait voir les Israélites se contenter de tenir une place normale parmi le concert des hommes. Tout le monde s'en féliciterait. Pourquoi n'acceptent-ils pas d'être heureux en dégustant, comme tout le monde, leur simple part de bonheur terrestre ?... Est-il indispensable qu'ils occupent sans cesse, bruyamment, ostensiblement, la scène universelle ?

Même maintenant où Israël a imposé sa présence partout, le public doit subir presque chaque jour à la télévision les pétarades de maximalistes israéliens acharnés à se tailler à la carabine, au Liban, en Syrie, à Gaza, un espace supplémentaire à leur État israélien, aux dépens de peuples qui ne veulent pas de leur domination ! Dix fois les instances internationales se sont insurgées contre cette voracité. Les condamnations de l'O.N.U. ont plu en averse depuis 1947 ! Chaque fois, pour rien ! Le 30 octobre 1991, enfin, des centaines de délégués accourent à Madrid, rassemblés péniblement après 300 000 kilomètres de courreries aériennes du ministre américain Baker. Ils reprirent devant Shamir, le premier ministre d'alors, courtaud, les bras ballants, renfrogné, un débat qui avait été officiellement réglé à l'O.N.U. depuis 1947. Il fallait tout recommencer, comme si rien ne s'était passé.

Pour arriver à quoi ?

"Les Deux Juifs et leur pari" : frontispice de Hergé ('Fables', Robert de Vroylande).

Pendant deux ans, les confrontations n'aboutissaient qu'à des galopades de milliers de journalistes rigolards, et à quelques milliards de frais d'organisation et de déplacements !

Shamir était bien décidé à ne pas lâcher aux Palestiniens un fixe-chaussettes !

"Les Deux Juifs et leur pari" : illustration de Hergé ('Fables', Robert de Vroylande).

Conquérir, dominer et ne plus broncher !

On dut attendre la défenestration électorale de Shamir pour qu'enfin, en 1993, les Israéliens se rendissent compte que leur rêve dominateur d'un État Juif s'emparant de tout l'espace Nil-Euphrate ne rapporterait guère que des cercueils.

En vain, ils avaient conquis par la force la Palestine. Ils y avaient perpétré d'affreuses tueries. Ils y avaient installé, sur les meilleures terres, cent vingt mille colons juifs, véritables troupes d'occupation !

En vain encore, pour faire place à celles-ci, ils avaient chassé, dans des exils multiples, au Soudan comme en Amérique du Sud, aux États-Unis comme en Jordanie, des centaines de milliers de paysans infortunés qui, durant des siècles avaient cultivé en paix ces terres d'en deçà du Jourdain !

En vain aussi, les chars juifs avaient envahi le Liban, rapté une partie de son sol, fomenté le massacre de deux mille innocents à Sabra et à Chatillah !

En vain, toujours, ils avaient déporté dans une zone inhumaine du Nord, sans abri, rongés par la neige et le froid, quatre cents prisonniers lâchés dans ce désert libanais tels des boucs de malédiction !

En vain, enfin, ils avaient submergé les monts du Golan, croyant tenir à jamais la Syrie sous la menace de leurs roquettes !

Le courage, l'héroïsme des "occupés" avaient fait face, partout, et par tous les moyens à cette oppression.

Mais le plus inouï c'est que ce sont des enfants –des vrais Tintins d'Orient !– qui, par l'Intifada, finirent par l'emporter ! Ces milliers de petits David (le retour de l'Histoire !) n'avaient, pour lutter, que les pierres éparses de leurs pays martyrisés. Ils assaillirent pendant six ans les dizaines de milliers de soldats d'Israël super-armés, leur rendant la vie insoutenable. Oui, ce fut ainsi ! L'Intifada fut la première guerre au monde que gagnèrent des gosses ! À coups de millions de cailloux ! Comme s'ils avaient été mis en branle par Tintin lui-même ! Milou, aboyant de toutes ses forces, filant en flèche au-devant des projectiles !

Robert du Bois de Vroylande, auteur des 'Fables' illustrées par Hergé : "Les Deux Juifs et leur Pari" ne seront jamais pardonnés...

À leur vaillance, on avait répondu, au début, par d'épouvantables fusillades. Plus de mille enfants, de femmes et de gosses périrent sous les balles. Mais on ne pouvait pas sans fin décharger ses fusils sur des milliers de Tintins musulmans ! Gaza, au bout de dix ans se convertirait pour les Juifs en un enfer dévorant. Ils durent bien comprendre, pour finir, que se maintenir dans cette fourmilière fantastiquement harcelante devenait impossible.

Il fallait laisser tomber.

Et ce fut Washington. Le Premier Ministre israélien Rabin, ancien terroriste de la Haganah, et fameux par les scandales de sa femme en 1977, dut bien, à la face du monde entier, le 13 septembre 1993, serrer la main à la bête noire qui l'avait tenu en échec pendant plus de vingt années, l'inlassable Arafat, l'empêcheur de dominer, traqué à mort depuis un quart de siècle par les tueurs du Mossad.

Il ne restait plus qu'à admettre un début de paix, qu'à accorder une certaine autonomie aux huit cent mille persécutés de Gaza, et aussi, symboliquement, à la petite ville de Jéricho, où les trompettes d'un Arafat anti-Gédéon et les jeunes héros Tintinesques avaient abattu enfin les murailles de la nouvelle Histoire !

Isaac Rabin prononçait à la tribune de Washington le *De Profundis* final : « Assez de sang ! Assez de larmes ! Assez ! » Mais lui et les siens eussent pu le penser 47 ans plus tôt !

Lorsque l'O.N.U. avait proclamé la naissance simultanée d'un État d'Israël –discutable en soi déjà car, à la fin de la Première Guerre Mondiale, les Juifs ne représentaient que 2% de la population de ces territoires !– et d'un État de Palestine, que les créateurs du nouvel État Juif avaient prétendu dévorer aussitôt.

Pendant cinquante ans, les Israéliens s'étaient acharnés à ces conquêtes. Les pierres des petits esclaves avaient eu raison, en 1993, de cette frénésie de domination.

De cette réconciliation tapageuse que ressortira-t-il ?

Le "Juif dominateur" tel que l'avait dépeint le Général De Gaulle, tirera-t-il enfin une leçon de ce terrible raté en Palestine ?...

Comment, de la vague autonomie, de type quasi communal, accordée à ce jour à Gaza, passera-t-on, avec le temps, à une véritable indépendance ?

Comment, de Nazareth au Jourdain, seront rétablis, dans leur patrie ancestrale, tous les habitants de Palestine enfin libérés, ainsi que les millions d'exilés ? Et non les seuls 15 000 rescapés de Jéricho aux étonnantes trompettes !...

Comment seront ramenés à un statut de citoyens normaux les plus de cent mille colons avides campant stratégiquement, au nom d'Israël, dans tous les lieux de contrôle de Palestine et de Gaza, enserrant la population arabe dans leurs rêts ?...

Comment, enfin, le Croissant réapparaîtra-t-il dans Jérusalem, où Mahomet connut ses dernières heures terrestres ?...

Voici probablement la seule caricature de "nez crochu" à avoir passé le cap des corrections cathartiques : cette scène de 'L'Oreille cassée', croquée en 1936 a conservé, jusque dans cette édition de 1998, outre le nez crochu, le dos voûté, la barbiche, la calotte, les lorgnons, et les mains qui se frottent à l'idée de la "bonne bedide avaire" : pas de doute, il s'agit bien du frère d'Isaac, de 'L'Etoile mystérieuse' censuré dans l'édition en album (voir p.83).

On n'en est encore qu'à des intentions estompées. On discutera interminablement, pendant cinq longues années. Après seulement, on saura si la paix a vraiment triomphé, ou si les prémisses de 1993 ne furent qu'un piège, un de plus qui, la domination juive par la force ayant échoué, avait vu Israël recourir à la ruse cette fois-ci pour dominer quand même la proie rebelle. Devant de tels entrechats, certains, on le comprend, doutent ou se rebiffent encore. L'histoire est pleine de telles réactions. Elles ne sont pas nécessairement de l'antisémitisme.

Hergé, en personne, connaîtrait, comme tant d'autres, à cause des ambitions et des susceptibilités juives, des persécutions juives, des persécutions aiguës ! Après la guerre, il serait forcé de retoucher les nez protubérants de certains juifs de ses albums. Il se croirait alors obligé, pour se tirer d'affaire, de refiler l'un ou l'autre appendice trop amplifié à d'autres banquiers qui ne porteraient plus le nom fâcheux de Blumenstein !

Dans la bande dessinée (20 décembre 1941) du 'Soir' volé, ce Blumenstein, installé très confortablement à New-York dans un imposant fauteuil directorial, dictait solennellement à son secrétaire ses injonctions : « – Mon cher ami, vous êtes mon secrétaire depuis assez longtemps pour savoir que si la Banque Blumenstein a financé l'expédition Peary... etc. » Le secrétaire, appliqué, répondait avec modestie : « – Je l'espère, Monsieur Blumenstein, quoique... »

Le même dessin, réapparu dans les éditions d'après-guerre de 'L'Etoile Mystérieuse' avait, entretemps, dû subir quelques modifications ! Le pauvre Hergé avait sué sang et eau pour réformer le texte fatal. Les lettres, retracées en jambages rigoureusement identiques, mettaient, cette fois, sur bande dessinée, un banquier appelé Bohlwinkel : « – Mon cher ami, vous êtes mon secrétaire depuis assez de temps pour savoir que si la banque Bohlwinkel a financé l'expédition Peary..., etc. » ! Le même secrétaire que dans l'ex-dessin hérétique répondait avec la même componction : « – Je l'espère, Monsieur Bohlwinkel, quoique... »

Comment Hergé croyant aryaniser le Juif Blumenstein en le "marollisant" en Bohlwinkel ignore qu'il ne fait qu'échanger deux "kippas"...

Notre brave Hergé avait cru, grâce à ce tour de passe-passe, s'être tiré d'affaire. En effet, en argot bruxellois, Bohlwinkel signifie : "magasin de bonbons". Ces bonbons, certainement, feraient passer le goût amer laissé par un Blumenstein un peu trop marqué !

Pas de pot! Bohlwinkel était en effet, tout autant que Blumenstein, un nom juif caractérisé ! Le pauvre Hergé l'ignorait ! Son nouveau dessin, il l'avait trempé de sueur pour des prunes ! On peut aujourd'hui mettre face à face les deux variantes, aussi iconoclastes l'une que l'autre ! À Bruxelles, en octobre 1990, une certaine Myriam Bru, dans 'Le Soir Illustré', a juxtaposé comiquement les deux dessins.

De même, elle a remis face à face sur les flots illustrés d'Hergé : deux bateaux successifs, celui d'un ennemi ploutocrate de 1942, puis le même, retouché après la guerre ! Celui qui, en 1942, brandissait un drapeau yankee, a été pieusement restauré en 1957, dans la nouvelle version de 'L'Etoile Mystérieuse'. Tout paraît identique, les mêmes paroles sont rigoureusement reproduites, les deux fois dans le script, mais le dessin nouveau porte une variante presque indécelable pour le lecteur peu averti : l'étendard fatidique n'est plus le drapeau étoilé des États-Unis, les stries ont été badigeonnées, on ne distingue plus qu'une vague croix sur un fond obscur, noire comme le maréchal Zaïrois Mobutu ! Le pavillon, n'est plus nord-américain mais sao-ricain ! Les États-Unis sont devenus le Sao Rico !

Un autre dessin de 'L'Etoile Mystérieuse', version 1942, s'est vu supprimé après 1945, presque comiquement. Qu'y voyait-on ? On y voyait deux honorables juifs barbus, le nez en drakkar, discutant de la proximité de la fin du monde.

Salomon interroge Isaac : « Tu as entendu, Isaac ? La fin du monde ! Si c'était vrai ? » Satisfaction intense d'Isaac ! Il s'explique : « Hé ! Hé ! Ce serait une bonne bedide avaire, Salomon !... Che tois 50 000 francs à mes vournizeurs. Gomme za che ne tefrais bas bayer »

Un homme normal eût souri de la plaisanterie, sans plus. Pas question ! Le bon Hergé dut bel et bien éliminer dans son album de l'après-guerre ce simple projet de blague !

Au dos de l'original, Hergé écrivit, philosophiquement, ces quelques mots : « Supprimé pour excès de réalisme ».

Des dessinateurs de génie comme Hergé, afin d'obtenir que soient réédités leurs chefs-d'œuvre, seraient acculés, des années encore après la guerre, à se livrer à de tels changements grotesques de décors, parce que l'un ou l'autre nez crochu avait été croqué en cours de route, ou parce qu'une plaisanterie bon enfant donnait la colique à Israël...

Chapitre XIX

Suite militaire de 'Tintin au Pays des Soviets'

Pour personne, pas plus au 'Soir' qu'ailleurs, la "collaboration" en 1940-1944 n'avait été simple.

Imaginer que, tant que durerait la guerre, une solution politique pourrait surgir qui assurerait l'avenir de la Belgique, avait, rapidement paru assez illusoire. Partout, on se cognait la tête aux murs de l'imprécision et de l'indécision.

Je n'avais pas pu rencontrer Hitler, près de Givet, en octobre 1940, à un rendez-vous préparé par l'Ambassadeur du Reich, Otto Abetz. La veille, Mussolini avait envoyé en l'air notre rencontre en envahissant la Grèce, obligeant Hitler à faire bifurquer sur l'heure son train "Erika" vers Florence, pour y arriver d'ailleurs trop tard ! Peut-être, lors de cette rencontre avec le Führer aurais-je vu plus clair ? Et puis former, sous le patronage de Léopold III, un Gouvernement nouveau en équipe avec Henri de Man ?

Léopold III sur la terrasse du "Nid d'Aigle" du Führer à Berchtesgaden.

Léopold III attend d'être reçu en audience par Adolf Hitler à Berchtesgaden (ces deux clichés ont été pris par le secrétaire du Roi, le Comte Capelle).

Mais Hitler était désormais occupé pour des mois, dans les Balkans.

Et puis, tout annonçait dès alors la bagarre avec les Soviets. Il ne leur avait pas suffi, en juin 1940, de s'emparer des Pays Baltes et de la Bessarabie. Le ministre soviétique Molotov était venu à Berlin, en novembre 1940 réclamer, exiger presque, au nom de Staline, que le Reich laissât à celui-ci les mains libres en Bulgarie, en Yougoslavie, au Détroit de Constantinople, et lui permît d'installer des bases militaires au Danemark et en Norvège. Bref, Il entendait qu'on ouvrît toutes grandes à l'U.R.S.S. les portes de la Méditerranée et de l'Atlantique.

Staline guettait l'heure où il pourrait sauter sur l'Occident, vers la proie rêvée qu'était pour lui l'énorme bastion industriel de l'Europe. Il se préparait à bondir sur le Reich. Déjà, il avait massé, de Brest-Litovsk à la Mer Noire, cinq millions et demi de soldats. Ceux-ci pouvaient, n'importe quel jour, dévaler, au sud, vers les pétroles de Roumanie et, à l'ouest, se ruer vers la Pologne et vers Berlin. Toute l'Europe eût pu y passer. La petite Belgique, on le comprend, ne pesait plus lourd parmi les préoccupations qui, ces mois- là, hantaient Hitler...

Léopold III eût dû comprendre qu'à vouloir, en quémandeur, relancer le chef du Troisième Reich à Berchtesgaden, il ne pourrait que se discréditer.

Une révélation d'« Histories » qui heurte la princesse Lilian

Un télex embarrassant de Léopold III

Avant même de passer à l'antenne, ce jeudi, « Histories », magazine historique de la seconde chaîne publique flamande, fait de sérieuses vagues dans l'entourage de la princesse Lilian, qui n'exclut pas d'aller jusqu'à attraire ses responsables en justice. Il se fait que cette émission de Canvas (VRT), qui passe pour une référence dans les milieux historiques, va révéler un nouveau document inédit montrant que Léopold III était prêt à tout pour rencontrer Hitler au lendemain de la capitulation française en juin 1940. Il s'agit, en fait, d'un télex retrouvé par un historien local wallon, René Mathot, dont le réalisateur de l'émission, Philippe Van Meerbeeck, a effectivement retrouvé l'original dans le Bundesarchiv allemand à Berlin.

René Mathot travaille depuis plusieurs années sur un ouvrage qui retracera le parcours d'Hitler en Belgique en juin 40, lorsque, après avoir obtenu la capitulation du pays, il décida de revenir sur les lieux où il avait combattu en 1916. Si le livre sortira le 21 juin prochain aux éditions Racine, René Mathot s'en était déjà ouvert à l'équipe d'« Histories » qui consacre ses émissions des 1er et 8 juin à cet aspect insolite de la guerre. Insolite mais pas inintéressant car il apparaît que le « Führer » aurait voulu rencontrer le Roi lors de cette tournée ainsi qu'en attestent des messages du ministre Meisner et d'un ostéologue nazi, le Dr Gebhardt, qui avait soigné plusieurs membres de la famille royale pour des maux de dos.

PRÊT À RENCONTRER LE FÜHRER

Finalement après avoir pris le pouls d'Henri De Man (ancien ministre socialiste, dont il était proche) et du général Van Overstraeten à ce sujet, Léopold III marqua son accord pour autant que la rencontre fût discrète. Le 1er juin, Hitler atterrissait à Evere... mais il ne se rendit pas à Laeken car il souhaitait une rencontre largement médiatisée. Mais, en même temps, il apparut qu'une opportunité se présenterait lorsque la France aurait aussi capitulé. Ce qui arriva à la mi-juin. C'est ici que se situe l'épisode du télex : alors qu'Hitler se trouvait à Brûly-de-Pesche, le surveillant allemand de Léopold III, Kiewitz, fait savoir au Führer que le Roi était prêt à le rencontrer le plus rapidement possible. Une opération réitérée le 26 et le 29 juin, où, lors d'une visite de l'émissaire allemand à son chef suprême : il lui précise alors que le « prisonnier de Laeken » est même prêt à gérer une partie du pays. Il fut alors question de la province de Limbourg. Philippe Van Meerbeeck a réuni la presse, mardi, pour préciser que tous les éléments du dossier ont été vérifiés et soumis à des spécialistes comme Jan Velaers et Herman Van Goethem, mais aussi recoupés avec des documents « léopoldistes » comme les Mémoires (privés) du comte Capelle, secrétaire de Léopold III qui sont déposés au centre Guerres et sociétés contemporaines.

Comme l'émission a fait l'objet de présentations dans certains journaux flamands, la Fondation Princesse Lilian est passé à la contre-attaque et a demandé des droits de réponse pour *le caractère particulièrement diffamatoire* de ces *accusations tendancieuses*. Le général Robert Close, porte-parole de la Princesse, nous a affirmé hier soir que l'on n'en resterait sans doute pas là. En clair : la Justice pourrait être appelée à intervenir *si on continue à diffuser ces bobards.*

D'autant plus que cela s'inscrit dans une campagne sournoise pour déstabiliser la dynastie...

CHRISTIAN LAPORTE

'Le Soir' du 8 juin 2000 s'interrogeait encore sur la démarche de Léopold III auprès de Hitler : aujourd'hui que le Führer est sans conteste l'incarnation du Mal, est-il pensable que le Roi ait voulu le rencontrer ?!!!

À la suite de la visite obtenue à force d'insistance par sa sœur Marie-Josée, femme du Prince-héritier de l'Italie alors alliée du Reich, il n'avait obtenu qu'une tasse de thé –pas même anglais !– et quelques macarons secs et vains.

De toute évidence, tant que l'affaire soviétique n'aurait pas été tirée au clair, le cas belge ne bougerait plus. On pourrait grappiller quelques places de Gouverneur de Province ou de Commissaire d'Arrondissement, placer, de-ci de-là, des hommes sûrs à des postes subalternes, mais l'essentiel, pour le moment, on ne l'atteindrait pas.

En soi, la situation politique des pays occupés était on ne peut plus inconfortable : les Allemands étaient des militaires vainqueurs ; nous, les “occupés”, n'étions que des civils vaincus et humiliés. La disproportion était flagrante. Il était évident que nous ne serions en mesure de discuter avec fruit de l'avenir de nos peuples que dans la mesure où les positions auraient été retournées, où nous aussi serions parvenus à jouir du prestige du soldat valeureux, traitant d'égal à égal avec d'autres soldats, ayant acquis au combat des mérites et des droits identiques. Alors seulement, pourraient s'engager de vrais débats inter-européens, dans le respect mutuel et dans l'honneur.

Mais comment parvenir à cette égalité dans la gloire, base même, base unique de tout rapprochement ?... Pour moi, c'était clair. Patauger au pays dans les bourbiers d'une politique au rabais était vain. Il fallait forcer le destin. On parlait d'Europe. Mais nous barbotions dans un village ! Seules des circonstances exceptionnelles, où tous les héroïsmes seraient offerts, pourraient déclencher le mécanisme libérateur. L'Europe, si elle se faisait, ne se forgerait que sur l'enclume de la grandeur.

C'est alors que, tout à coup, l'occasion providentielle dévala sur nos peuples dans l'attente : le 21 juin 1941, un immense craquement retentissait à l'Est. On ne pouvait plus attendre que Staline entreprît de dépecer l'Europe. La plus grande guerre du monde commençait, à travers les immensités soviétiques. Toutes les routes de l'avenir s'ouvraient brusquement et, pour nos pays, des Pyrénées à Oslo, toutes les possibilités de se faire respecter. À partir d'alors, il suffirait d'être les meilleurs. Plantant là, à jamais, les médiocrités des vies mesquines dans des patries que l'infortune avait ratatinées, nous

allions laisser tomber les incertitudes des occupations troubles et relever le grand défi.

En 1941, hélas, à l'heure où il fallait entreprendre cette tâche, nous n'étions à peu près rien, nous, pays envahis de l'Occident. Quant à l'Europe, elle n'était encore qu'un agglomérat de mots sonores. Le Troisième Reich, lui, était fort de ses cent millions d'habitants et de deux ans de triomphes militaires éclatants, mettant sous son contrôle, alors déjà, plus de cent cinquante millions d'Européens. Néanmoins, le 21 juin 1941, tout avait brusquement changé. Le courage, la volonté, l'esprit de sacrifice seraient désormais, dans les neiges de l'Est, à la portée des forgerons de peuples. Les vaillants pourraient atteindre à l'héroïsme qui ouvrirait les voies aux résurrections. En ces jours de fin juin 1941, la situation de la Belgique – pourquoi le nier ?– paraissait presque désespérée. Mais une ressource lui restait : mériter, à force de valeur au combat, de redevenir un peuple libre.

Aux timorés, l'avenir eût pu paraître inaccessible. Mais si peu nombreux que nous fussions au départ, il fallait nous imposer. La force d'âme est capable d'opérer des miracles. Pour sauver notre pays, nous ferions des miracles ! Une aventure commençait, à côté de laquelle les anciens exploits de 'Tintin au pays des Soviets' ne seraient plus que des balbutiements amusés. Des milliers de Belges, allaient, durant quatre ans, au long de cinq mille kilomètres de front, mener des combats tels que des soldats de notre peuple n'en avaient jamais connus d'aussi dramatiques. Des milliers des nôtres mourraient. Des milliers d'autres seraient blessés, soit 83% des effectifs des deux Divisions de Volontaires du Front de l'Est venus de notre pays.

Croit-on qu'on court ainsi affronter la mort ou les pires souffrances, chaque jour, pendant des années, si l'on n'est pas brûlé par une grande foi ?

Vous, mes lecteurs, vous êtes-vous jamais préoccupés de savoir ce qui avait pu se passer dans l'âme des milliers de jeunes garçons qui, en 1941, partirent, de tous nos pays envahis en 1940, pour conquérir les steppes soviétiques, qui luttèrent là-bas, qui offrirent là-bas leur jeune vie, éclatante de force et rayonnante de rêves ?...

Nos guerriers croyaient, de toute leur âme, au bonheur de vivre. Ils eussent voulu en jouir intensément. Ils ne partaient pas au front de l'Est par bêtise ou par bravade, ils voyaient que leur pays vaincu était, en 1941, en jachère, et que, sans une solution inédite, il risquait de ne plus jamais se relever.

Et voilà qu'une solution se dressait !

Dans tous les pays de l'Europe vaincue l'année d'avant, et dont nul ne voyait sinon dans des brouillards, au début de l'été 1941, d'où pourrait surgir un quelconque espoir de renouveau, voilà que des milliers de jeunes se levaient, dominant tout découragement.

Brusquement, l'affaire Allemagne était devenue une affaire Europe ! La lutte nouvelle contre l'ennemi commun de toutes les patries européennes hélait des jeunes de vingt pays, hier ennemis du Reich. Elle les appelait au combat qui désormais dépassait les limites et les possibilités du Reich allemand !

Français, Espagnols, Italiens, Hollandais, Baltes, Hongrois, Croates, Bosniaques, Roumains, Scandinaves, etc. accouraient à plusieurs centaines de milliers, s'aligner dans une fédération militaire qui entendait souder en un bloc fraternel les récents adversaires, vainqueurs et vaincus des combats de la veille. Ainsi, dans le sacrifice, les souffrances, la mort peut-être, se créeraient les liens spirituels qui pourraient enfin, bien au-delà du matérialisme, unir nos peuples si longtemps disparates. Flamands et Wallons, allions-nous stagner à l'écart de ces vagues dont les flots puissants se dressaient et grondaient à travers l'Europe entière ?...

II. Légionnaires

et volontaires de l'est

ESPAGNOLS

WALLONS

FRANÇAIS

COSAQUES

SOLDATS DU TURKESTAN

TARTARES DE LA VOLGA

GUERRIERS DE L'AZERBAIDJAN

ARMENIENS

GEORGIENS

L'offensive contre l'Union Soviétique a provoqué un immense enthousiasme dans la jeunesse de toute l'Europe ('Signal' de décembre 1942).

Bien sûr, nous eussions pu rester dans notre coin. C'était beaucoup plus simple. Pas de séparations. Pas de souffrances sans fin à deux ou

LE PAYS RÉEL

Rex Vaincra

EDITION

Combats glorieux et sanglants de la Légion belge "Wallonie"

Luttant contre un ennemi huit fois supérieur en nombre et appuyé par des chars d'assaut les Légionnaires reprennent trois fois leurs positions aux bolchevistes et s'y maintiennent

De nombreux camarades sont glorieusement tombés

Trente-cinq Croix de Fer à la Légion

Douleur et gloire

CINQ SEMAINES D'OFFENSIVE

Le récit des luttes de la Légion par Léon Degrelle

POUR LA PATRIE ET POUR L'EUROPE

trois mille kilomètres de nos foyers. Pas de milliers de croix de bois à planter pendant quatre ans sur les tombes de nos camarades...

Vraiment, pensez-vous qu'à vingt ans, qu'à trente ans, on soit naturellement prêt à rompre avec tout bonheur, à se jeter délibérément vers les crocs de la mort, à lâcher ses parents, sa femme, ses enfants, pour se risquer dans une aventure hasardeuse et hallucinante, qui, celle-là, ne se dessinerait pas, comme celles de Tintin, sur de belles feuilles de papier quadrillé ?...

Se contenter de ricaner ou de couvrir de boue des garçons qui allaient peut-être mourir est un peu trop simple. Que voulaient-ils, ces jeunes gaillards valeureux qui retroussaient leurs manches et partaient vers Arkhangelsk ou Stalingrad ?

Ils seraient, eux, délibérément, des Tintin pour de vrai, des Tintin aux périls inéluctables, mille fois plus réels, cette fois, que ceux des albums enchantés...

Ces milliers de volontaires européens se trompaient-ils ?

Mais, dans le cas où tous nos Tintin du Front de l'Est se trompaient, pourquoi tous ceux qui étaient censés ne pas se tromper ne partaient-ils pas eux, rejoindre à Londres les Belges anti-allemands rassemblés dans la Brigade dite Piron.

Les "résistants" français ne seraient pas plus entreprenants à Londres que les Belges. Ils ne représenteraient même pas, selon le Maréchal Leclerc lui-même, un pour cent des Français. Le Général De Gaulle, olympien, avouerait, assez cynique : « Entre nous, la Résistance fut un bluff ». Étrange, tout de même ! Dans ce cas, que de vestes furent retournées en septembre 1944.

Quant aux Belges de Londres, ils ne seraient jamais, dans le camp allié, qu'une poignée, alors que deux divisions de volontaires wallons et flamands jalonneraient les milliers de kilomètres des toundras glacées du Front de l'Est. C'est un fait irréfutable.

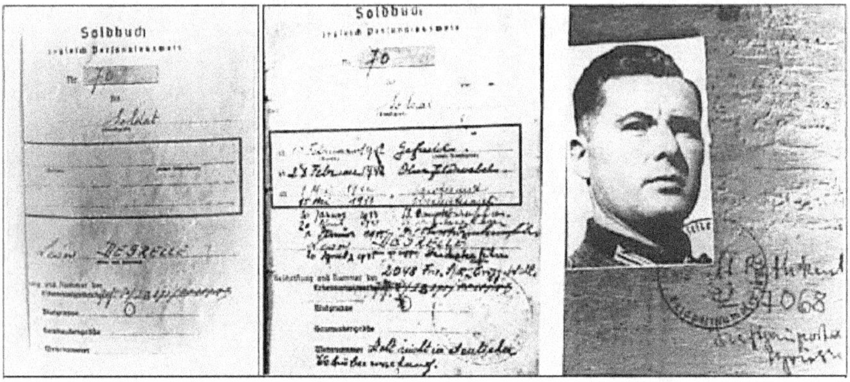

"Soldbuch" (livret militaire) de Léon Degrelle : parti au front de l'est comme simple soldat, sa bravoure au combat lui obtiendra rapidement ses galons : il terminera la guerre comme "Standartenführer-SS", c'est-à-dire Général.

Croyez-vous que moi-même, qui avais joui jusqu'alors du prestige coloré du jeune chef politique aimé par des foules enthousiastes, qui avais une maison où il faisait doux de vivre, qui connaissais la tendresse de cinq tout jeunes enfants, j'allais tout lâcher sans un soupir pour m'engager au loin comme simple soldat, me plaçant délibérément sur le même pied que les plus défavorisés de mes compagnons d'armes ?

Je n'avais même pas prévenu les Allemands de mon engagement. Lorsqu'il fut connu, Hitler me télégraphia me nommant officier. Je refusai, ne voulant pas être un officier d'opérette. Je déclarai tout net : « Je ne verrai Hitler que lorsqu'il me passera au cou le Collier de la Ritterkreuz ».

Finalement, un jour, il en serait ainsi. Mais longtemps, je serais simple troupier, peinant dans les bises hurlantes, affamé, gelé. Caporal, sergent, officier, je ne deviendrais, échelon par échelon, Commandeur de la Division Wallonie que pour "actes de valeur au combat" –soixante-quinze combats rapprochés–, ayant reçu sept blessures (médaille d'or des blessés)...

Avez-vous vu les Spaak, et autres hâbleurs de Londres en faire autant ?...

Le 3 mars 1942, le Rottenführer (caporal) Léon Degrelle est décoré de la Croix de Fer de Seconde Classe sur le Front de l'Est (Stepanovka) par le Général Sanne, commandant la 100e Division légère.

Spaak était presque aussi jeune que moi : pourquoi, au lieu de se farcir quatre années de vacances londoniennes, ne se mettait-il pas sac-au-dos face à Hitler ?... Et les autres ministres belges, aux gages de Winston Churchill ?... Un Vleeschouwer était jeune, un Marcel-Henri Jaspar aussi, époux d'une juive au surplus.

Également un Victor de Laveleye, trompetant à la radio ! Lesquels, parmi ces pachas planqués à Londres, s'engagèrent pour expulser Hitler de leur pays envahi ?...

Et les jeunes profiteurs qui étaient partis se coller au clan allié sur les rives de la Tamise ? Un Daniel Ryelandt avait mon âge. Il avait étudié à l'Université en même temps que moi. Il se tint peinard, canard, en Grande-Bretagne, pendant les "hostilités".

Il "gagna la guerre" en se faisant allouer après son retour à Bruxelles le poste munificent de Directeur-Général de l'Agence Belga !

Le "SS-Hauptsturmführer" (Capitaine) Léon Degrelle, Chevalier de la Croix de Fer, fait la "une" de 'Signal', la principale revue européenne nationale-socialiste.

Cas assez semblable avec Ugeux, le William Ugeux qui déjà jouait, au temps de nos études, au petit parvenu lorsque, à peu près seul alors dans son cas, il s'amenait au cours de Droit à Louvain en automobile !

En août 1940, il avait, dans Bruxelles occupé, essayé de faire reparaître, sous contrôle allemand, le journal 'Le Vingtième Siècle'. Il avait convoqué à cette fin dans ses bureaux ses futurs rédacteurs.

Malgré ses manœuvres d'embauchage, Ugeux avait échoué dans sa tentative collaborationniste, les Allemands prisant peu ce baragouineur médiocre, farci d'une sotte suffisance. Faute de collaboration, Ugeux avait, lui aussi, échoué à Londres. Il était gras, luisant. Il se garda bien de risquer de trop près sa graisse ! Il se fit, dit-il, parachuter deux fois, en quatre ans, sur un coin secret du territoire belge.

Y souffrirait-il une égratignure ? Pas question pour lui de se frotter jamais aux Allemands au corps à corps ! Il ne réapparut pour de bon, en Belgique dans les bagages des Alliés, qu'une fois l'occupation dûment finie, pour se faire allouer les fromages de circonstance.

Il s'aplatit, il rampa, toute sa vie durant pour réaliser sa grande ambition : devenir baron ! Comte même, si possible ! C'était sa marotte !

William Ugeux, prétentieux "leader étudiant" à Louvain, vu par 'L'Avant-Garde' (1925)

Il sua sang et eau pendant quarante ans jusqu'à ce qu'un monarque blasé veuille bien coller une couronne de farce sur sa grosse tête boudinée d'où émergent deux yeux ronds et glauques.

On l'a vu, un soir, à la télévision belge, commenter un film d'amateur, où plus de soixante-dix mille Rexistes manifestaient leur enthousiasme sous ma tribune, en Flandre, à Lombeek. Il était ahuri de voir que, chez nous, les rexistes flamands fraternisaient avec les rexistes wallons, que les drapeaux des uns et des autres flottaient unis, et que beaucoup d'auditeurs portaient des casquettes ! Des casquettes ! Alors quoi ! Il y avait aussi des ouvriers chez Degrelle ! Ugeux avait l'air de n'avoir même jamais entendu dire que dans le seul bastion ouvrier de Liège, REX avait eu deux sénateurs et trois députés, dont l'un, cinq semaines avant son élection, était encore un des principaux dirigeants de la jeunesse socialiste. Et que les trois assises fondamentales du Rexisme étaient, outre la paix religieuse, la paix linguistique dans le fédéralisme et la paix sociale dans la collaboration des classes réconciliées.

Mais, au moins, cet Ugeux eût pu faire une chose intelligente dans sa vie : à l'heure du péril, s'engager à Londres pour de bon comme soldat dans la mince brigade Piron qui cherchait désespérément des volontaires. Ugeux se garda bien d'offrir son suif précieux !

Les Belges ont eu tout juste, avec quarante ans de retard, au lieu d'un héros, un baron ! Pardon, un Comte ! Comte Ugeux ! Sonnez, fanfares !

Toute l'histoire de Londres fut un vaudeville de ce goût-là. Pas un seul de ces gros fuyards, trempés des sueurs de la frousse en 1940, n'offrit sa peau, entre 1940 et 1944, pour combattre en Belgique, les armes à la main, les Allemands. S'il y en avait eu un –un seul !– ne fût-ce qu'Ugeux, on l'eût présenté, en 1945, ruisselant de gloire ! On l'eût couvert de fleurs, et conservé dans un montoir en or massif !

Le Soldat inconnu est resté tout seul, au pied de la Colonne historique. Spaak est devenu Sir, Pierlot a été créé Comte, le survivant Ugeux se promène à Bruxelles avec une couronne sur l'occiput !

À cela s'est limitée la geste des héros invincibles du gouvernement belgo-londonien de 1940-1944 !

Que ces bonzes dorés aient passé toute la guerre à se prélasser confortablement à l'étranger vous parait-il normal ?

À ces escrocs de la victoire, les courbettes ?... À nous, qui avons offert nos vies sur le Front de l'Est pour rétablir le prestige européen de la Belgique et la sauver de l'impérialisme communiste, un mépris concentré ?...

Ça ne vous choque pas ?

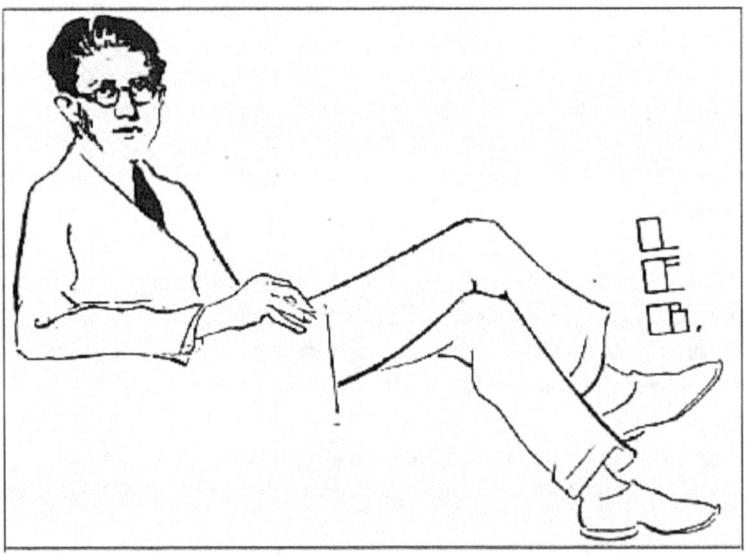

Toute sa vie, Ugeux (toujours croqué par Leb, pour 'L'Avant-Garde') fut un homme installé : étudiant à l'UCL, résistant à Londres ou comte à Bruxelles.

CHAPITRE XX

LES GAZ ET LES CAMPS

Les Belges du Front de l'Est partaient, rétorquera-t-on, pour "servir les boches" ?

Allons-donc !

D'abord, rien de ce qu'on a pu, souvent avec une imagination morbide, endosser aux "Boches" après 1945 n'avait encore été mis en avant, lors de notre départ pour le Front de l'Est à l'été de 1941.

Pas une ligne n'avait paru, où que ce fût, sur une quelconque "chambre à gaz". Les plus acharnés propagandistes antinazis d'aujourd'hui doivent reconnaître qu'en 1941, ils n'avaient pas la moindre idée de l'existence d'appareillages de cet ordre-là en Europe.

Encore aujourd'hui, des doutes nombreux, ou des dénégations catégoriques, sont émis par des spécialistes éminents, et particulièrement informés ; soit qu'il s'agisse d'un intellectuel de très haute classe comme le professeur de l'Université de Lyon Robert Faurisson et de l'école historique fort importante qui a repris ses thèses à travers le monde ; soit qu'il s'agisse du spécialiste des chambres à gaz aux États-Unis, M. Fred Leuchter qui, après des études minutieuses menées sur place, des examens précis et répétés, puis des vérifications scientifiques des matériaux emmenés pour analyse aux États-Unis, affirme aujourd'hui formellement, dans un volume très rigoureux de 192 pages, que jamais, une seule fois, une seule chambre à gaz homicide ait pu fonctionner dans un camp quelconque du Troisième Reich ; soit enfin, qu'il s'agisse du Président de la Chambre Nationale des Ingénieurs d'Autriche, M. Walter Lueftl, qui s'est récemment employé à démontrer en cent pages que de tels gazages étaient "techniquement impossibles" ('Le Soir' du 14 mars 1992).

Lorsque l'immense tapage monté après la guerre sur ce problème aura fini par s'apaiser, on verra ce que concluront les historiens,

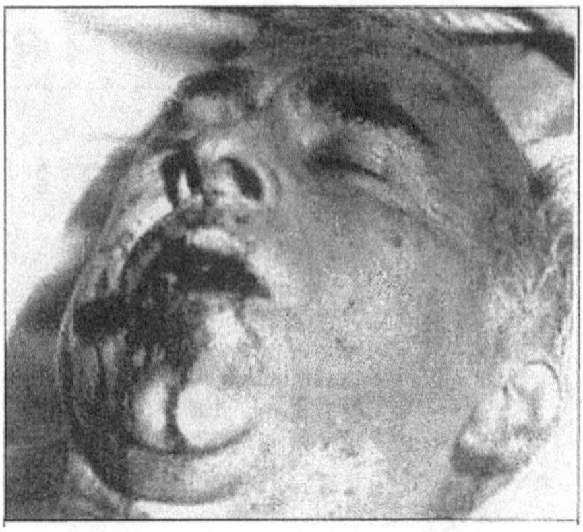

La seule réponse qui ait jamais pu être apportée aux arguments historiques et scientifiques du Professeur Faurisson concernant les prétendues chambres à gaz homicides allemandes fut, le 16 septembre 1989, l'agression sauvage d'un commando se réclamant de la "mémoire juive". Résultat : mâchoire fracturée et côtes brisées.

redevenus sérieux. De grandes surprises seront alors, sans doute, réservées aux accusateurs hâtifs, aux attrape-nigauds et aux menteurs cyniques de nos temps passionnés.

Entretemps, tout débat à ce sujet étant judiciairement interdit, chacun ne peut que se taire. Je le fais moi-même aujourd'hui, le bec cousu et la plume sèche, sans d'ailleurs en penser moins derrière les jupons omnipotents des magistrats brandissant leurs nouveaux codes.

Alors, quoi encore ? Les "camps de concentration" ?

Ils existèrent en Allemagne, c'est vrai.

Allergiques aux pseudo-religions, Hergé-Tintin l'eût très certainement été aussi à la religion du "Shoah-Business" qui est certes aujourd'hui celle qui rapporte le plus ! ('Tintin en Amérique').

Ils contenaient, au début de la guerre de 1939, quelques milliers d'internés, généralement des meneurs communistes irréductibles.

A la même époque, en France, il existait aussi des camps de concentration, beaucoup plus nombreux d'ailleurs, supervisés par le Général Gamelin en personne!

Dès le premier jour de septembre 1939, et même avant la fin d'août, la France y avait enfourné des milliers d'indésirables.

Quels indésirables ?...

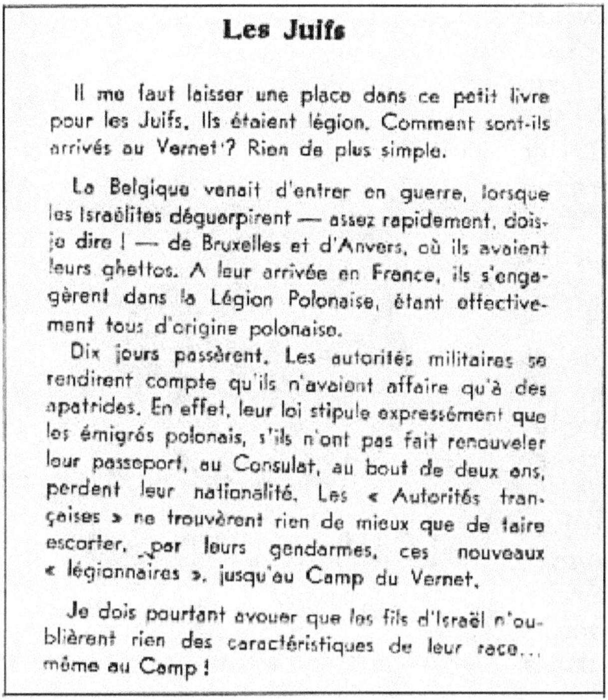

Les Juifs

Il me faut laisser une place dans ce petit livre pour les Juifs. Ils étaient légion. Comment sont-ils arrivés au Vernet ? Rien de plus simple.

La Belgique venait d'entrer en guerre, lorsque les Israélites déguerpirent — assez rapidement, dois-je dire ! — de Bruxelles et d'Anvers, où ils avaient leurs ghettos. A leur arrivée en France, ils s'engagèrent dans la Légion Polonaise, étant effectivement tous d'origine polonaise.

Dix jours passèrent. Les autorités militaires se rendirent compte qu'ils n'avaient affaire qu'à des apatrides. En effet, leur loi stipule expressément que les émigrés polonais, s'ils n'ont pas fait renouveler leur passeport, au Consulat, au bout de deux ans, perdent leur nationalité. Les « Autorités françaises » ne trouvèrent rien de mieux que de faire escorter, par leurs gendarmes, ces nouveaux « légionnaires », jusqu'au Camp du Vernet.

Je dois pourtant avouer que les fils d'Israël n'oublièrent rien des caractéristiques de leur race... même au Camp !

Les juifs au Camp du Vernet : témoignage d'un "compagnon" de captivité de 1940 (M. Bourgeois, 'L'Enfer du Camp du Vernet', 1941).

Tenez-vous fortement à la rampe. Ces "indésirables", c'était, avant tout, des milliers de Juifs qui, en 1937 et 1938, avaient fui l'Allemagne et, plus encore, la Pologne antisémite du Colonel Beek. Ces fugitifs croyaient avoir trouvé un asile sûr et libre dans la France de ces années-là. Or ils avaient été raflés en tant qu'apatrides par la police française aux premiers symptômes de la guerre. Tout cela non pas sous le Maréchal Pétain, mais sous le gouvernement de gauche issu des élections de 1936, gagnées par les communistes et socialistes réunis au sein du Front Populaire. On s'acharne à le cacher, mais le fait est indiscutable ; le gouvernement issu du Front Populaire fut, dès la fin d'août 1939, le premier à coffrer les Juifs ! Cruelle vérité, mais c'est la vérité !

Comment ?

Ce sont des juives et des juifs qui vont, eux-mêmes, vous l'expliquer.

L'essentiel à ce sujet a été révélé dans le livre 'Vivre à Gurs' (publié à Paris chez Maspéro), qu'a écrit un collectif d'internés juifs qui souffrirent affreusement dans ces camps de concentration, notamment Anna Schramm et Barbara Vormeier qui, à la fin de leur double récit, ont publié (pp. 301 à 312) le rapport terrible rédigé par huit réfugiés suisses (donc des sujets d'un pays neutre !) qui furent libérés du camp du Vernet grâce aux injonctions du Consulat Général Helvétique à

Toulouse presque aussitôt après l'Armistice. La "Liste provisoire des camps d'internements" est publiée intégralement à la page 291 de ce livre. Elle porte la date du 15 novembre 1939. Pas question donc, alors, de nous rabâcher des histoires d'un Vichy quelconque ! La liste ne comporte pas moins de 48 noms de camps de concentration du régime du Front Populaire, répartis en vingt régions. Ce tableau sinistre est complété, à la page suivante, par la "liste provisoire des camps d'internements français d'Outre-mer" ! D'Outre-mer ! Onze camps, depuis le Cameroun jusqu'à l'Océanie !

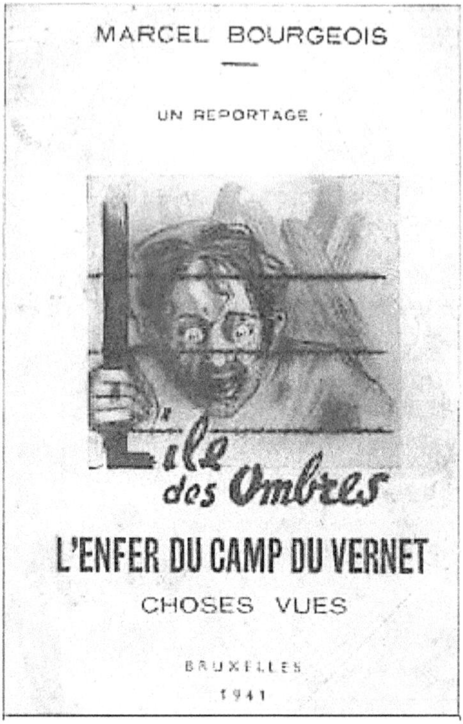

Des Belges aussi, simples réfugiés en France comme Hergé, connurent l'hospitalité du Camp du Vernet. Marcel Bourgeois témoigne : « C'est l'endroit où furent relégués tous ceux qui furent suspects à Marianne. Mais pourquoi était-on suspect ? Rien de plus élémentaire. La qualité de Belge suffisait. (...) Défendre notre Roi amenait immédiatement au Vernet. (...) Le monde n'en a gardé aucun souvenir, la miséricorde et la justice semblent les dédaigner (...). Moi, je parlerai. »

Dès le 12 novembre 1938, un décret avait mis en route le mécanisme : « Les centres seront désignés par décret, l'organisation sera établie par le Ministère de l'Intérieur et, s'il y a lieu, par le Ministère des Colonies ».

Avant même donc que la guerre de Pologne (1er septembre 1939) ne fit explosion, le ramassage de milliers de suspects –des Juifs en particulier– fut déclenché sur tout le territoire français : « Une semaine avant le début des hostilités, il y eut à Paris de nombreuses rafles et arrestations ('Vivre à Gurs' p. 245). Des émigrés furent tirés de leur lit, amenés à la préfecture de police où ils étaient gardés plusieurs jours, souvent aussi envoyés en prison et par la suite dans des camps, tout cela sans interrogatoire ni mandat d'arrêt. Ces arrestations eurent lieu sur la base du décret du 12 novembre 1938 » (Ibid., p. 286).

Lion Feuchtwänger

L'écrivain antifasciste Alfred Kantoriwicz précise comment étaient traités les détenus au centre de triage du stade olympique de Colombes : « Les rassemblés durent camper quelques semaines à la belle étoile avant d'être répartis dans différents camps (...) On leur laissait le choix entre s'engager dans la Légion Étrangère en Afrique pour une durée de cinq ans, ou bien, en cas de refus, être détenus dans un camp de concentration » (Ibid., p. 248).

Dès le 17 septembre 1939, le Ministère de l'Intérieur avait ordonné sèchement : « Les hommes seront rassemblés au camp du Vernet (Ariège) » Quant aux femmes, elles seraient internées à la Petite Roquette à Paris, ou au Camp de Rieucros (Corrèze). D'autres détenus avaient été « transférés de la prison de la Santé au Stade Roland-Garros qui fit en réalité office de prison car les véritables prisons étaient bondées. Parmi eux se trouvaient l'écrivain Friedrich Wolf, le journaliste Berthold Yacob, le sociologue Paul Frölich, l'écrivain antifasciste Gustav Regler, un grand nombre de collaborateurs de Willy Müzenberg » (Ibid., p. 289).

Les exilés les plus célèbres s'étaient fait incarcérer exactement comme la piétaille. Robert Liebknecht, le fils du grand dirigeant juif Karl Liebknecht, députe au Reichstag assassiné lors des émeutes de Berlin en 1919, avait été enfourné comme un vulgaire malfrat au camp de concentration de La Rode. L'écrivain israélite bien connu Lion Feutchtwänger, déjà âgé et qui avait été déchu par Hitler de la nationalité allemande, fut interné, lui aussi, dès le début de septembre 1939, au camp de concentration des Milles, près de Marseille. Il fallut des démarches pressantes, d'Angleterre, de Somerset Maugham, avant que Feuchtwanger fût relâché le 16 décembre 1939, après trois mois et demi d'incarcération. Pas pour longtemps, d'ailleurs, car en mai 1940, toujours sous le Parlement de Gauche, l'écrivain juif fut incarcéré une deuxième fois ! Et de quelle manière ! Des troupeaux de réfugiés juifs furent entassés au stade de Buffalo et au "Vel' d'Hiv'", ce fameux Vel' d'Hiv' dont on a voulu faire croire qu'il avait été utilisé en 1942, pour la première fois !

Les horreurs rapportées dans 'Vivre à Gurs' sont indiscutables... Des horreurs commises dans des camps de concentration ayant existé et fonctionné, en 1939 et 1940, sous la responsabilité du gouvernement issu bel et bien du Front Populaire, légal jusqu'en juin 1940.

Pétain ne serait, en réalité, que l'héritier bien involontaire des camps du Front Popu, attrapant sur le dos, bien malgré lui, le cadeau empoisonné des troupeaux d'Israélites apatrides incarcérés en 1939 par les anarchistes au pouvoir.

Voici notamment (p. 303) les précisions apportées par huit témoins suisses sur le sort qui attendait les Juifs amenés au Stade Roland-Garros par la police : « Le stade Roland-Garros, camp de triage, se composait de trois groupes de baraques ressemblant à de vastes granges au toit qui descendait très bas et laissait passer la pluie abondamment, en certains endroits comme par des gouttières. Les baraques étaient aérées principalement par une porte devant laquelle se tenaient quatre lieux d'aisance dont les effluves pénétraient partout. En cas d'alerte, et, quelle qu'en fût la durée, la porte de la baraque était fermée et verrouillée du dehors et les soldats couchés dans une tranchée braquaient sur cette porte leurs fusils. Un geste d'affolement et on se faisait descendre... »

Les camps de concentration du sud de la France ont d'abord servi à "accueillir" les réfugiés républicains espagnols : ici, construction des baraquements du camp d'Argelès-sur-Mer.

Quant au camp de concentration du Vernet (j'ai vécu moi-même dans ce bagne abritant de très nombreux Juifs !), voici, entre cent précisions, des détails sur la vie qu'il fallait subir au temps où indiscutablement existait encore le gouvernement issu des élections du Front Populaire :

« La nourriture est plus qu'insuffisante (les gardiens revendaient à l'extérieur, à leur profit, la moitié du ravitaillement !) Elle ne suffit même pas à calmer la première faim. Parfois, ce n'est qu'une demi-gamelle d'eau graisseuse où nagent des feuilles de choux. Beaucoup se servent de vieilles boites de conserve ramassées aux ordures. Beaucoup d'internes n'ont ni couverture ni pardessus pour se couvrir la nuit. Nous couchions dans des casiers, rangés par cinq comme des sardines en boîte. Qui n'a pas de paillasse renonce vite à la paille qui devient humide et infestée de vermine. Les nuits sont occupées par la chasse aux innombrables puces. Beaucoup de prisonniers attrapent des poux. Les mouches tourmentent le jour autant que les puces la nuit.
L'outillage pharmaceutique et médical est plus que dérisoire. Il y a pénurie en tout, même les seringues manquent souvent. L'hôpital est très sale. Il y a là beaucoup plus de monde que dans le reste du camp.
Pour des méfaits de tout genre, on est mis en prison, où l'on reste enfermé à quelques dizaines avec un seau pour les besoins. Beaucoup de gens ont été battus dans cette prison par les gardes, à coups de poings, à coups de crosse et même à coups de botte au visage. Il y a parmi eux des savants éminents, des physiciens, des chimistes, des spécialistes de tout ordre, qui croupissent lamentablement. »

Tout cela, répétons-le inlassablement, sous des gouvernements gauchistes sans que le Maréchal Pétain n'eût rien à voir dans ces lamentables enfournements !

Alors, qu'on ait un peu de décence, avant d'épiloguer, avec des trémolos, sur l'infortune des Juifs « emprisonnés par le gouvernement de Vichy » ! Ils l'ont été bien avant lui, dès la fin d'août 1939, par le régime soi-disant démocratique du Front Populaire en personne.

Pétain en a hérité, un an plus tard, dans les pires circonstances.

Les ministres français de l'Intérieur et de la Santé publique visitent leurs camps de concentration du sud de la France.

Prétendre autre chose est un pur mensonge, le plus souvent intéressé. Mais on tient délibérément à laisser les Français dans l'ignorance de ces ignominies. Seule, à notre connaissance, la journaliste Juliette Minces, a fait dans 'Le Monde' du 27 février 1971 une recension de ce livre 'Mourir à Gurs', narrant l'odyssée des Juifs en France avant que Pétain ne reprît en mains une France en morceaux :

> « Combien de jeunes, pouvait-on lire dans cet article, savent-ils qu'il y a eu, à partir de 1939, des camps de concentration en France, dont les directeurs et les gardiens étaient des Français ?
> Le simple fait d'être étranger, principalement allemand, autrichien, républicain espagnol, juif de Pologne ou d'ailleurs, pouvait donner lieu à un internement.
> Ce livre, qui apporte une information tout à fait inédite pour la grande majorité des Français est une contribution irremplaçable à l'Histoire. »

Une contribution irremplaçable qui ne remplaça rien, car on étouffa aussitôt partout la vérité. On se garda bien de jamais rappeler que ceux qui, en 1939 et jusqu'en juillet 1940, détenaient le pouvoir en France et ordonnaient des rafles sauvages des « Juifs de Pologne et d'ailleurs » étaient les élus du Front Populaire de 1936 !

Cette gauche, qu'un nez de Blumenstein un peu trop proéminent, dans les dessins de Hergé met en transes, s'est toujours jalousement gardée de révéler que ses prédécesseurs, avant même de déclarer la guerre de 1939, concentraient à tour de bras les apatrides, notamment les réfugiés juifs, dont, avec un peu de jugeote, ils auraient pu faire des alliés !

Sir Oswald Mosley, chef du "Blackshirt Movement", représentait un important mouvement fasciste en Grande-Bretagne. En 1934, il rassembla plus de 150 000 personnes pour ce meeting à Hyde Park.

Les Américains, en 1941, ne seraient pas moins expéditifs. Le jour même où le Mikado fit bombarder Pearl Harbor (7 décembre 1941), ils entraîneraient dans leurs camps de concentration de Californie 150 000 de leurs compatriotes, coupables d'être d'origine japonaise.

En 1940, la Grande-Bretagne en avait fait de même avec les disciples de Mosley.

Allemands, Français, Américains avaient d'ailleurs tous été devancés, et de longue date, en Afrique du Sud, lors de la Guerre des Boers (1899-1902) menée par les Anglais. Ceux-ci, appâtés par les mines d'or et les diamants, s'étaient précipités vers les richesses faciles du Transvaal. Écartant la concurrence, ils avaient aussitôt édifié les premiers camps de concentration de notre époque, et y avaient emprisonné les autochtones.

« Fermes brûlées, stocks détruits, femmes et enfants regroupés dans des camps de concentration où 25 000 d'entre eux périrent » : C'est ainsi que le Grand Dictionnaire encyclopédique Larousse résume la campagne triomphale en Afrique du Sud des héros de Sa Majesté, à la fin du XIXème siècle...

Qu'étaient ces Anglais-là, sinon les imitateurs de ceux qui avaient, aux États-Unis, massacré les Peaux-Rouges pour s'emparer, là aussi, de l'or –l'or qui pourrit, qui empoisonne !

Les Soviets, après 1917, battraient les records établis par les philanthropes britanniques. Hergé, dès 1929, en avait exposé l'atroce ampleur dans son 'Tintin au pays des Soviets'. Leurs camps de

Ce sont les Anglais qui inventèrent les camps de concentration pour parquer les Boers en Afrique du Sud : 26 370 femmes et enfants y périrent.

concentration, en trente ans, dévoreraient des dizaines de millions de victimes. Staline –l'allié très chéri de Roosevelt, à qui il devrait sa victoire de 1945– poussait imperturbablement la viande humaine dans le hachoir de ses goulags, comme s'il fabriquait du boudin tout pareil à ce gangster qui, dans 'Tintin en Amérique', essaie de réduire celui-ci en corned beef... On ne commença à s'indigner de ces goulags que bien après que Staline eut connu, en 1953, une agonie solitaire, dégringolant aux enfers où sa riche expérience lui permet depuis lors de charger à fond les fourneaux de Satan, son maître à penser.

Le moins que l'on puisse donc dire, c'est que tous ces tenanciers chevronnés des camps de concentration français, anglais, américains, soviétiques n'étaient guère désignés pour nous accuser, nous, jeunes garçons partant en idéalistes pour le Front de l'Est.

"La potence du Roi Edouard", dessin de Jean Weber dénonçant la barbarie anglaise dans les camps sud-africains ('L'Assiette au Beurre', 28 septembre 1901).

D'autant plus que de ces camps de concentration "boches", nous ignorions tout en 1941 !

De toute façon, lesdits "Boches" n'éprouvaient pas au Front de l'Est un besoin particulier de recourir à notre volontariat.

Nous ne partions pas pour eux mais, avant tout, pour notre pays, la Belgique, pour laquelle nous voulions, à force d'héroïsme, récupérer le droit de se faire écouter.

En un seul dessin, Hergé a su croquer l'aveuglement volontaire des Occidentaux sur l'URSS. Et cela durera jusqu'à l'écroulement du bloc soviétique… ('Tintin au pays des Soviets').

L'entretien de la misère populaire, levier de la propagande communiste : à l'image de Tintin, nombre de jeunes idéalistes européens ont concrétisé leur désir d'en découdre avec lui en s'engageant au Front de l'Est…

C'est pour vous, Belges, que nous allions offrir nos vies ! Pour vous, camouflés alors, sans soucis exagérés, derrière vos boîtes de conserves, attendant que la girouette de l'avenir tournât dans un sens ou dans l'autre, décidés à ne vous adapter que quand auraient disparu les risques !

Nous n'en voulons à personne. Nul n'oblige l'homme à être vaillant, mais, bon dieu ! Essayez de comprendre ! Notre peau, nous l'avons risquée, à des milliers, jour après jour, pendant des années. Seule existait pour nous la volonté d'assurer coûte que coûte le salut de notre peuple et, au-delà de lui, le salut de l'Europe-Unie !

Recto et verso d'une carte postale de recrutement à la fois pour la "SS Sturmbrigade Wallonie" et pour la "SS Flandern"

À l'été de 1941, au moment où les aigles nazies flottaient de Narvik à Sparte, et où trois mille panzers fonçaient, partout victorieux, à travers les immensités russes, qui, à part quinze, ou au tout grand maximum, vingt pour cent de la population, croyait que Hitler perdrait ? Les États-Unis étaient toujours neutres. Staline était acculé à l'est de Smolensk et au fond de l'Ukraine. Partout, par millions, les Soviétiques capitulaient.

Si Hitler l'avait emporté, comme tout alors le laissait prévoir, nous eussions été à même d'assurer à notre pays, dans une Europe charnelle, née du sacrifice, une place d'honneur, fruit de notre seule ténacité !

Nous eussions pu, évidemment, nous contenter de lire tranquillement les histoires de Tintin dans 'Le Soir', dit volé. Au contraire, nous avons tout joué, notre famille, nos biens, notre peau !

Pourquoi ? Sinon pour sauver nos patries menacées d'extinction !

Dans la longue série de victoires militaires et de défaites qu'ont connues nos aïeux, pourrait-on découvrir une geste aussi fantastique que celle qu'ont vécue, depuis les eaux sombres de la Finlande jusqu'aux pics altiers du Caucase, les milliers de jeunes volontaires flamands et wallons du Front de l'Est ?...

Cette geste, ils l'ont forgée, pendant quatre années horribles, au long de cinq mille kilomètres de front, dans les pires souffrances, par amour de leur pays, et de vous-mêmes, qui aujourd'hui me lisez, en hochant la tête dans vos fauteuils !

Tout au long de notre épopée au front russe, nous serions accompagnés par le souvenir des amis restés au pays lointain, contre leur gré souvent.

JAMIN
Paul

né le 11 août 1911, à Liège, domicilié à Ixelles, rue J.-B. Meunier, 44.

Rédacteur au SOIR ersatz.

Ne publie jamais d'articles. Se contente de découper les communiqués de BELGA-PRESS et de faire, sous la direction de son chef R. De Becker, de la propagande anti-belge.

Paul Jamin dénoncé, en même temps d'ailleurs que Hergé, à la vindicte publique dans la "Galerie des Traitres".

Certains n'avaient pas la santé que réclamait un tel effort. C'était le cas de Hergé.

Jam, l'Alidor d'aujourd'hui, était bon, lui, pour le conseil de révision. Mais tout bagarreur qu'il fût dans ses caricatures, il avait déjà, à trente ans, des petits airs confits et apaisants de confesseur retraité. Jamais il n'avait senti bouillir dans ses veines le sang impétueux d'un d'Artagnan. Se battre au crayon, c'était parfait. Mais à la baïonnette ou à la mitraillette, quelle horreur ! Cet ami très cher se sentait bien dans sa peau et ne voulait pas s'en débarrasser prématurément. Aussi, lorsque certains lui susurrèrent que partir pour le Front de l'Est aurait une certaine allure, il répliqua, cornélien : « Je n'ai aucune envie de me faire tuer, que ce soit pour le Roi de Prusse ou pour toute autre chose ! »

Devant tant d'assurance, il eût été indécent d'insister ! Le plus cocasse, c'est que notre brave Jam faillit bien être tué tout de même, lorsque les délégués de Moscou en Belgique et autres étripeurs de la "Résistance" assimilèrent à des déflagrations d'artillerie les joyeux traits de crayon dont il avait moucheté, fléché, lardé, certains derrières craintifs enfin triomphants !

Il fallait, de toute façon, que des camarades continuassent, au pays, à occuper le terrain, à protéger, contre des complications sans cesse croissantes, les intérêts nationaux. Ils étaient menacés par des comploteurs allemands ténébreux et ambitieux, et, plus encore, par des assassins, des communistes pour la plupart, agents sanglants du boulimisme des Soviets.

On entendait terroriser nos familles, notamment celles de nos soldats.

Mon frère Édouard lui-même, pacifique pharmacien bouillonnais, serait abattu de cinq balles dans le dos, à deux mètres de ses fillettes ! Pour nous faire souffrir ! Pour nous décourager ! Pour que certains de nous, après tant d'épreuves, laissassent tomber les bras !

Funérailles du pharmacien Edouard Degrelle, abattu par des "résistants" dans son officine à Bouillon.

Mille innocents seraient massacrés, en Belgique, de 1941 à 1944, pour donner un coup de main à Staline !

Victor Mathys

Ces crimes, les "résistants", d'extrême-gauche en général, les perpétraient presque sans courir de risques. La plupart des victimes n'étaient protégées par personne...

Tueries souvent horribles. Des scènes de boucherie. On retrouvait les gosses abattus contre une cloison, contre une table, la tête éclatée, dans des mares de sang.

Qu'à la fin, après qu'eurent été perpétrées des centaines de ces forfaits, certains parents ou amis, à bout d'indignation, aient tenté –à faible échelle– de faire face à ces abominations, qui aurait l'impudence de le leur reprocher ?

Pendant longtemps, la presse hypocritement bien-pensante se tut sur les horreurs commises alors contre nos familles, ne parlant jamais que des quelques représailles maladroites qui y répondirent sur le tard. Il a fallu, tout récemment, que soient évoqués à la télévision belge les attentats commis en 1944 dans un modeste patelin ardennais appelé Marcourt pour que parût dans la presse belge une protestation à vrai dire presque insolite. Un petit groupe de soldats allemands isolés, en retraite à la fin de l'Occupation y avait été massacré par des "résistants". Les tueurs s'étaient enfuis, aussitôt leur coup fait. Un "résistant" appelé Fernand Davant, honteux sur le tard du rôle qu'avait joué à l'époque son organisation extra-légale de faux soldats, interdite par la Convention internationale de La Haye, se décida à passer à des aveux publics. Où les fit-il paraître ?... C'est à peine croyable, mais c'est ainsi : ce résistant livra sa confession au journal le plus anti-nazi de Belgique, 'Le Soir' le prédécesseur et le successeur du fameux "Soir-volé", dans lequel Hergé avait publié, par centaines, ses merveilleux dessins entre 1940 et 1944 !

Voilà, dans sa rigoureuse vérité, la lettre du résistant Fernand Davant que publia 'Le Soir', le 11 mars 1992 :

> « J'ai suivi avec beaucoup d'émotion cet admirable reportage sur le passé de ce petit village ardennais, et je comprends la rancœur de ces malheureux villageois.
> Je la comprends d'autant mieux que, moi-même à l'époque, j'étais dans la Résistance. Oh ! Pas forcément un héros, mais j'étais bien jeune aussi. Et c'est vrai qu'à la réflexion, ces actes n'ont en aucun cas accéléré la fin de la guerre. Nous avons agi fort à la légère, sans nous soucier des conséquences atroces pour tant de nos compatriotes. Mais nous étions souvent jeunes et nos chefs qui étaient aussi nos aînés, auraient dû faire preuve de plus de discernement. (...)
> On nous demandait d'abattre des vieillards parfois, et aussi de toutes jeunes filles ou des jeunes gens auxquels on ne pouvait rien reprocher, uniquement parce qu'un membre de leur famille collaborait ou se trouvait au front russe.
> Parfois, il fallait bien le dire, on nous demandait même d'abattre des gens, sans raison bien précise, et un camarade, clandestin comme moi, soupçonnait lui aussi que si ces raisons étaient moins précises, c'est qu'en fait, elles étaient moins avouables.
> C'est pourquoi je regrette tous ces débordements et je m'en repens tellement devant la douleur ineffaçable de tant de malheureuses victimes. »

Aveux tardifs ! Mais aveux exemplaires.

Nos cœurs, dans les dangers du Front, participaient aux dangers que couraient au pays nos camarades.

Un Victor Mathys, noble comme un prince, qui me remplaça au pays pendant toute la guerre, risquait sa peau presque aussi dangereusement que nous au combat.

Un Paul Jamin, en ridiculisant joyeusement les farceurs londoniens à la Spaak et à la Pierlot, courait malgré tout des dangers, comme il eût le loisir de le voir après 1945, lorsque certains jouèrent avec sa vie pendant six années d'emprisonnement.

Même Hergé risquait de sérieux uppercuts à ironiser dans 'L'Etoile Mystérieuse' sur les cigares richement bagués des banquiers à la Blumenstein, et sur l'expédition américaine Peary, mise en déroute !

Connaissant la gentillesse de Hergé, la sachant souvent malmenée, je veillais de loin à ce que mon affection le soutint. En juillet 1942, je lui avais fait consacrer la première page de notre revue à grand tirage 'Voilà', qui avait remplacé le 'Pourquoi Pas ?' de jadis. Ce 10 juillet- là, les Belges avaient pu, sur toute la hauteur de la première page de la publication, admirer un Hergé réjoui, et un Tintin surpris, portant mon historique culotte de golf !

Pendant ce temps-là, à plusieurs milliers de kilomètres, mon vrai pantalon –celui de soldat– approchait du fleuve Kuban. C'était le mois où nous allions atteindre les frontières d'Asie après plus de mille kilomètres d'offensive menée jour et nuit depuis le Dniester jusqu'au Mont Elbrouz. Des semaines de soleil flamboyant et de conquêtes devenues prodigieuses ! Nous étions sûrs, après tant d'efforts et de sang, de saisir enfin la victoire définitive ! La victoire de l'Europe au combat !

Car toute l'Europe était là !

En deux ans de lutte au front, nous avions cessé, nous volontaires de vingt-huit pays européens, d'être un conglomérat de nations mesquines et rivales ! Nous étions devenus une confédération fraternelle, non seulement de guerriers vainqueurs, mais de soldats politiques, possédés tous par la même foi, nourris tous par la même doctrine.

Tous, nous croyions à la nécessité des patries européennes fortes et populaires, confédérant leurs ressources physiques et morales dans une action communautaire. Tous, nous avions balayé l'anarchie des troupeaux parlementaires irresponsables à la merci des incompétents et des corrupteurs. Seul un vrai chef, choisi directement par le peuple, assurerait la puissance d'une Europe maîtresse de l'ordre universel, grâce à l'harmonie de ses infinies ressources matérielles et spirituelles, rassemblées en une gerbe unique, capable, enfin, d'affronter à la fois un marxisme niveleur, alors déjà en pleine faillite, et un hyper-capitalisme multinational, fondamentalement égoïste, ne recherchant que des profits individuels aux dépens de la communauté.

Forts, dans nos unités puissantes, nous assurerions après la victoire l'unité du Continent, enfin structurée !

Tout spécialement, les combattants européens rassemblés au sein des Waffen SS allaient atteindre le million de volontaires. Hauts et fiers gaillards, formidables physiquement et moralement, ils étaient les vrais chevaliers de l'avenir. Six cent mille d'entre eux, c'est-à-dire la majorité, étaient des non-Allemands ! L'Europe nouvelle eût vraiment été européenne. Elle eût été l'Europe des héros, l'Europe de la grandeur dont avait pu rêver un De Gaulle, et non l'Europe des boutiquiers, l'Europe vulgaire de la consommation, l'Europe matérialiste dans laquelle le monde patauge encore, sans parvenir à rien, cinquante ans après.

Jamais sur la surface de la terre n'avait existé un tel rassemblement de volontaires, aussi merveilleusement préparés politiquement et militairement ! Trois fois plus forts que la Grande Armée de Napoléon !

Là encore, quel aveuglement n'égare pas le monde amolli d'aujourd'hui, incapable de reconnaître cette évidence ! Et ce courage ! Car quatre cent deux mille jeunes Waffen SS donnèrent leur vie, en héros lucides, pour l'Europe !

Quatre cent deux mille Chevaliers de l'Absolu, puissants comme le Chevalier de la mort de Dürer !

Quelle armée de volontaires rassembla jamais, à travers toute l'histoire du monde, un million de jeunes, tous volontaires, aussi héroïques dans le bonheur des armes qu'ils le seraient, après la défaite, dans l'adversité ?...

CINQUIÈME PARTIE

MALHEUR AUX VAINCUS

CHAPITRE XXI

QUI A GAGNÉ LA SECONDE GUERRE MONDIALE ?

C'est au début de 1943, à Stalingrad, qu'allait tourner la girouette du destin.

Dès alors, sept cent cinquante énormes chars américains Sherman étaient venus sauver in extremis les armées soviétiques sur le point de périr à la Volga.

Hitler eût pu balayer de la carte de l'Europe le Communisme au cours des mois particulièrement victorieux de 1942. Déjà, la Russie avait été coupée de plus de 75% de ses ressources agricoles et minières, conquises au cours de la première et gigantesque Blitzkrieg de 1941. L'URSS, en 1942, était, en outre, en train de perdre ses richesses pétrolières du Caucase. Elle ne serait plus qu'une proie facile à dépecer au cours de la troisième et dernière Blitzkrieg qui, en 1943, remontant du Don vers Moscou et vers le Grand Nord, liquiderait définitivement l'Empire des Soviets.

Hergé, le précurseur, eût définitivement triomphé ! Imaginez le succès qu'à cette heure-là de l'hallali eût emporté une nouvelle version de 'Tintin au pays des Soviets' !...

L'URSS, à l'été de 1942, était virtuellement perdue.

Il faudrait aux Alliés aveugles cinquante années interminables d'atermoiements pour s'apercevoir enfin, entre 1989 et 1991, que l'URSS n'était qu'un géant invertébré, incapable de mettre de l'ordre dans un régime d'irresponsables qui menait, depuis 1917, un peuple entier à sa destruction.

« L'URSS n'était qu'un géant invertébré, incapable de mettre de l'ordre dans un régime d'irresponsables qui menait, depuis 1917, un peuple entier à sa destruction. » Ce dont tout le monde sera obligé de recevoir l'évidence aveuglante à l'effondrement du Bloc soviétique était déjà parfaitement illustré par Hergé dans 'Tintin au Pays des Soviets'...

Depuis notre jeunesse, puis sur place au front, nous avions scruté les défaillances mortelles du système stalinien. Nous savions que l'heure approchait où nous aurions à accomplir la mission suprême d'accoupler à une Europe régénérée ces vieux peuples de l'Est, mortellement délaissés. Certes, au début, beaucoup d'Allemands avaient cru que ces populations avaient été totalement communisées. D'où certaines erreurs de 1941. Mais quelques mois de contacts nous avaient prouvé qu'à peine 3% des autochtones avaient été contaminés : ces braves gens aspiraient alors de tout leur être à la fin de cette tyrannie.

Les Soviets, en 1942, ne pouvaient que sombrer dans une faillite militaire clairement indiquée par quinze mois de défaites. Dès la fin de juillet 1942, leurs deux dernières armées du Sud faisaient retraite, en un énorme désordre, à l'Est du Don, vers Stalingrad. Elles étaient à la merci d'un ultime encerclement.

Si le Général Paulus n'avait pas été un pion bureaucratique sans caractère, le knock-out eût été conclu dès la mi-août 1942. Ce pleutre, toujours indécis, fit basculer la victoire finale au moment même où l'affaire était virtuellement dans le sac. Réduits à eux-mêmes, jamais les Soviets n'eussent pu l'emporter. Leurs chefs étaient des primaires balourds. Ils firent périr dix fois plus de soldats que les nécessités des batailles ne l'exigeaient. C'était un spectacle affreux de voir arriver, en troupeaux énormes et hébétés, ces divisions désordonnées, sans moyens de transport propres, sans radios pour coordonner leurs assauts. Ce n'étaient plus des combats. C'étaient des massacres.

Seul l'effort, aussi gigantesque qu'insensé que fit le Président américain Roosevelt, admirateur aveugle de Staline, sauva les Soviets : quatre cent quatre-vingt-dix mille camions –soixante-dix mille de plus que Roosevelt n'en fournirait à tous les fronts alliés de 1941 à 1945 !– des dizaines de milliers d'avions et de chars, des usines entières clefs en main, des milliards de kilos de fournitures les plus diverses, tout, absolument tout fut offert, sans limites, par le Président américain au tyran soviétique, embarbouillé pourtant depuis vingt-cinq ans dans les marécages de sang de ses millions de victimes !

« Exterminations des prisonniers, fusillades massives, consomption dans les goulags glacés » : qui pouvait nourrir la moindre illusion sur la nature du régime stalinien après la découverte des fosses communes de Smolensk ou de Katyn ? (dessin de Jam dans la 'Brüsseler Zeitung' du 15 avril 1943).

Par la suite, pendant les cinquante ans de la "Guerre froide", les États-Unis dépenseraient des centaines de milliards de dollars pour réparer la gaffe de Roosevelt ! Mais à cause de ce belliciste sardonique, quatre cent millions de pauvres manants de Russie et d'Europe Centrale auraient à supporter, au long de près d'un demi-siècle, le plus effroyable des calvaires, tel que, dès 1929, Hergé l'avait laissé prévoir dans 'Tintin au pays des Soviets' : l'extermination des prisonniers, les fusillades

Après tant d'années d'oppression, pouvoir enfin déboulonner l'odieuse ferblanterie marxiste, léniniste, stalinienne...

massives, la consomption dans les goulags glacés. Puis, après la guerre, l'écrasement de Budapest et de Prague par les chars du K.G.B. ! Le sang de ces millions de victimes rejaillit sur Roosevelt ! À cause de lui, l'Europe de l'Est, mise à l'encan, a souffert un martyre de cinquante années. Même alors qu'elle n'en pouvait plus, ni l'Occident démocratique, ni les États-Unis, pétant de richesse et de puissance, ne feraient un geste pour la soulager.

Ce seraient les peuples de l'Europe de l'Est, et eux seuls, qui, à bout d'exaspération, à partir de 1989, feraient explosion, successivement, à Varsovie, à Budapest, à Prague, à Berlin, à Bucarest, à Sofia, à Moscou enfin, et se libéreraient eux-mêmes !

En 1943, certes, les Européens de l'Occident, envahis par le Reich de Hitler, pouvaient ressentir des inquiétudes. Cette Europe dont on sentait qu'elle naissait, comment se constituerait-elle ? Comment en seraient respectées les caractéristiques nationales ?... Beaucoup étaient rongés de doutes.

Il existait pourtant, parmi les élites de vingt pays européens, une grande espérance : les Allemands, à partir de juillet 1941, n'étaient plus seuls à pouvoir décider. Des centaines de milliers de jeunes combattants non allemands étaient en train de conquérir, au Front de l'Est, le droit de parler. Et celui de se faire respecter. Seul l'appui accordé aux Soviets de 1942 à 1945 par le gang rooseveltien a permis à un sauvage au génie élémentaire comme Staline de s'assurer, pour un demi-siècle, la domination d'un Empire Rouge plus vaste à lui seul et plus peuplé que tout ce qu'avaient pu, en deux mille ans, imaginer les premiers bâtisseurs de l'Europe.

Route libre à Staline pour parvenir à quoi ? A d'épouvantables génocides, au chaos, à vingt peuples ruinés, économiquement trucidés ! On l'a vu ! Brillante affaire ! Et qui sait si jamais ces dégâts pourront être réparés ?...

Après 1989, on a culbuté, à travers les Russies et leurs fiefs européens, les statues géantes de Staline qui encombraient les places publiques. Quand jettera-t-on à bas, aux États-Unis, les souvenirs de Roosevelt, sans lequel Staline en Europe, n'eût jamais pu résister ? Et moins encore eût pu engloutir, en 1945, cent millions d'habitants de l'Est du Continent ?... Roosevelt, l'Histoire le dit aujourd'hui déjà, fut pour les Soviets le Père La Victoire, comme en France, Clémenceau l'avait été à la fin de la Première Guerre Mondiale, en 1918.

L'Europe nouvelle en gestation mettrait trois ans pour être abattue. De Stalingrad jusqu'à Berlin, la retraite des armées européennes – allemandes et non allemandes !– se poursuivrait fantastiquement pendant mille jours !

Mille jours !

En 1940, il avait suffi à Hitler de trois jours, à Sedan, pour liquider la France. Si les armées du Front de l'Est n'avaient pas supporté, avec un héroïsme presque inimaginable, pas à pas, mort par mort, cette retraite d'une ténacité fabuleuse, Staline fût arrivé à Paris bien avant De Gaulle et les Yankees ! L'Occident entier eût sombré dans le stalinisme en 1943 ou en 1944 au plus tard : il eût connu, comme les Polonais, les Tchèques, les Hongrois, les Roumains, les Bulgares, cinquante années d'écrasement absolu ! On aurait planté des statues géantes de Staline à Bordeaux, à Lyon, à Carcassonne ! Et à Séville !

C'est ce sort que ceux qui nous insultent stupidement aujourd'hui eussent connu si, un seul jour, avait failli la résistance épique que nous menâmes mille jours et mille nuits, de la Volga au Don, du Dniepper au Danube, de la Vistule à la Sprée !

Roosevelt –tel sera le verdict de l'avenir– ouvrit à Staline les portes de l'Europe de part en part. Seule la lutte inouïe des combattants du Front de l'Est put en bloquer les accès, in extremis, entre Lübeck et Venise.

Des années après la catastrophe, les mêmes Allemands et les mêmes Japonais qui, en 1945, avaient paru broyés à jamais, reconstituèrent de toutes pièces, avec une énergie exemplaire, les deux grands pôles de vie que sont l'Europe et l'Asie.

Quant aux démocraties tapageuses et vantardes d'après 1945, on eut cinquante ans pour les observer : elles n'ont été absolument pour rien dans la culbute des Soviets en 1989. Elles furent, elles, tout juste capables, en 1944 et en 1945, de se livrer sur leur propre sol, sous prétexte de "résistance", aux pires exactions et atrocités.

Alors oui, au bout de quatre années d'attente, souvent sans risques, lorsqu'ils furent bien sûrs que tout danger avait disparu, les incapables de 1940 se vengèrent !

Hergé, et des centaines de milliers de braves gens, en France comme en Belgique, apprirent alors ce que signifiait "l'intolérance aveugle" !

Je voudrais maintenant que le public, trompé cent fois, fasse un effort pour essayer d'assimiler sur le tard la vérité que, pendant un demi-siècle, on lui a tue.

« Après le Bosphore et les Balkans, nous avons la Finlande sautée champignons, l'Europe sauce tartare », dessin de Jam ('Brüsseler Zeitung', 5 septembre 1943).

CHAPITRE XXII

LA BELGIQUE À LA SAUCE HITLER

Pendant l'Occupation, au temps où Tintin découvrait pittoresquement aux lecteurs du 'Soir' les secrets de 'L'Etoile Mystérieuse', les Belges avaient-ils été spécialement maltraités ?... Ou les Français ?... Ils n'étaient pas, c'est certain, entrés avec Hitler dans un paradis à la Mahomet, se délassant entre les mets les plus savoureux et se rinçant l'œil au spectacle de corps ondoyants d'odalisques callipyges ! À la réalité, un Tintin excursionnant avec Milou dans l'Europe occupée eût difficilement pu, en 1944, décrire un spectacle aguichant !

Tout n'était pas merveilleux, c'était évident, malgré les mirifiques chapeaux à fleurs exhibés par des Bruxelloises huppées aux Concours Hippiques ! Certes on mangeait de la dinde dans quelques restaurants semi-clandestins ; on trafiquait, de-ci, de-là, des jambons ardennais, gros et luisants comme le nez du banquier Blumenstein. Mais ce n'était pas le cas pour la plupart des "occupés". Le Belge moyen, mâche-dru au naturel, sentait fondre sa ligne. Les pommes de terre frites sont, normalement, des cierges allumés en buissons, chaque jour, à l'autel sacré de ses ripailles. Il entend manger à sa guise et non croustiller, se déboutonner largement à l'heure du pousse-café.

Ce n'était plus exactement le cas.

Pour obtenir quatre carottes, il fallait présenter une liasse de tickets, Tintin devait pédaler jusqu'à des villages lointains s'il voulait se payer une tranche de cramique. Dénicher un poulet pas trop maigrichon, c'était gagner le gros lot !

Toutefois, si, dans l'ensemble, le contribuable français ou belge gérait prudemment ses rations, il tenait le coup.

Hergé pouvait même, sans scandaliser personne, décrire dans ses albums, tout naturellement, le menu de Tintin à son petit-déjeuner : café

Dans ce dessin des '7 Boules de Cristal' publié dans 'Le Soir', au plus noir de la guerre (août 1944), Hergé ne choquait nullement en dessinant la table du petit-déjeuner de Tintin : théière, pot de lait, sucrier, œuf à la coque, porte-toasts attendant leurs tranches de pain, confiturier et plat de fruits (raisins, pommes, poires).

au lait, toasts, confiture, œufs à la coque et fruits. Dans son 'Mourir debout' le futur ministre communiste Demany se maintenait en forme au petit matin en s'envoyant le même petit en-cas.

Un certain nombre "d'occupés" avaient perdu quelques kilos, mais le Belge en a presque toujours dix ou quinze en réserve !

Aujourd'hui les médecins vous soutirent des milliers de francs pour éliminer les boudins graisseux qui festonnent de nobles corpulences : Hitler, en Belgique et en France, en 1944, le faisait gratuitement !

Les Allemands réclamaient aux pays occupés de la main d'œuvre ? Au début, immédiatement après la débâcle de 1940, les Belges étaient partis d'eux-mêmes empocher de gros salaires dans le Reich.

Il ne s'était pas agi de quelques travailleurs mais de plus de cent mille travailleurs, dans la seule Belgique, tous bel et bien volontaires ! Les statistiques sont là. On ne les montre plus jamais, mais elles existent toujours, longues comme des pèlerinages. En France, il en était de même. Le futur chef du parti communiste français, un bravache balourd nommé Marchais, était parti tout guilleret boulonner confortablement à la fabrique allemande d'avions de guerre de M. Messerschmidt.

Après, l'enthousiasme avait baissé car les Alliés avaient commencé à bombarder l'Allemagne. Partout les maisons sautaient. Il avait fallu aller se loger dans des baraques, collées aux usines mêmes, et donc

Prisonniers français au travail dans une usine allemande.

particulièrement visées par les bombardiers de Churchill et des États-Unis.

La guerre s'aggravant, les ouvriers du Reich avaient été mobilisés en masse. Ils partaient vers Leningrad ou vers Maïkop : le ministre allemand Sauckel, un excellent homme, père de onze enfants, avait dû ordonner des réquisitions de main-d'œuvre un peu partout à l'étranger.

D'où la naissance des premiers maquis.

D'où, aussi, des trains où les "requis" devaient s'empiler par certaines.

Les prisonniers et les travailleurs requis étaient également occupés à la ferme.

Souvent d'ailleurs, les wagons se vidaient avant d'atteindre la frontière allemande. Un jour, l'un de ces transports était arrivé à Aix-la-Chapelle en n'amenant plus avec lui qu'un seul réquisitionné, très sûr de ne pas aller plus loin ! En effet, il était cul-de-jatte !

Ces racolages d'ouvriers belges ou français, ou hollandais, ou serbes, emmenés contre leur gré vers les usines du Reich indignaient l'opinion. Celle-ci se colérait. C'était normal.

Mais, enfin, qu'étaient ces envois de travailleurs réquisitionnés à côté de ceux de centaines de milliers de Flamands et de Wallons qu'au début

« Les Allemands étaient repartis, entassés souvent sur les attelages les plus hétéroclites... »

du siècle précédent, Napoléon avait expédiés, sans trop d'états d'âme, non pas vers des usines, mais, tout crûment, vers ses sanglants champs de bataille de Wagram, de la Bérézina, de l'Extramadure ou de l'Illyrie !

Ne voyez-vous pas, cependant, des troupeaux de Belges, béats, confits, aller à Paris, chaque année, se prosterner devant le tombeau du même Napoléon, aux Invalides ?...

Plus de cinquante mille Belges, enrégimentés de la sorte contre leur gré, avaient laissé leurs os au Tage ou au Danube, au siècle précédent, pour la gloire d'un Bonaparte ! Cinquante et un mille ! C'est-à-dire autant qu'il tomba de Belges pour leur patrie au long des quatre années de la Première Guerre Mondiale 1914-1918 !

Napoléon n'avait pas regardé aux frais ! Il faisait l'Europe à sa manière. Mais ses futurs sujets avaient, pendant quinze ans, payé le prix fort.

Des fonctionnaires allemands coiffaient, entre 1940 et 1944, les populations occupées ?... D'accord aussi ! Mais il s'agissait de superviseurs militaires, sans plus. Hitler ne s'était jamais cru autorisé à installer des émissaires de la Wehrmacht aux postes d'orientation de l'opinion.

Qu'était-ce à côté des intrusions multilatérales de Napoléon, coiffant, notamment, tous les diocèses de Belgique d'évêques de nationalité française ! Tous ces prélats impériaux nommés à Malines, à Gand, à Bruges, à Liège, à Namur, à Tournai, étaient, sans aucune exception, aussi bien en Flandre qu'en Wallonie, des ecclésiastiques de nationalité française, ignorant la langue de la majorité des habitants, les Flamands !

Soldats allemands en retraite en 1945, massacrés par des résistants à Court-Saint-Etienne.

Le cardinal-primat de Malines lui-même était citoyen français, Monseigneur de Prat, espion insigne au surplus, qui mouchardait vilainement son clergé près de la Gestapo impériale de cette époque !

Vous imaginez les cris des Belges si Hitler avait installé sur le siège archi-épiscopal de Malines un Cardinal prussien ? Ou le Cardinal Innitzer, amené de Vienne ?... Ou un policier pieusement ensoutané ?...

Les Belges qui, à travers toute leur Histoire, ont été occupés par tout le monde, n'ont jamais aimé leurs occupants.

Les Allemands qui y imposaient provisoirement leur autorité n'étaient que quelques centaines. Quelques centaines de trop aux yeux des occupés. Des vieux pépères, souvent. À la fin d'août 1944, ils avaient détalé de Bruxelles sans trop faire de vent.

Des héros belges impavides, une fois le danger disparu, avaient liquidé, sans trop de cérémonies, les derniers retardataires. L'un d'entre eux, qui avait tenu à retourner chez lui rasé de frais, avait eu le cou tranché par le barbier. Près de La Roche-sur-Ourthe, à Rendeux-Haut, des blessés allemands du Front de l'Ouest avaient vu leur infortune promptement éliminée en se faisant assassiner.

Mais, dans l'ensemble, le décrochage s'était effectué sans bagarres exagérées. On s'était à peine aperçu que les Allemands étaient repartis, entassés, souvent, sur les attelages les plus hétéroclites.

Les Belges, au cours des hostilités, de 1940 à 1944, avaient-ils été particulièrement belliqueux ?...

Pas spécialement !

Il faut le dire en toute loyauté : à la fin de mai 1940, plus de 80% avaient été collaborationnistes. Les plus acharnés des anti-Allemands le reconnaissent. On cousinait presque. Avec le temps, le climat s'était gâté. On s'était mis à arrêter des trafiquants trop dynamiques et certains curés trop éloquents. Puis ce fut l'apparition de ceux que l'on commença à appeler des "résistants".

Étaient-ils nombreux? En tout cas, ils n'étaient pas très effervescents, tuant plus facilement en Belgique des Belges que des Allemands.

Avaient-ils couru en masse à Londres, où les conviaient assez cyniquement les Spaak et les Pierlot ?

Pour aller soutenir à Londres l'effort de guerre des Alliés, ces "résistants" ne seraient qu'une poignée. Il ne s'en trouva qu'à peu près 2100 pour s'engager dans la maigre Brigade, dite Piron, qui, au nom de la Belgique de Londres, s'opposa, sans grand feu d'artifice, aux Allemands sur les champs de bataille de l'Ouest. Elle ne débarqua en France qu'un gros mois après tout le monde !

Quant aux "résistants" de l'intérieur, on estimait, au printemps de 1944, qu'il y en avait environ neuf mille pour toute la Belgique. Aussitôt après la guerre, ils deviendraient quarante ou cinquante fois plus nombreux, tous des Vercingétorix et des Bayard, se multipliant comme des asticots. On les a, depuis lors, tapissés de décorations. Environ un million de médailles. Ils se rassemblent encore de temps en temps, dans des "chochetés". Avec un drapeau, des torches, des tartines, ça fait héroïque !

Il faut certes, saluer bien bas ceux qui, vraiment, dans ces temps hasardeux, furent des braves. Certains se firent fusiller. Ils firent honneur à leur pays. Mais là non plus, il n'y eut pas de bousculade. Combien furent-ils ? Un pour cent ? Ou moins ? Beaucoup moins ?... Qu'était-ce à côté des cinquante et un mille héros qui, entre 1914 et 1918, étaient tombés glorieusement pour défendre la Belgique !...

Normalement, on eût pu penser que ce peuple belge, qui avait louvoyé si longtemps, et qui, vers la fin seulement, s'était mis à ruer dans les brancards à petits coups de pattes presque symboliques n'exagérerait pas à l'heure de la liberté retrouvée. Il n'en fut pas du tout ainsi. Ce n'est ni de la bière ni du vin, ni du champagne qui coulerait à flots après septembre 1944, ce serait du sang, le sang de centaines d'assassinés, et les larmes de quelques cent mille familles d'incarcérés. Les foules sont cruelles et lâches. Mais on pouvait difficilement imaginer que, dès la disparition de la Wehrmacht, un tel fleuve d'horreurs allait se déverser sur la Belgique. Il est vain de le nier. Ce fut infect. Partout on se jeta sauvagement sur quiconque était sensé avoir eu une accointance, si ténue fût-elle, avec l'occupant.

Généralement, d'ailleurs, on se contenterait d'assouvir des rancœurs commerciales, des rivalités de voisinage, ou des jalousies dues à des histoires de jupons.

Sous n'importe quel prétexte, on dénoncerait alors n'importe qui : 682 814 dossiers judiciaires seraient ouverts ! Oui, 682 814 dossiers !

C'est-à-dire qu'on allait souiller, déshonorer, en quelques semaines, le tiers des familles à travers la Belgique !

Le doux Hergé avait été ramassé dans le tas.

Charleroi, septembre 1944 : des "collaboratrices" sont tondues et humiliées par des "résistants".

CHAPITRE XXIII

HERGÉ SOUS LES VERROUS

C'est dans cette atmosphère de haine, de vengeance et de salauderie que Hergé, le père de notre cher Tintin, se fit arrêter le 3 septembre 1944.

Parlant de cette "Libération", le Ministre d'État Devèze, déclarerait, plus tard, sarcastique : « Vingt mille Belges super-patriotes, rentrés de Londres, se heurtèrent à huit millions de suspects dont quatre millions au moins étaient coupables ! »

Pour des centaines de milliers de ceux-ci et de celles-ci, le compte était bon : la prostituée qu'avait honoré, un soir de vague à l'âme, un occupant esseulé, la serveuse ignare qui avait nettoyé quatre gamelles à une quelconque popote de la Wehrmacht, la petite paysanne qui avait vendu en fraude un canard à un rexiste, devenaient instantanément des ennemis redoutables de la nation. Les autorités revenues de Grande-Bretagne encourageaient elles-mêmes très vivement au mouchardage : le ministre de l'Intérieur du Bus de Warnaffe, un bouffon bouffi dit Gugus de Warnaffe, demanda, par voie d'affiche, que nul Belge ne manquât à son devoir sacré de dénonciateur ! Des policiers s'improvisèrent par milliers. Résistants d'après le coup, ils jaillissaient de partout comme des moustiques ; ils sautaient sur n'importe qui, torturaient, violaient, assassinaient. On incarcérait n'importe qui, pour n'importe quoi. En un seul jour, le créateur de Tintin, Hergé serait arrêté successivement par quatre bandes différentes !

Dans mon ouvrage 'Lettres à mon Cardinal', –interdit aussitôt en Belgique, bien sûr !–, j'ai publié tout un dossier sur ces horreurs. J'ai cité les noms, les patelins, les victimes, les bourreaux. Des milliers d'exemplaires de mon livre ont circulé à travers la Belgique. Gil, l'extravagant Georges Gilsoul, le propagandiste motorisé qui eût refilé l'œuvre du Marquis de Sade à Dieu le Père, en vendit à lui seul neuf cents.

L'épuration n'est pas achevée

Vous pouvez apporter votre appui à l'œuvre de la justice

Dès les premières heures de la libération, la police et les organismes de résistance ont entrepris le travail urgent de l'épuration. La chasse aux traîtres, aux collaborateurs et aux suspects connus dans nos villes et nos communes s'est poursuivie avec un zèle si grand que des erreurs ont été commises. Elles étaient faibles et ne sont du reste pas si nombreuses qu'on pourrait le craindre.

Mais chaque jour on signale d'autres arrestations à opérer. Tel individu ravitaillé par la colonne allemande, tel autre qui avait ses petites et grandes entrées à la Kommandantur sont encore en liberté. Malheureusement, ces dénonciations, outre qu'elles sont fréquemment anonymes, manquent de précisions.

Est-il besoin de dire que tout bon citoyen a le devoir de prendre ses responsabilités et d'indiquer lui-même, à la police ou à la gendarmerie, les raisons qu'il a de soupçonner ces indésirables ?

Qu'il y en ait encore en notre ville et ailleurs, on n'en peut pas douter. Tous les collaborateurs, tous les agents boches ou pro-boches ne se sont pas empressés de fuir comme des chiens galeux le pays libéré. Ils s'en sont bien gardés ! [illegible] encore les mercenaires ou les [illegible] noires. On comprend que les suppôts de la feldgendarmerie ou nos échevins rexistes n'aient pas osé affronter la colère du peuple et les foudres de la Justice. Ceux qui se sont cachés ne portent pas généralement des noms connus du public. Ils se dissimulent sous de fausses identités et portent ostensiblement des couleurs belges ou alliées à leur boutonnière. Il en est certainement qui se promènent le brassard des partisans au bras.

Ce sont ceux-là, des agents de la Cinquième Colonne, qu'il faut repérer, traquer impitoyablement et livrer aux autorités. Il y va non seulement de l'intérêt des opérations militaires mais de notre propre sécurité.

On nous dira : c'est le rôle des policiers, des gendarmes et de la Sûreté belge. Sans aucun doute. Mais si quelque heureux hasard nous permet de dévoiler leur jeu, de percer à jour leurs basses manœuvres, il est de notre devoir le plus sacré, le plus pressant, de ne pas hésiter une minute, d'abandonner nos occupations et de courir au poste de police le plus proche pour l'avertir avec le maximum de renseignements recueillis.

Si nos soupçons tombent à faux, les enquêteurs mis sur la piste ne tarderont pas à découvrir leur inanité, mais le danger est trop réel pour que tout Belge n'apporte pas, lorsque l'occasion s'en présente, son aide complète pour l'écarter.

Si des espions à la solde des boches se cachent chez nous, notre haine de la faune hitlérienne doit être agissante et nos efforts doivent être conjugués pour que leur clique immonde soit traquée et capturée à bref délai.

Appel à la délation dans la "Presse verviétoise" (21 septembre 1944)

Le communiste Demany à tête de petit oriental fouinard, que Pierlot, après son retour de Londres, avait installé comme ministre dans son gouvernement, osa écrire ces lignes, dignes des pires sadiques du Guépéou : « Nous fûmes en proie à une haine intégrale. Toutes les ruses, tous les moyens étaient permis. Quelque chose de formidable nous bouleversait et même, avouons-le, une inextinguible soif de sang. Cette haine animait chacune de nos actions. »

Et quelles actions !

Pour contourner l'interdiction de diffusion des livres de Léon Degrelle, le fidèle Georges Gilsoul, ancien légionnaire de 1944, fut d'une aide précieuse pour approvisionner à travers toute l'Europe (à bord d'une Vespa !) les librairies acceptant les ouvrages de son ancien "Commandeur"...

Je ne vais vous en citer que quelques-unes. Si, après m'avoir lu, vous n'êtes pas suffisamment édifié, essayez de retrouver chez un bouquiniste un exemplaire de mes 'Lettres à mon Cardinal'. Tout y est.

Voici, à titre indicatif, le témoignage d'un magistrat belge, le seul qui se soit risqué à de telles révélations, le Substitut Rouch. Avec cinq ans de retard, cet homme de loi a eu le courage –tardif, mais il l'a eu !– de vider son sac dans 'La Libre Belgique' du 10 mai 1950. Rouch rapporte ce qui s'est passé dans la grosse localité de Wasmes, tel que son enquête officielle l'a établi :

« Une section intitulée 'Service judiciaire' fut créée, s'arrogeant le droit d'arrêter, détenir et interroger des personnes. D'après les nombreux témoignages, il est acquis que hommes et femmes furent maltraités, battus sur une table et brûlés, tandis qu'un pick-up tonitruait toute la journée, sans toujours parvenir à couvrir les cris des victimes.

Paul Colman en faveur de qui intervint un non-lieu, fut dépouillé de ses vêtements, lié sur une table et matraqué. Tombé sur le sol, il y reçut de sauvages coups de pied.

Simon Koriankoff, acquitté par le Conseil de Guerre, avait également subi des "interrogatoires renforcés" : lié sur une table, il eut le poignet gauche brisé, et fut brûlé aux jambes au moyen de poudre à cartouches.

Rose de Moustiers, épouse F. Liénard, fut arrêtée le 26 septembre 1944, alors qu'elle était sur le point d'être mère. En présence de plusieurs détenus et commandants des Patriotes Armés, elle fut frappée à coups de poing, matraquée, puis subit le même traitement, liée sur une table. Après qu'un sac lui eut été passé sur la tête et le haut du corps, la malheureuse fut abandonnée dans les couloirs où elle mourut peu après.

Armand Favaux, qui ne fut pas inquiété par l'auditorat militaire, subit les sévices en l'absence de témoins. De la cave où ils étaient enfermés, d'autres détenus entendirent des cris perçant la musique, puis le bruit d'un corps tombant lourdement sur le sol. La nuit suivante, alors que Favaux, ensanglanté, gisait sur une couchette, les Résistants Armés se livrèrent sur lui à des brutalités sans nom. Au petit matin, il rendait le dernier soupir. »

Conclusion scandalisée du Colonel Lovinfosse : « On avait compté plus de cent mille arrestations, les garde-chiourmes pratiquaient la torture. »

Voici, pour illustrer cette déclaration, quelques cas précis de ces exactions, tels qu'ils furent publiés par 'Europe Magazine', le plus important magazine belge de l'époque (torpillé lorsqu'il se fut révélé indépendant !). Les faits se passent, cette fois, à la caserne du Petit Château à Bruxelles. La Caserne du Petit Château ! Donc, un centre officiel !

> « Le détenu B. fut forcé de manger ses propres excréments. Un prisonnier dut être transporté à l'hôpital parce qu'à la suite des coups il avait les parties génitales si gonflées qu'il ne pouvait plus uriner. Le boucher A. fut tellement travaillé à coup de matraques, qu'après l'opération, il avait un œil exorbité. On obligeait également les prisonniers à uriner à la manière des chiens, à quatre pattes, en levant une jambe, à se mordre mutuellement, à se frapper entre eux, toujours à la manière des animaux. »

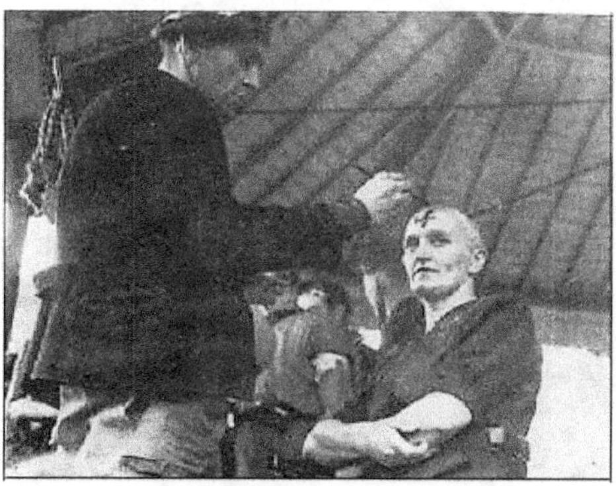

"Collaboratrice" tondue et marquée d'une croix gammée sur le front (Lanaken, Limbourg).

Autre fait typique. Il s'agit d'une femme, une femme mariée à qui on avait coupé la moitié des cheveux le 10 septembre 1944. On l'avait livrée ensuite à une virago appelée Tante Jeanne :

> « Madame A. fut alors conduite dans la cour intérieure. Des hommes et des femmes y étaient rassemblés.
> La fameuse Tante Jeanne lui coupa le reste de ses cheveux et lui peignit une Croix Gammée sur la tête. Ensuite, la prisonnière dut

enlever ses vêtements et enlever sa culotte. Tante Jeanne lui peignit successivement des Croix Gammées sur les seins, le ventre et les fesses. En présence des autres prisonniers, Madame A. dut alors marcher en tenant ses vêtements relevés de manière à ce que tout son corps fut bien visible. Elle fut photographiée ainsi. Après ce traitement, Madame A. fut placée dans un panier et deux prisonniers durent la porter en faisant le tour de la cour ; ensuite, deux prisonniers durent la coucher dans un cercueil de façon à ce que seule la tête restât à l'air libre. On fit à nouveau des photos. 'Tante Jeanne' disait : « Nous allons un peu essayer le cercueil pour voir s'il est à votre mesure... » ; ensuite, Madame A. dut faire six aller et retour sur la chaussée avec les vêtements relevés pour que les Croix Gammées fussent bien visibles.
La foule criait : « Putain allemande ! Qu'on la pende ! Qu'on la fusille ! » À la fin, un casque allemand sur la tête, Madame A dut prendre place sur une voiture. Elle devait y faire le salut hitlérien. La voiture fit plusieurs allées et venues tandis qu'on couvrait la prisonnière d'insultes. Madame A. dut régulièrement jour et nuit se montrer à la fenêtre.
Quinze jours après, il apparut que Madame A. n'était pas coupable et qu'il y avait eu erreur! »

Autre "erreur" : mais, cette fois-ci, un enfant allait en mourir ! Il s'agit de Madame H., de Putte :

Jeune fille désignée comme "collaboratrice" et arrêtée par la foule des "résistants".

« Je fus arrêtée le 2 octobre. Dès mon arrestation, je fus maltraitée à Putte. J'étais enceinte depuis juillet. Quand je me plaignais auprès des Partisans des douleurs que je ressentais, ils me lançaient les pires obscénités. Ils me frappèrent au visage et sur la tête. On m'enferma alors dans une cave. Dès le deuxième jour, j'avais dit que j'étais enceinte mais personne n'y prêta attention. Je fus maltraitée par une femme qui

> m'arrachait les cheveux de toutes ses forces en criant : « Il faut raser la putain boche ! » On m'a alors rasé la tête. Ce fut le quatrième jour au matin que je sentis que j'allais perdre mon enfant. J'atteignis le W-C à grand peine et je perdis mon enfant avec de grandes douleurs. Aucun médecin n'est venu pour moi, ni aucune infirmière. »

Après ces abominations, on procéda enfin à une confrontation avec les témoins du quartier : là aussi, il s'agissait d'une erreur ! Mais un gosse était mort, victime de cette "erreur" ! Le responsable se contenta de dire aux bourreaux : « Êtes-vous des Belges, ou qui êtes-vous ? »

Des Belges dont on s'empressa quelques jours plus tard d'amnistier les forfaits ! Nos héros du Front de l'Est, eux (voir mon 'Sire, Vous et moi...'), nos grands blessés, nos mutilés, attendent encore, après cinquante ans, le moindre signe de mansuétude de l'État qui couvrit si scandaleusement, en 1944 et en 1945, les abominations des assassins du gang résistantialiste !

Autre déposition, contresignée par onze témoins.

Elle concerne un nommé Jan de Rijck, arrêté à Anvers le 5 septembre 1944 :

> « Jan de Rijck, né à De Klinge, le 21 juin 1917, domicilié à Kemse, fut matraqué et frappé à l'aide de courroies et d'une cravache pour chien sur la place du fort de Breendonk, le 3 octobre 1944. Il y fut battu chaque jour par des gardiens et des visiteurs, même la nuit. La nuit du 10 au 11 octobre, il fut traîné par quinze hommes vers la chambre de torture où on lui arracha tous ses vêtements. On le battait tout nu avec des matraques. Lorsqu'il était épuisé, on le jetait en l'air et cinq hommes le piétinaient. Il avait supplié qu'on le tue parce qu'il ne pouvait supporter les coups qu'il recevait. Le 11 octobre, il fut conduit à Malines, mais il mourut dans la nuit 17 au 18 octobre »...

CHAPITRE XXIV

"L'INTOLÉRANCE ABSOLUE"

Partout se déchaîneraient, en septembre 1944, les grandes festivités des scènes de viol, de rapinades, de ribauderies. Des troupeaux de jeunes filles rexistes seraient violées, ou troquées contre des cigarettes qu'offraient, en échange de chair fraîche, des soldats nègres américains.

Le sadisme fut d'une telle grossièreté qu'on ose à peine reproduire des descriptions de ces scènes de stupre.

Voici quelques dépositions transmises à l'Archevêché même de Malines. La scène se passe à Anvers (à Breendonk) :

> « Une nuit, des gardiens sont arrivés. Ils dirent à une jeune femme : « En avant, enlève ta culotte et montre ton sexe. » Ils plaisantaient entre eux, parce qu'elle avait peu de poils sur le pubis.
> Une autre femme dut également enlever sa culotte. Elle ne voulait pas. Elle dut pourtant céder. »

La victime ajoute : « J'ai dû me mettre sur les genoux, les mains en l'air, me coucher sur le ventre, embrasser le sol, manger de la terre. »

À Bruxelles, en pleine Caserne de la Gendarmerie (mais oui !), on battit les records de l'ignominie :

> « Le Centre d'Internement de la Gendarmerie, à l'Avenue de la Couronne, connut sa terreur dans les premiers jours de septembre. Les Partisans brûlèrent à l'aide de cigarettes le bout des seins de nombreuses femmes internées. Ils appartenaient au Front de l'Indépendance.
> Dans une cave, il y avait quatre filles complètement nues. Elles y restèrent durant huit jours. Les F.I. (Front de l'Indépendance) prenaient plaisir à faire marcher ces malheureuses à quatre pattes tandis qu'ils leur enfonçaient un canon de fusil dans le sexe. »

Hergé, comme la plupart des Belges, recevrait, de toutes parts, les échos épouvantés de centaines de scènes de tortures similaires.

Humiliation du bourgmestre rexiste d'un village namurois.

Les faits se passent, cette fois, encore à la Caserne de Gendarmerie à Bruxelles, édifice officiel, nous le répétons :

> « Lors d'un arrivage de prisonniers au centre, une femme enceinte se vit travailler le sexe avec des chaînes.
> Un homme mourant, au visage gonflé par les coups de matraque, fut tiré par les pieds en bas du camion de sorte que sa tête cognât le sol, puis il fut traîné par les jambes pour que tout le haut de son corps saute sur le pavé puis sur les marches de l'escalier. Il était mort quand il arriva à l'étage.
> Le 5 septembre, habitant à Cortenberg, mais venant d'Anvers, un homme arriva, terriblement mal en point à la suite de mauvais traitements. Il fut exposé à la foule puis abattu dans une cave.
> Le 5 septembre aussi, arriva une femme, très maltraitée. À moitié nue, elle dut courir en rond tandis que des F.I. et une infirmière la rouaient de coups. On grava avec un fer rouge une Croix Gammée sur le front d'une fille de Zoutleeuw, puis huit partisans se livrèrent sur elle à toutes les obscénités qu'ils pouvaient imaginer. À la suite de cela, elle dut être internée dans un institut psychiatrique. »

'Europe Magazine' (août 1975, n° 63) clôtura en ces termes les investigations de ses enquêteurs :

> « Parmi ces faits révoltants s'instaura un singulier commerce : des partisans vendaient pour la nuit aux Noirs de l'Armée Américaine des femmes internées, contre quelques paquets de cigarettes.

Faut-il aussi parler de la lettre envoyée par trois cents internées d'Hasselt à Monseigneur Creusbiger, ou des tortures infligées par des partisans dans des forêts des Ardennes ? Nous possédons de poignants témoignages à ce sujet. »

Partisans voulaient dire presque toujours Communistes, sous la houlette sanglante du ministre communiste Demany. Qu'on ne l'oublie pas !

Chasse aux "collaborateurs"...

Le Cardinal Van Roey, lourd prélat du Moyen-Âge, que toute allusion au sexe avait toujours épouvanté, rougit à peine lorsqu'on lui fit connaître ces horreurs !

La "Résistance française", tout aussi intrépide, battrait glorieusement les records de haine et de sang des collègues belges.

Des dizaines de milliers de cadavres (quarante-cinq mille selon les informateurs officiels parisiens ; cent quatre mille, selon les Archives de l'armée américaine) jalonneraient, à l'été de 1944, les fossés, les bois, les étangs des régions "libérées" entre les Pyrénées et la Meuse.

Certes, des patriotes français, comme des patriotes belges, participeraient avec dignité à la "Résistance", mais bien vite beaucoup d'entre eux s'en écarteraient, à voir les atrocités commises par de nombreux communistes, des résistants d'après le 21 juin 1941, pour le seul compte d'une URSS décidée à liquider en masse, en France et ailleurs, les élites de Droite rebelles à l'instauration en Occident d'une domination soviétique.

C'est à l'été 1944 surtout, lorsque le IIIème Reich se replia lors du débarquement anglo-américain que le plus grand massacre allait se déployer. Dans la seule Haute Savoie, en août, au Grand Bornand, cent et onze jeunes Français seraient abattus par paquets de dix ou de onze à la fois ! Dans le Gard, plus de 800 exécutions sommaires ! Idem dans les Bouches-du-Rhône ! Mille autres fusillés dans la Haute-Vienne ! Partout, par dizaines de milliers, les victimes s'abattaient : « Quiconque, a expliqué devant la Haute Cour l'ancien député Xavier Vallat, était soupçonné d'anti-communisme figurait parmi les suspects. »

"Collaborateurs" proposés à la vindicte de la populace.

Les Français en verraient autant que notre Hergé n'en verrait en Belgique : « En Dordogne, a-t-il pu lire dans 'Les Écrits de Paris' de décembre 1950, furent assassinés : Madame et le Colonel de Boisson, maire de Doissat depuis 30 ans (août 1944) ; Madame et Monsieur Goussy, maire de Saint-Laurent-sur-Manoire (août 44) ; le Commandant de gendarmerie Carrière, en retraite à Périgueux (août 44) ; l'Abbé Lascaux, curé de**** Le Grand (mai 44) ; l'Abbé Lagarde, curé de****, qui fut torturé, puis emmené à Bordeaux où il fut achevé (août 44) ; l'Abbé Bonnet, curé de Conlaures, dont le corps abandonné fut dévoré par les chiens (août 44) ; Monsieur Delarbre, assassiné au cimetière de Périgueux sur la tombe de sa femme (août 44) ; Monsieur Ratineau, secrétaire en chef de la mairie de Périgueux, qui fut torturé (août 44) »...

Des "collaborateurs" sont exécutés dans une atmosphère de kermesse : on reconnaît dans la foule gendarmes, policiers, militaires, officiers...

Et la liste continue : « Monsieur Roux, commissaire de police à Périgueux, qui fut torturé, laissé nu et mourant toute une nuit sur les marches du Palais de Justice et achevé le lendemain (août 44) ; Monsieur le Docteur Labrue, de St-Astier, enlevé au sanatorium de Clairvivre et assassiné à **** (août 44) ; le Capitaine Menier, en retraite à St-Médard-de-Curçon (août 44) ; Madame Coulpié, qui fut torturée et brûlée, et dont le corps est encore enterré dans les bois de Carayac, Messieurs Bidault, Moreau et Vigier, exécutés devant le monument aux morts de 1914 (août 44) ; Monsieur Vacheyroux, notaire à Piegut-Pluviers et son fils André, assassinés en août 44 après le pillage de leur maison ; Messieurs Moreau, père et fils, assassinés au Château de Puyrazeau à Piegut-Pluviers ; un facteur de Thiviers assassiné parce qu'il s'opposait au pillage de la recette des postes ; une religieuse de la congrégation de Ste Marthe, d'origine alsacienne, infirmière à l'hôpital de Thiviers, enlevée, torturée et assassinée (août 44) ; une employée de la poste de Miallet, assassinée parce qu'elle refusait de livrer sa caisse ; Monsieur Aymar, adjudant de gendarmerie, assassiné à St-Germain-de-l'Herm ; à Carayac, plusieurs fosses communes contiennent encore de nombreux cadavres ; Madame Marie, commerçante à **** (Gironde), noyée dans la Drome ; Monsieur Champeral assassiné à la Sauvetat du Dropt, après qu'on lui eut fait creuser et "essayer" sa tombe, etc., etc... »

« À Bergerac seulement, le nombre des arrestations a atteint 3000. Dans la Dordogne, le nombre des exécutions sommaires a dépassé le millier. »

Du haut de la chaire de Notre-Dame de Paris, le Dimanche des Rameaux de 1945, le R.P. Paniel dénonça, haut et clair, les tragiques forfaits de cette époque rouge : « D'innombrables arrestations illégales, bien plus : tout à fait arbitraires, quand ce n'étaient pas de simples vengeances ; d'innombrables emprisonnements tout aussi peu défendables ; des lieux de détention privés où des hommes sans nulle fonction publique séquestraient des citoyens, la plupart du temps sans cause objective ; des massacres sans jugement, des tortures exercées même sur des condamnés avant leur exécution ; des assassinats de personnes acquittées ou graciées par des misérables envahissant les prisons pour assouvir leur vengeance ; la délation élevée à la hauteur d'une institution et venant trop souvent de rancunes contre des chefs fidèles à leur devoir. »

Le Cardinal Suhard en personne ne put que confirmer l'énumération terrible énoncée par le prédicateur de sa cathédrale : « Ce qu'il affirme est malheureusement exact », répliqua-t-il au Garde des Sceaux, qui ordonna alors de remplacer à Notre-Dame de Paris l'orateur iconoclaste par un autre prédicateur "résistant", le P. Riquet, un extravagant notoire, qui prétendait avoir vu exterminer en Allemagne dix-sept millions de Juifs, plus qu'il n'y en avait alors sur la terre entière !

"Collaboratrices" tondues et humiliées publiquement.

Pour que le public français commençât à se désolidariser de tous ces crimes, il fallut qu'un des plus anciens compagnons d'exil du Général De

Gaulle, le Colonel Remy, stigmatisât publiquement ceux qu'il appela « ces bandits de droit commun, sur les arrières d'un ennemi qu'ils n'avaient jamais contribué à mettre en fuite ».

Graffitis désignant les habitants d'une maison à la vindicte publique.

« Ces crimes et ces exactions, déclara le Colonel Rémy, comme d'anciens compatriotes de Hergé le feraient en Belgique, ont été commis sous le couvert d'une justice sommaire faussement parée des couleurs de la Résistance et qui n'était inspirée que par l'esprit de basse vengeance, de meurtre, de vol, de viol, de pillage, ou encore de conquête des préfectures ou des mairies au bénéfice du parti. »

Du parti ?

Du parti communiste, évidemment ! Car si, nous le répétons, il exista, durant la Deuxième Guerre Mondiale et au début de la "Libération", des résistants, parfaitement respectables, la vérité est que la plupart des carnassiers d'août et de septembre 1944 étaient des hommes de main des Soviets, voire des rescapés sanguinaires du Frente Popular espagnol. Le ministre même de la Justice (en France !) lors de la "Libération" était le communiste Marcel Willard. Celui-ci déclarerait publiquement en août 1944, dans quel état d'esprit se perpétraient les liquidations collectives : « Désormais le signe de la justice ne sera plus la balance mais la mitraillette ! »

La mitraillette au pouvoir !

M. René Chateau, ancien député français a énuméré, dans son livre 'L'âge de Caïn', nombre de cas typiques de la technique raffinée qui distingua ces crimes style 1944, que ce fût en France ou dans la Belgique de Tintin :

> « Frapper des hommes et des femmes à coups de lanières, à coups de barre de fer, leur arracher les ongles, les brûler avec des cigarettes ou des cigares allumés, leur brûler les pieds, les marquer au fer rouge, les faire agenouiller, pendant des heures, sur des objets aigus, les taillader à coups de rasoir, les pendre et les dépendre alternativement, ou bien raser la tête ou le pubis des femmes, leur couper les bouts de seins, leur faire passer un courant électrique dans le vagin, tout cela ne fut que l'a.b.c. d'une nouvelle technique, d'une technique à torturer par laquelle certains "libérateurs" ont ressuscité et amélioré un art de géhenne qui s'était perdu depuis les temps de barbarie. »

M. Chateau cite des supplices encore plus perfectionnés. Comme celui des bougies qu'on plantait dans l'anus des victimes et qu'on y allumait.

Mauloy, aujourd'hui conseiller économique et social et directeur de journal, conte dans 'Les nouveaux Seigneurs' des scènes plus incroyables encore qui eurent lieu dans l'Ardèche, où régnaient des Espagnols rouges comme Christino Garcia. Au sinistre camp de Joannas, on coupait les oreilles, on brûlait avec une lampe à souder. L'abbé Mandaroux y fut fusillé, mais « c'est aux parties sexuelles qu'il fut seulement visé et atteint ». Dans d'autres cas, « très souvent, le peloton d'exécution n'ayant visé qu'aux jambes, les exécutés sont jetés à Fons dans un puits de mine abandonnée où les paysans, horrifiés, les entendent crier à longueur de journée et de nuit ».

Au camp de Chamignoux, poursuit l'ancien député français, on pratique la torture des bains, qui consiste à enfoncer les prisonniers dans une mare de boue, jusqu'à ce qu'ils y plongent la bouche. « Un autre genre de bains était celui de la face, plongée dans un récipient de rats pourris. » Ou bien « le prisonnier est lié, mains au dos, soulevé avec une corde pour qu'il ne puisse reposer que sur ses orteils » et, dans cette position, il est soumis aux coups des F.F.I., « qui cognent et insultent, brûlent la plante des pieds, labourent les chevilles avec des crosses de fusil ». « Chaque jour, les prisonniers, torse nu, sont astreints à courber le dos ; on les flagelle avec un fouet agrémenté d'hameçons. D'autres fois, c'est la danse nue, autour d'un arbre, danse entrecoupée de coups de nerfs de bœuf. » D'ailleurs, les femmes ne sont pas plus épargnées. À elles, « ce sont les seins brulés avec la flamme des briquets ».

Mais « il y a un supplément : c'est le viol... Et, suprême avilissement, ce sont quelquefois les chiens qui font la besogne. Des chiens que l'on a d'abord dressés... Pour que les chiens approchent les torturées, celles-ci étaient couvertes de confiture... »

Scène banale d'arrestation sommaire d'un "collabo" par de prétendus "résistants".

M. Paul Vallein, maire de Chermignac en Charente-Maritime, homme estimé de toute la commune, avait le tort d'être fortuné. « Monsieur Vallein ayant refusé d'indiquer l'emplacement de sa cassette, est transporté devant son âtre. Ses tortionnaires lui appuient la plante des pieds nus sur les bûches en flammes. Succombant à la douleur, Monsieur Vallein indique l'endroit... » Puis, « malgré ses brûlures atroces, Monsieur Vallein fut obligé de servir lui-même à déjeuner à ses bourreaux. Au dessert, ceux-ci le dévêtirent et le firent promener nu dans les rues de Chermignac au milieu de cette population dont il avait eu sans cesse la confiance ».

Ensuite, « Monsieur Vallein fut emmené à proximité du cimetière de Rioux ; à ce moment précis, on lui creva les yeux. Il fut amené avec les orbites ensanglantées, pauvre loque effondrée, devant la porte du cimetière de Rioux et fusillé sur place ».

Autre scène d'arrestation de "collabos", prêts à être soumis à la torture.

L'écrivain anglais Sisley Huddleston, dans son livre 'Terreur 1944', raconte ce qui se passa à l'Hôtel Stoll : « des jeunes gens abattaient leurs prisonniers, appréhendés sans mandat, et, souvent entièrement innocents, leur cassaient les côtes, leur brisaient les pieds, les mettaient dans des baignoires d'eau glacée jusqu'à l'étouffement, leur brûlaient les parties les plus sensibles, coupaient les bouts de seins aux femmes, introduisaient des fers rouges dans le vagin, violaient les jeunes filles jusqu'à l'épuisement, et quand leurs victimes étaient sur le point d'expirer, les jetaient par la fenêtre en simulant un suicide invraisemblable. »

'L'Aube', le journal même du Ministre Bidault, un des mages sacro-saints de la Résistance, dut bien, avec six ans de retard, et non sans gêne, s'indigner tout de même de la mise à mort en août 1944 –un cas entre mille autres– d'un ancien officier titulaire de la Croix de Guerre française et de la Médaille de Verdun, le Comte Christian de Lorgeril, père de cinq enfants.

Voici comment et pourquoi des "résistants", devenus dans ce journal entre-temps "d'ignobles individus" assassinèrent ce héros de la Première Guerre Mondiale. Nous citons textuellement 'L'Aube' du 16 novembre 1950 : « Parce qu'il possédait un vaste domaine et un château historique et sous le prétexte qu'il avait toujours professé des idées monarchistes, les ignobles individus l'ont arrêté le 22 août 1944 et torturé atrocement. Complètement nu, le malheureux dut d'abord s'asseoir sur la pointe d'une baïonnette. Puis il eut les espaces métacarpiens sectionnés, les pieds et les mains broyés. Les bourreaux lui transpercèrent le thorax et le dos avec une baïonnette rougie au feu. Le martyr fut ensuite plongé dans une baignoire pleine d'essence à laquelle les sadiques mirent le feu. Leur victime s'étant évanouie, ils la ranimèrent en l'aspergeant d'eau pour répandre ensuite sur ses plaies du pétrole en flamme. Le malheureux vivait encore. Il ne devait mourir que 55 jours plus tard dans des souffrances de damné. »

En France aussi, les femmes furent tondues et exhibées à la populace par les "forces de l'ordre"...

« Des tortures semblables, lit-on dans les 'Écrits de Paris', furent infligées à MM. André Got, Louis Durand, Tagliaferré Terrier, Garet, etc... De nombreux détenus à la prison de Carcassonne furent horriblement torturés avant d'être abattus. »

Rien n'arrêtait les spadassins. Un bébé de huit mois fut abattu dans l'Ain. Un gamin de quinze ans et son frère âgé de deux ans furent assassinés devant leur mère au camp du Tronçais, dans l'Allier.

Litanie sans fin, aussi affreuse en France que dans les geôles belges où avaient été enfournés cent mille lecteurs de Tintin.

Même les journaux français les plus collés au régime "résistantialiste" devraient bien donner, de-ci, de-là quelques précisions sur les abominations pratiquées dans les cellules et les cachots de la Résistance : dans 'Combat', signé René Borin (en date du 5 octobre 1947) : « Un interné doit avec sa brosse à dents brosser le porc du commandant sans le faire crier. Si l'animal crie, l'interné a huit jours de cachot. Pendant ce temps, d'autres détenus cirent les pattes de l'animal. Le commandant s'explique, en frappant sur le bureau : « Je veux montrer à ces salauds que c'est maintenant le tricolore qui commande et non la croix gammée ». »

Dans 'France Soir', signé Henri Danjon (en date du 23 juillet 1947) : « Justement, un des hommes aux chaînes sort de sa cellule. Il ne peut marcher tant il est bien entravé. Il avance en sautillant comme un cabri, tout en agitant ses maillons d'acier. »

Dans 'Paroles Françaises', en outre, signée François Sauvages (en date du 30 janvier 1948) cette description des cachots :

> « Le cachot, c'est un souterrain sans air, totalement nu, où le détenu perd la notion du temps. Est-ce le jour ? La nuit ? Il n'en sait rien. Et voici, le dernier supplice. De 7 heures du matin à minuit, toutes les 30 minutes le gardien appelle le puni qui doit répondre : « Matricule tant, présent ». L'homme doit rester debout, dans le noir, assailli par la fatigue, halluciné, luttant contre les crampes, contre le temps, contre la peur de ne pas entendre les appels, avec ses oreilles bourdonnantes, l'estomac vide, le cœur coincé dans la poitrine, les yeux écarquillés de peur. Car l'homme, dans la nuit de son souterrain, a peur de mal compter les appels, une peur panique qu'on ne lui signalera pas le dernier appel de minuit. S'il a mal compté, il attendra sans la moindre notion du temps, au dernier degré de l'abrutissement l'ultime appel qui ne viendra plus. Il s'est écroulé sur le sol. On ne l'a pas touché. Ça ne se fait pas en France. »

Dans le même 'France Soir', du même H. Danjon (en date du 1er août 1947) :

> « Allô 78 ! Allô 78 ! Faites demander de ma part à 14427, au quatrième étage, ce qui est arrivé. La réponse parvient dix minutes plus tard à la cellule 77 : le 13740 est mort ! Il s'est jeté dans le vide, du quatrième étage. Il avait demandé de sortir de sa cellule pour prendre l'air. On ramasse ses morceaux... »

On ira jusqu'à assassiner dans sa longue robe de mariée en soie blanche une jeune femme appelée Françoise Armagnac, modeste cheftaine de Jeannettes, demeurant à Excideuil, en bordure de la route Angoulême-Limoges. La tête couronnée d'un diadème de roses blanches, elle serait arrêtée, ainsi que toute la noce, à trois cents mètres de l'église, par des partisans, hissée sur un camion et fusillée derrière un buisson le lendemain, toujours dans sa belle robe de soie. On ne retrouverait son corps, enfoui dans la boue, que cinq mois plus tard.

Des milliers de cadavres, escamotés, dans des fosses communes au fond des forêts, ne réapparaîtraient plus jamais.

Raffinement dans l'humiliation des "collaboratrices" :
l'exhibition dans les cages du Jardin zoologique d'Anvers...

Quant aux prisonniers allemands, le journaliste René Borin a raconté "de visu" dans 'Combat', en date du 12 octobre 1948, comment ces détenus du temps de paix étaient traités, après-guerre au camp de Corneilles : « Nous arrivons à l'improviste dans la cour du fort de Corneilles au moment où les prisonniers de guerre partent en corvée. Ils sont dans un état de saleté repoussante. La plupart ont des vestes et des capotes déchirées, trop grandes pour leur taille. Ils ont tous un visage amaigri, dont la peau grise indique tout de suite qu'ils sont sous-alimentés. Un très grand nombre n'ont pas de chaussures ! Ils sont pieds nus en portant des sandales de bois qu'ils ont fabriquées eux-mêmes. Sur mille cinq cents prisonniers, quatre cents seulement travaillent. Beaucoup avancent péniblement à une allure de vieillard. Les autres sont trop faibles ou malades. Presque tous sont atteints de gastro-entérite. Mais une centaine de malades seulement séjournent à l'infirmerie, trop petite pour les contenir tous. Dans les chambres où ils sont entassés, les prisonniers dorment à même le ciment. Pas de paillasse, mais les plus favorisés ont trouvé un peu de paille qu'ils n'ont pu renouveler depuis trois mois. Beaucoup n'ont que leur capote pour se couvrir. D'autres partagent une couverture par groupe de trois. Le soir, ils vivent dans l'obscurité. Naturellement la vermine abonde, et les prisonniers désœuvrés pendant le jour passent leur temps à chercher leurs poux. Nombreux sont les prisonniers qui portent la trace de mauvais traitements. »

« Un certain nombre de ceux-ci périraient. Trois d'entre eux, fusillés contre le mur d'un préau d'école, à Cheryes, seraient, sans plus d'affaire, jetés dans un bourbier voisin. Ils sont restés dans cette mare pendant au moins dix ans, leurs pieds dépassaient »... écrivit méticuleusement un chroniqueur.

Vous avez bien lu ?... « leurs pieds dépassaient » !...

En fait, on apprendrait, en 1989 seulement, grâce à un chercheur canadien (James Bacque, auteur du livre 'Morts pour Raisons diverses') que, malgré les interventions pressantes de la Croix Rouge internationale, plusieurs centaines de milliers de prisonniers de guerre allemands étaient morts de faim en 1944 et en 1945 dans les camps américains et français, privés délibérément de presque toute alimentation par une intendance yankee regorgeant de vivres volontairement inutilisés et avec lesquels on eût pu parfaitement nourrir ces prisonniers durant toute une année...

La guerre de la Civilisation, quoi !

Aux vociférations "à la mitraillette", du nouveau ministre français de la Justice, Marcel Willard, en août 1944, répondraient les hurlements de haine du ministre communiste belge, Demany, triomphant en face des "groins fracassés" des "collabos" !

C'est dans ces débordements de violence et de stupre que Hergé, arrêté à Bruxelles, s'était vu brusquement plongé au début de septembre 1944.

Le choc fut terrible. Certains confrères annoncèrent même, ravis, qu'horrifié, il était devenu fou.

Plus que tous les autres, en septembre 1944, en Belgique –en France aussi !– ce furent les intellectuels qui payèrent la casse résistantialiste.

Notamment les rédacteurs de journaux qui, à Bruxelles, dans 'Le Soir', 'Le Nouveau Journal' et 'Le Pays réel', avaient essayé, malgré les difficultés du temps, de servir leur pays, selon les indications du Roi, répétées constamment.

José Streel ne sera pas oublié lors de "l'épuration" : il sera fusillé le 21 février 1946.

Un Paul Colin, un Robert Poulet, un José Streel, un Paul Herten, dépassaient de cent coudées les petits gratte-papier illettrés et vantards de la presse belge d'aujourd'hui.

C'est sur le talent que les ratés se ruèrent.

Dans les rédactions des journaux de la Collaboration, la conception du patriotisme avait connu des degrés divers. Les débats entre journalistes étaient libres.

Certains entrevoyaient déjà l'Europe de l'avenir.

D'autres en étaient encore à la Belgique du début de l'invasion. Leur petit pays d'alors était perché sur la ligne exclusive de leur horizon. La création d'un Continent unique –passé, en cette fin de vingtième siècle à l'avant-plan immédiat de l'actualité– échappait alors à leur analyse.

Un José Streel, un Robert Poulet, face à une fédération possible de vingt peuples, renâclaient. Cette conception leur paraissait trop audacieuse. Ils craignaient aussi –et c'était admissible– qu'une Allemagne trop boulimique prétendît devenir le propulseur trop omnipotent d'un proche avenir.

Cette propension, même aujourd'hui, peut encore inquiéter les timides. Vaincue, et quasiment éliminée en 1945, l'Allemagne de la fin du XXème siècle, de nouveau réunifiée, est redevenue, une fois de plus le pays le plus fort, c'est-à-dire, le moteur obligé d'un Marché Commun, (ou pas commun).

Le réel est le réel.

L'Europe future, qu'on en rage ou non, ne se fera que si elle a pour noyau vital l'Allemagne immuable, qu'elle soit de Bismarck, de Hitler, ou du Chancelier Kohl, déjà prêt à l'action.

La question, en 1940, n'était pas de nier l'évidence, elle était de s'y adapter dans la dignité. Ce fut la base même de notre participation aux combats du Front de l'Est, aux audaces fermement étudiées.

Un Poulet, à cette époque, ne le comprit qu'à demi, un José Streel de même.

Ils seraient, à la fin de la guerre, traités pire encore que nous autres ! Que les intellectuels de la collaboration eussent été des minimalistes ou des maximalistes, c'était, en septembre 1944, l'anéantissement de l'adversaire que l'on voulait réaliser, et plus spécialement, de l'adversaire intelligent.

Il y eut –nous nous gardons bien certes de le nier et, au contraire, nous tenons à le répéter une fois de plus– des résistants authentiques, peu nombreux d'ailleurs, qui furent, à leur façon, des patriotes louables, courageux, qui surent mourir avec noblesse pour faire honneur à leurs convictions. Nous les saluons. Mais la grande majorité de ceux qui jouèrent aux "résistants", tel le futur ministre communiste Demany, étaient des agents, à peine camouflés, de Staline. Leur vraie patrie n'était pas la Belgique, mais l'URSS, acharnée partout à l'éradication des élites européennes.

Le cas fut particulièrement notable en France, où des milliers de communistes espagnols, enfuis d'au-delà les Pyrénées lors de la victoire de Franco en Catalogne, en février 1939, se distinguèrent entre 1942 et 1944 dans les maquis français par leur cruauté sadique. Le ministre français de l'Intérieur, Joseph Darnand, me montra lui-même une liasse de photos horribles représentant des civils français de familles pétainistes littéralement mis en pièces par ces spadassins.

Durant les derniers mois de l'occupation allemande en France, ces ex-réfugiés se distingueraient tout particulièrement par leurs crimes dans les régions de maquis dans la ligne exacte des atrocités commises par eux, en nombre incalculable, au cours de la Guerre d'Espagne entre 1936 et 1939, pendant laquelle ils avaient, entre autres, assassiné huit mille six cent prêtres et religieuses, la plupart affreusement torturés avant de périr.

Ces bourreaux avaient été en Espagne dignes, en tous points, de Staline, leur patron. Ils le seraient à nouveau entre 1942 et 1944 en dépeçant, en France, ceux qui, de loin ou de près, avaient suivi dans son sacrifice souvent très pénible le prudent, le sagace Maréchal Pétain, rempart pendant quatre ans de la survivance française.

Les patriotes égarés dans les rangs des tueurs de la "résistance" d'extrême-gauche ne seraient d'ailleurs utilisés par les dirigeants communistes que comme boucliers tout provisoires. Exactement comme les patriotes de Pologne, que Staline, en août 1944, laissa exterminer impassiblement, sous ses yeux mêmes, pendant des semaines, à huit cents mètres de l'entrée de Varsovie en révolte !

Ainsi, ces anti-nazis de droite ne feraient pas obstacle à l'impérialisme de l'URSS quand retentirait au gong de la Deuxième Guerre Mondiale, l'heure des grandes confiscations territoriales.

Les agents de Moscou en Belgique et ailleurs débridèrent, en septembre 1944, les instincts sauvages qu'on retrouve toujours, à travers l'Histoire, dans les bas-fonds d'une certaine racaille n'attendant que ces occasions-là pour déboucher des égouts.

Ils furent les vrais tyrans de la Libération. Il leur fallait épouvanter la masse amorphe des braves gens, mais, surtout, éliminer en Belgique, en France, en Italie, les têtes pensantes qui, réconfortées par les recommandations du Roi des Belges, ou bien avaient essayé de limiter les dégâts de la guerre perdue en 1940, ou bien avaient voulu édifier déjà les piliers de ce que serait la construction de l'Europe de l'avenir.

Tintin en prison : Hergé connaîtra aussi cette détresse ('Le Petit Vingtième', 1933).

En septembre 1944, tous, indistinctement, se retrouveraient sous clef, leurs femmes et leurs filles à la merci des salauds guettant la chair fraîche, eux-mêmes traqués, triqués, ou promus à la mort.

Hergé, personnellement, s'en tirerait avec ses quatre arrestations et avec un bref séjour derrière les verrous. Il eût pu parfaitement, en ces temps de folie, se voir condamné à mort, comme José Streel, comme Victor Meulenijzer, comme Paul Herten, fusillé dans le dos.

C'est par un étrange caprice d'un magistrat qu'il échappa en 1944 au poteau, ou à d'interminables années de prison.

Dans le tohu-bohu des tribunaux d'exception « au pouvoirs de petits rois nègres », comme dirait le Professeur Kluyskens, où farfouillaient des centaines de militaires hargneux de n'avoir jamais gagné une escarmouche et des petits avocats huileux pompant de mirifiques honoraires à des inciviques condamnés à l'avance, Hergé s'était trouvé nez à nez avec un Procureur nommé Vinçotte, dont les enfants, durant chaque semaine de la guerre, avaient fait leurs délices des Tintineries ! Voilà qu'on lui extrayait d'un cachot un bonhomme dépenaillé, sentant la sueur qui prétendait s'appeler Hergé.

« Hergé? Mais vous êtes le dessinateur de Tintin ? »

Le cas lui parut incroyable ! Il n'avait vu jusqu'alors que la fête de sa marmaille chaque jeudi où arrivait 'Soir Jeunesse'. Ses gosses s'esclaffaient à lire "Tintin" : il ne savait que cela. Alors, pourquoi lui amenait-on un Hergé menotté entre deux gendarmes ?...

« – Pendant la guerre, vous ne faisiez que des dessins ?
–Oui, seulement des dessins. »

Vinçotte pensa à ses gosses qui le mépriseraient, si pour des dessins si drôles, il maintenait, pour des années, leur enchanteur Hergé dans un cul-de-basse-fosse. Il se gratta le crâne. Que faire ? Se risquer à une bruyante bagarre en famille ? Apparaître devant sa progéniture comme un ostrogoth qui frappait, pour les avoir tant amusés, le prestidigitateur de chaque semaine ?... Il regarda Hergé, qui baissait les yeux, péniblement. Visiblement, ce garçon n'avait jamais tué personne. Il avait fait rire. Passe-t-on sa vie en prison pour avoir fait rire ?

Le Procureur se redressa, assez fier de lui : « – Non, il ne sera pas dit que j'ai renvoyé dans son cachot celui qui a tant amusé mes enfants ! »

Hergé était libre !

Le même substitut Vinçotte se rattraperait promptement de cette brève condescendance. Il ferait condamner à la peine capitale une série d'intellectuels amis de Hergé, mais qui, eux, ne publiaient pas de bandes dessinées. Plusieurs seraient fusillés. Robert Poulet passerait, dans son cachot de condamné à mort, quatre années d'angoisse à se demander si, le lendemain à l'aube, il ne serait pas à son tour abattu contre un mur de caserne.

Hergé, certes, avait été libéré. Mais quelle liberté ! Le Généralissime Eisenhower s'était adjugé le droit de casser les crayons des artistes ! Hergé n'aurait plus, en sortant du cachot, que des doigts balourds, inutiles. Il était "interdit de dessin !"

Et puis, ses amis restaient, par milliers, outragés, entassés dans des prisons immondes. Leurs visages de souffrance le hantaient. Qu'adviendrait-il d'eux? Au loin, dans des nuages de poudre retentissait le bruit sec des salves d'exécution...

'Le Petit Vingtième', 1933.

C'est à croire que, de très longue date, Hergé avait prévu sa propre incarcération. Dans un de ses premiers autoportraits, au numéro 13 du 'Petit Vingtième', il avait croqué, quinze ans plus tôt, un Tintin aux gros yeux ronds noyés de détresse, stupéfait derrière des barreaux noirs, dans une prison sinistre : six barreaux à la hauteur de son buste, derrière lesquels il regardait dans le vide, hagard, sans qu'apparût une lueur, comme si la nuit, elle aussi, l'emprisonnait. Quel songe sinistre avait bien pu inspirer à Hergé ce dessin étrange ?...

CHAPITRE XXV

« C'ÉTAIT AFFREUX ! AFFREUX ! »

Hergé ne courut pas autant de risques que les intellectuels qui, pendant quatre ans, avaient, dans le même journal que lui, agité les problèmes du forum.

C'est le scandale de leur persécution aveugle qui allait le poignarder. Le poignarder pour toujours. Il ne s'en remettrait jamais. Ces mois horribles rôderaient, toute sa vie, dans son cerveau. Son vrai cancer, ce fut cela.

Hergé avait-il été, en quelque forme que ce fût, un homme des Allemands ? Mais non ! Et d'ailleurs, ni un Poulet, ni un José Streel, pas plus ni pas moins que tous les intellectuels de la "Collaboration", n'avaient été autre chose que des patriotes, ne cherchant qu'à dégager leur pays du pétrin où l'avaient fourré les bellicistes de 1940.

Les Éditions REX, au 21 de la rue Vital Decoster, à Louvain.

De toute façon, Hergé n'avait été dans cette tourmente qu'un merveilleux amuseur de gosses. Il était certes mon copain très cher, mais cela datait de quinze ans, des temps heureux où nous n'étions que des jeunes garçons riant de tout, qui savions à peine, en 1929, que commençait à se démener en Allemagne un certain Adolf Hitler !

REX alors, était tout juste une petite maison d'édition religieuse, installée à Louvain, rue Vital Decoster. Il ne nous serait jamais venu à l'idée de publier, à cette époque, un Hitler quelconque parmi nos Encycliques !

Hergé, sur mes indications, se préparait, modestement, à lancer dans le 'Vingtième Siècle', un Tintin auquel, pour ne pas se fatiguer l'imagination à chercher ailleurs un modèle, il avait passé mes culottes de golf et ma houppette.

Par la suite, je lancerais, selon mon tempérament, bruyant mais amusé, la fabuleuse bagarre du Rexisme.

Chez Hergé les poisons les plus terribles ne tuent pas : ils rendent follement gais…

Évidemment, Hergé et moi nous parlions de mes empoignades qui avaient vite encombré les colonnes des journaux. Hergé, comme tout le monde, avait assisté à mes exploits populaires : « – J'ai vu Degrelle et les masses fanatisées » ('Humo', hebdomadaire flamand, 11 janvier 1973).

Mais, par nature, Georges n'avait rien d'un fonceur. Il était un doux, je dirai même plus : un timide. Gamin, il n'eût pas enlevé une patte à une mouche ! Tous ses héros manipulaient du poison, mais jamais ce poison n'était mortel !

Dans 'Le Nouvel Observateur' (27 février 1991, un rédacteur, Hervé Gattegno, s'est amusé à dresser le relevé des "substances maléfiques" qui jalonnent les albums d'Hergé :

> « Elles donnent à son œuvre, écrit-il, les aspects les plus variés. Exotiques, les fléchettes enduites de curare des guerriers Arumbayas dans 'L'Oreille Cassée'. Franchement comiques, dans 'Tintin au pays de l'Or noir', les comprimés de N. 14 qui, dissous dans l'essence, font exploser les moteurs, déstabilisent le monde, et, avalés par les Dupondt, accélèrent la pousse des cheveux et des moustaches.
> Mystérieux, dans 'Les Sept Boules de cristal', le poison des Incas (à base de coca) qui plongent les savants profanateurs dans un sommeil léthargique qui pourrait être définitif.
> Surréaliste, dans 'Vol 714 pour Sydney', le sérum de vérité du Docteur Krollspell (probablement un ancien nazi) injecté au milliardaire Carreiras en même temps qu'à l'escroc Rastapopoulos, et qui provoque la révélation la plus immorale de l'œuvre d'Hergé : le plus malfaisant n'est pas toujours celui qu'on croit. Stupéfiante dans 'Les Cigares du pharaon', l'arme la plus redoutable des trafiquants d'opium, ce poison qui rend fou, le radiaïdiah, auquel Tintin échappe de très peu. C'est que, chez Hergé, le poison ne tue jamais. Il plonge ses victimes dans un état second (la folie, la léthargie) qui révèle toujours une vérité des personnages. Ainsi le poison des profanateurs du 'Temple du Soleil' véhicule le remords. Quant aux 'Cigares du pharaon', qui provoquent la folie des fumeurs, ils symbolisent la mort. Mais une mort particulière vécue comme un gag. Chez Hergé, elle ne saurait être sérieuse, et encore moins définitive. Même Milou, qui lape le thé empoisonné destiné à son maitre dans 'Le Lotus bleu', sera sur pattes après quelques heures de repos. Seul le capitaine Haddock, victime consentante d'un poison nommé Whisky, tombe à la renverse dans 'Le Crabe aux pinces d'or', intoxiqué par le plus inattendu des poisons : un verre d'eau ! »

Donc, rien d'un tueur, notre Tintin !

Le pacifique Hergé avait suivi sans tapage la montée de notre mouvement. Il n'était devenu ni un militant, ni un dirigeant rexiste.

« Le plus inattendu des poisons : un verre d'eau ! »

Si je l'avais voulu, et s'il l'avait voulu, j'eusse pu, sans difficulté quelconque, en faire un député. Mais Tintin eût été dépaysé chez ces excités sans charme, et Milou n'eût eu à ronger que des vieux mollets desséchés et leurs fixe-chaussettes !

Moi, je dressais, tout nus, dégoulinants de sanie, et au milieu d'un chahut gigantesque, ma collection de pourris de tous les partis !

Le 'Pourquoi Pas ?' du 20 juillet 1945 annonce le procès de Robert Poulet : « ce qui nous parait énorme, amer et honteux dans la félonie d'un Robert Poulet, c'est cette inversion de l'esprit qui a poussé un intellectuel de langue et de formation françaises à admettre, ne fût-ce qu'un instant, (…) qu'une pensée allemande, (…) nécessairement, qu'elle le veuille ou non, destructrice ou adultératrice de la nôtre, puisse étendre sur nous son ombre et nous défigurer » !...

Hergé regardait le spectacle, amusé, riant de mes outrances. Ses ennemis, en voulant le démolir, écrivent qu'il fut un "rexisant". C'est, au fond, le terme adéquat. Il vibrait en m'entendant. Mais il ne cassait pas de carreaux, ne tabassait pas d'adversaires. D'ailleurs, des adversaires, avant 1944, Hergé en avait-il jamais eu un seul ? Il en eut plus tard, oui, mais seulement quand le fait d'avoir été un jeune "rexisant" fut stigmatisé, après 1944, comme un crime abominable. Cette persécution serait le souvenir le plus douloureux de son existence.

Se prêtant à une entrevue avec le journaliste Benoit Peeters, Hergé tiendrait un jour, à ce sujet, des propos presque désespérés et très révélateurs :

« BP (Benoit Peeters) : Est-ce que je peux vous demander quelle a été l'expérience la plus importante de votre vie ?
Hergé : Je me demande si ce n'est pas la guerre, ou plutôt l'immédiate après-guerre.
BP : Dans quel sens ?
Hergé : Dans le sens de la répression et de la haine.
BP : Vous avez ressenti cette période comme très difficile ?
Hergé : Extrêmement difficile. J'avais des amis journalistes et dont je persiste aujourd'hui encore à croire qu'ils étaient absolument purs et pas à la solde de l'ennemi. Et quand j'ai vu certains de ces gens condamnés à mort et certains même fusillés, je n'ai plus rien compris à rien. Ça a été une expérience de l'intolérance absolue. C'était affreux, affreux! »

Dialogue pathétique entre tous !

Robert Poulet

Robert Poulet a raconté dans l'hebdomadaire 'Rivarol', dans un article écrit lors de la mort de Hergé, en 1983, comment il se retrouva nez à nez avec Hergé arrêté : « Dans l'escalier de Saint-Gilles, la prison bruxelloise, s'entassaient des "traîtres" épurés dont l'ensemble s'identifiait à peu près avec l'élite du pays. Les "patriotes" londoniens avaient aussi arrêté Hergé pour le seul motif qu'il avait publié ses dessins dans un journal censuré. Nous échangeâmes, Georges et moi, le sourire vaillant de rigueur avant de rentrer, chacun de notre côté, dans l'enfer ignoble des "cellules à huit"... »

Après 1944, plus jamais Hergé ne serait le Hergé souriant, simple, sans complication, dont les yeux étaient doux et tranquilles comme un ciel traversé d'oiseaux... Il verrait souffrir ou périr au cours de ces temps d'horreur, les plus aimés de ses compagnons.

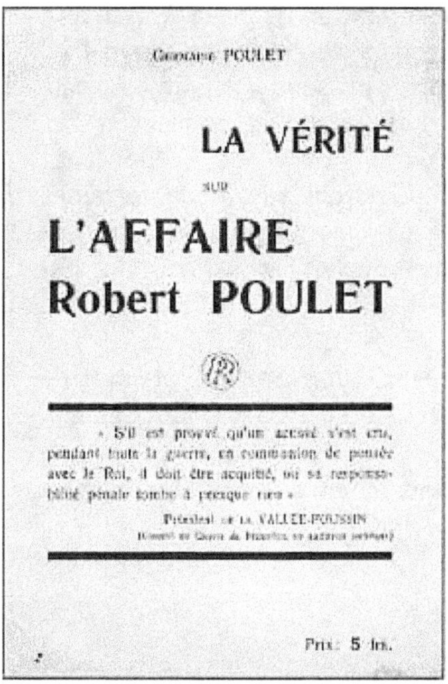

Déjà, Paul Colin avait été assassiné, Paul Herten allait être fusillé, José Streel allait être fusillé, Victor Meulenijzer, son ami de 'Voilà', allait être fusillé. Jam, tout comme Robert Poulet, avait aussi été condamné à mort et pouvait être envoyé n'importe quand au poteau. Pourtant, tous étaient des patriotes irréprochables, des esprits lucides qui, parmi la lâcheté de milliers d'attentistes, n'avaient pensé, lutté que pour que survive leur pays.

Robert Poulet n'échapperait à la mort que parce que sa femme, héroïque comme une Romaine des temps antiques, décidée à tout faire sauter plutôt que de laisser assassiner judiciairement son mari, mit carrément en cause le Roi Léopold III, proclamant que, s'il fallait fusiller quelqu'un pour collaboration, c'était lui, le Monarque inspirateur n° I de la "Collaboration", qui, avant quiconque, devait payer la facture ! Devant l'imminence du scandale, on chargea Robert Poulet, la nuit, dans une voiture ministérielle et, illico, motus et bouche cousue, on le débarqua sur un quai à Paris !

Georges Remi resta toujours solidaire de ses camarades persécutés. Robert Poulet, à qui Hergé offrit son appartement lorsqu'il fut libéré en 1958, l'a rappelé merveilleusement : « On peut bien le dire à présent : entre 1950 et 1960, il fut la providence des "inciviques", le grand recours des honnis et des bannis, dont il connaissait la parfaite honnêteté. Il me rendit, à moi parmi beaucoup d'autres, de grands services aux heures difficiles. Je reste et resterai moralement son débiteur » ('Rivarol', 18 mars 1983).

Jam, lui aussi, comme Robert Poulet, eut longtemps un peloton d'exécution devant le nez.

Mourir pour avoir, comme Jam, brossé de merveilleuses caricatures ! Périr, pour avoir voulu faire rire ! Quel temps de barbares ! Un vieux ministre socialiste qui avait encore de l'humour, Camille Huysmans, sauva Jam, in extremis. Libéré (après six ans de geôle) Le brave Paul changea de pseudonyme. Il s'appela Alidor. À présent, il est, de nouveau, le premier des caricaturistes belges. Les ministres courent à ses expositions, avant tout d'ailleurs parce qu'ils le redoutent ! Dernièrement, l'un d'eux, appelé Gol (Golstein susurrent certaines mauvaises langues), a été jusqu'à préfacer très aimablement un des recueils de dessins cocasses et féroces publiés, jadis, par cet ex-condamné au poteau !

Durant ces années de bêtise et d'horreur, qui, parmi les patriotes de la "Collaboration" ne fut pas broyé par ces persécutions fanatiques ?...

Des milliers des nôtres furent condamnés à mort. Deux cent cinquante-deux furent exécutés.

Tous ceux qui, de près ou de loin –même de très loin ! ne fût-ce qu'en s'abonnant à nos journaux !– avaient participé à nos convictions, se faisaient traîner dans les cachots des tueurs.

Une question accessoire : au temps où Hergé lançait son terrible : « Affreux ! Affreux ! » à l'adresse des bourreaux de la "Libération", qu'étais-je devenu, moi, le chef d'orchestre des collabos de Belgique ?...

Paul Jamin (Jam), caricaturé par Hergé dans une aventure de "Quick et Flupke", dans le 'Petit XXe' du 30 mai 1935.

SIXIÈME PARTIE

L'EUROPE SOUS L'ÉTEIGNOIR

CHAPITRE XXVI

UN AVION DÉGRINGOLE

Depuis ma jeunesse jusqu'à la fin de la Seconde Guerre Mondiale, le 7 mai 1945, les aventures à la Tintin, vraiment, ne m'avaient pas manqué !

De telles péripéties enchantaient Hergé. Le questionnaire dit "de Marcel Proust", auquel il s'était soumis, lui avait inspiré, à la question : « Vos héros dans la vie réelle ? », cette réponse : « Les vrais explorateurs »... Pour lui, j'en étais un, dans la brousse de la nature comme dans celle des hommes.

Au fond, ce que Hergé inventait, du bout de son crayon, moi je le créais à chaque mouvement de ma vie publique.

Des dizaines de milliers de personnes se pressent aux meetings de Léon Degrelle (ici à Lombeek, en 1936).

J'étais déjà une sorte de Tintin lorsque j'avais franchi des milliers de kilomètres de l'Europe sur mon vélo de vingt kilos ! Je l'étais lorsque j'avais inventé mes farces énormes de 'L'Avant-Garde' à l'Université de Louvain. Je l'étais, lorsque muni de faux papiers, je m'étais lancé dans une expédition folle au Mexique !

Tintin, qui allait en naître au 'Vingtième Siècle' peu après, eût pu dès alors tenir ma place, aborder, suivi du fidèle Milou, le poil en l'air, au vieux port de La Havane, débarquer, dans les ruines de la guerre civile, à Veracruz, passer des mois à parcourir les pampas, à grimper jusqu'aux laves et aux neiges du Popocatepelt, à fendre, dans une pirogue les lagunes de l'Ixaltivalt, à rythmer les chants des Indiens aux feux de camp dans le désert de Chihuahua !

Il eût pu, au pont international de Juarez, démuni de visa d'entrée aux États-Unis, se faire dépanner par un évêque de Californie, parcourir ensuite les États-Unis de la Prohibition, se réchauffer dans les gratte-ciel de Chicago, passer, le nez rougi, sous les eaux glacées du Niagara, croquer des pommes fades sur les quais de Montréal, encaisser un pot de fleurs sur la tête lors d'une tempête au Labrador !...

Le charisme public de Léon Degrelle dans la réalité (Lombeek, 1936) et celui de Tintin, imaginé par Hergé ('Tintin en Amérique') sont parfaitement similaires...

Hergé répéterait d'ailleurs peu après moi l'aventure, à sa façon, dans son 'Tintin en Amérique'.

De même que Tintin avait, en imagination, parcouru la brousse du Congo et bravé les éléphants, les léopards, les rhinocéros, les crocodiles et les boas, j'avais fendu à la serpette les lianes échevelées des repaires ténébreux des politiciens belges. J'avais assailli les corrompus, je les avais mis en pièces.

Je dressais ma houppette vengeresse dans d'innombrables meetings marxistes et à la barre même des tribunaux, où j'avais exterminé les Segers et autres forbans. Je rassemblais des dizaines de milliers de "fans" et j'avais, le 24 mai 1936, raflé des centaines de milliers de voix aux vieux partis pourris, les tabassant jusque dans leur parlement sacro-saint. Hergé et moi étions des copains du même âge. Chacun à sa manière, nous réalisions, lui au crayon, moi à la massue, notre scoutisme : être les chevaliers du Bien terrassant le Mal !

Autre aventure similaire des deux Tintin : les prisons, cette fois-ci !

Léon Degrelle parmi ses dizaines de milliers de "fans"
(ici, après la victoire électorale de 1936).

Le Tintin d'Hergé connaîtrait, sans Milou, les cachots de la "démocratie" en septembre 1944 !

Il eût pu déjà, le 10 mai 1940, souffrir, lui, le dessinateur anti-belliciste de 'L'Ouest', les incarcérations –échelonnées de la Mer du Nord aux Pyrénées– que vécut le Tintin-Degrelle de cet été-là.

Vingt et une prisons !

On m'avait collé dès le premier matin, en France, à Dunkerque, à un poteau d'exécution, histoire de plaisanter finement ! À Lille, on m'avait cassé dix dents en une seule nuit ! On m'avait fait boire de force mon urine à la prison de Caen ! Dans l'affolement de la fuite, on m'avait oublié, à la prison de Tours, cadenassé, sans vivres, dans une cellule où clapotait un égout défoncé. On m'avait coffré de nouveau pour me jeter dans un transport de trois cents bagnards de Poissy. On m'avait enfermé, avec dix forçats et un tonneau d'excréments, dans un souterrain de l'Ile de Ré. On m'avait enlevé du Puy-en-Velay, ficelé à la place du mort dans un corbillard. On m'avait livré, pour qu'ils me fissent un sort, à deux cents communistes espagnols enfermés dans le camp du Vernet. J'avais été délivré par trois sauveteurs miraculeux, véritablement in extremis, vêtu seulement d'un pantalon en loques, tapissé d'une barbe broussailleuse comme celle du capitaine Haddock !

En guerre contre les Soviets, au Front de l'Est, Léon Degrelle n'a rien à envier à Tintin au pays des Soviets...

Mon livre 'La guerre en prison' eût tout aussi bien pu s'intituler 'Tintin en prison' !

Chaque fois, le Tintin-Degrelle avait échappé à la mort imminente, comme le petit bonhomme de Hergé avait échappé mille fois aux pièges des complots, aux crocs des fauves et aux flèches des meutes de persécuteurs !

Du front de l'Est, Tintin-Degrelle avait vécu ensuite, de 1941 à 1945, des aventures encore plus haletantes que celles du Tintin-Hergé au pays des Soviets ! Mais, dans mon cas, ce n'était plus inventé, comme lorsque l'ami Georges décrivait les aventures de son petit héros en URSS. Cette fois-ci c'était du vrai !

C'était Degrelle, doublure du Tintin de la jeunesse de Hergé, s'engageant comme simple soldat pour supporter le sort, dans les affres russes, des volontaires les plus déshérités. Il se débattait pendant des mois interminables d'hiver, dans des neiges horribles, par 42° sous zéro. Le rata n'arrivait plus aux postes avancés qu'en glaçons. Les œufs gelés devenaient tout gris, durs comme des pierres préhistoriques. Dès février 1942, il encaissait une première blessure. Il était nommé caporal. Puis, après de terribles combats, promu, cette fois, sergent. C'était Tintin-Degrelle devenant en mars 1942 lieutenant pour la valeur et décoré de la Croix de Fer de Deuxième Classe. Puis, deux mois plus tard, de la Croix de Fer de Première Classe, après la bataille de Kharkov.

En septembre 1942, il parvenait en haut des pics du Caucase ; dans les pluies trépidantes de l'automne. Il avait été alors, comme tous ses camarades wallons, coupé de tout contact par les tempêtes, se nourrissant de la viande noirâtre des chevaux crevés, échoués aux

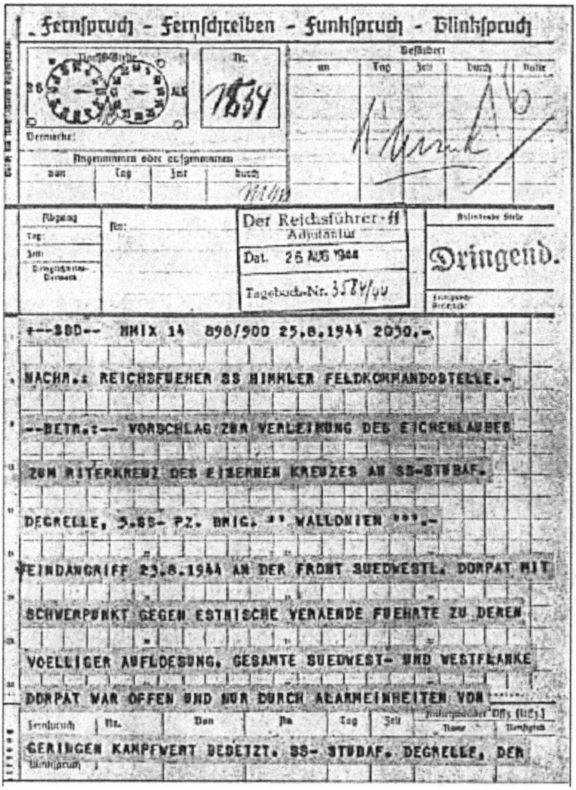

Fernspruch - Fernschreiben - Funkspruch - Blinkspruch

Der Reichsführer-SS
Adjutantur
Dat. 26 AUG 1944
Tagebuch-Nr. 3584/44

Dringend.

+--SBD-- HMIX 14 898/900 25.8.1944 2030.-

NACHR.: REICHSFUEHER SS HIMMLER FELDKOMMANDOSTELLE.-

--BETR.:-- VORSCHLAG ZUR VERLEIHUNG DES EICHENLAUBES

ZUM RITERKREUZ DES EISERNEN KREUZES AN SS-STUBAF.

DEGRELLE, 5.SS- PZ. BRIG. " WALLONIEN ".-

FEINDANGRIFF 23.8.1944 AN DER FRONT SUEDWESTL. DORPAT MIT

SCHWERPUNKT GEGEN ESTNISCHE VERAENDE FUEHRTE ZU DEREN

VOELLIGER AUFLOESUNG. GESAMTE SUEDWEST- UND WESTFLANKE

DORPAT WAR OFFEN UND NUR DURCH ALARMEINHEITEN VON

GERINGEN KAMPFWERT BESETZT. SS- STUBAF. DEGRELLE, DER

Télégramme du Maréchal Schoerner au Reichsführer SS Heinrich Himmler proposant d'accorder les Feuilles de Chêne à la Croix de Chevalier de la Croix de Fer au SS-Sturmbannführer Léon Degrelle.

courbes des torrents. Il avait été atteint par un obus tombé à quatre-vingts centimètres de lui, l'œsophage huit fois lacéré, le ventre blessé sur dix-sept centimètres. En février 1943, nouvelles aventures : à Tcherkassy, devenu Commandeur de la 55 Brigade d'Assaut Wallonie, il avait enfoncé, après dix-sept jours et dix-sept nuits d'empoignades hallucinantes –et quatre blessures !– la boucle infernale des trois cent mille Soviétiques qui encerclaient onze divisions européennes au bord de l'anéantissement.

Hitler le faisait amener le lendemain même, dans son avion spécial, du front d'Ukraine à son Quartier Général de Prusse Orientale et lui accrochait au cou le Collier de la Ritterkreuz ! Jouer ainsi au Tintin pour de vrai, c'était champion !

Six mois plus tard, en août 1944, autres exploits. En Estonie, cette fois ! Tintin n°2 sauvait, une deuxième fois, le front de l'Est rompu. Le Maréchal Schoerner, Commandant en chef le Groupe d'Armées du Nord, télégraphiait à Himmler : « C'est à Degrelle qui a déjà maintes fois fait ses preuves de soldat et d'officier dans des moments difficiles, que revient le mérite décisif d'avoir empêché le 23 août que la ville extrêmement importante de Dorpat ne tombe aux mains de l'ennemi. Cette action également décisive pour la poursuite des combats porte la marque d'une volonté de combat unique en son genre. »

Une deuxième fois, un avion spécial était venu pêcher Tintin-Degrelle sur le champ de bataille. Cette fois-ci, Hitler lui avait remis les fameuses Feuilles de Chêne, la Croix Allemande en or, la Médaille d'or des blessés et l'insigne en or du combat rapproché, qui ne fut accordé pendant la guerre qu'à onze soldats, pour plus de cinquante combats directs officiellement catalogués ! Le Grand Patron le serrait dans ses bras, déclarant : « Si j'avais un fils, je voudrais qu'il fût comme vous ! »

Il y eut d'autres affirmations explicites de Hitler, que 'France-Soir' publia le 11 janvier 1973, dans un article intitulé "La mort de Bormann". Martin Bormann, qui périt le lendemain de la mort du Führer et avait été un de ses trois derniers compagnons, a expliqué, avant de périr lui-même, au médecin SS Dr. Stumpfagger ce que le chef du Troisième Reich lui avait avoué peu avant de se suicider : « Le Führer avait exprimé son regret de ne pas avoir confié le commandement de ses troupes à Léon Degrelle » ('France-Soir', 11 janvier 1973). La dernière pensée de Hitler, confiée à Bormann, apporte une preuve assez étonnante de l'évolution européenne du chef du Reich, qui n'eût pas trouvé anormal qu'un non-allemand commandât ses armées comme l'avait fait jadis le Wallon Tilly de 't Serclaes, à la tête des armées germaniques, à la Montagne Blanche, lors de la Guerre de Trente Ans.

Maintes fois, en 1944 et 1945, le Führer avait dit qu'il voyait en Degrelle, si celui-ci survivait au front, le futur chef politique de l'Occident. C'est dans cet esprit qu'il faut comprendre la mission confiée par Hitler à Léon Degrelle à Paris en 1944, lorsqu'il vint expliquer, au Palais de Chaillot, à dix mille Français, au Gouvernement de Pierre Laval et à l'Ambassade du Reich, l'avenir de l'Occident dans l'Europe en création. (À rapprocher de la déclaration du philosophe allemand le Comte de Plattenberg : « Les Belges, dans leur Histoire, ont eu deux chances : Charles-Quint et Léon Degrelle »)...

Les derniers mois de guerre au Front de l'Est avaient été menés au long de mille kilomètres de la Mer Baltique, du Golfe de Finlande jusqu'à la rade de Copenhague. Combats d'un acharnement inouï en Prusse Orientale, sur l'Oder, à travers toute la Poméranie ! La moitié des morts de la Division Wallonie –afin de maintenir encore les Soviets le plus éloignés possible de la Belgique– étaient tombés au cours de ces batailles du désespoir. La plupart des blessés étaient atteints par des grenades soviétiques jetées à ras le sol ; arrachant les organes sexuels réduits en bouillie, ou déboîtant la mâchoire inférieure, d'où pendait une longue langue bleuâtre, gluante de caillots de sang...

« SI J'AVAIS UN FILS, JE VOUDRAIS QU'IL FÛT COMME VOUS… »
Le Führer remet la "Ritterkreuz" à Léon Degrelle, le 20 février 1944 (seuls 28 Waffen SS européens en sont titulaires).

Au moment où les Alliés avaient été sur le point de fermer leur nasse, une centaine des derniers survivants étaient parvenus, une semaine avant la fin des hostilités, à se faufiler entre Anglais et Russes et à atteindre le Danemark. Là, première capitulation du Reich ! Une nouvelle fois, renouvelant les escamotages de Tintin, je m'étais extrait de la tenaille déjà refermée, j'avais pu parvenir à une barque à la côte, rejoindre un dragueur, face à la Suède, atteindre, à travers des centaines de kilomètres de mer jonchée de mines, le dernier front anti-soviétique qui subsistait, celui de Norvège. Mais le 7 mai 1945, à 14 heures était tombée, sur un petit poste de radio, la nouvelle fatidique : capitulation partout !

Était-ce, pour de bon, fini ?…

Mais non ! Pour un Tintin, rien n'est jamais fini! Je n'entendais, en aucune façon, tomber dans les mains de Staline, ou de ses alliés, spécialistes des Pompes funèbres !

Un avion était abandonné à l'arrière du dernier champ de bataille. C'était un bi-moteur Heinkel, qui avait appartenu au Ministre Speer. Des

« Vous m'avez donné tant d'inquiétude » : Adolf Hitler remet les Feuilles de Chêne en argent et l'Agrafe en or des combats rapprochés à Léon Degrelle, le 27 août 1944 (seuls trois Waffen SS non-Allemands ont reçu les Feuilles de Chêne).

hommes décidés pouvaient encore se hisser dedans. Ce serait le dernier raid de la guerre que tenterait un avion du Reich.

Mais où aller? En Islande? Alors, c'était tomber chez les Américains !

En Espagne? Mais il manquait normalement au Heinkel de l'essence pour pouvoir franchir les cent cinquante derniers kilomètres ! Tant pis ! Il fallait risquer le coup ! À minuit moins vingt, sans même un guide au sol, dans l'obscurité absolue, Tintin-Degrelle et ses cinq derniers compagnons allaient tenter une nouvelle –et peut-être dernière– aventure !

La nuit du 7 au 8 mai 1945, l'Europe, jusqu'aux Pyrénées, était occupée par les vainqueurs. La capitale de la Norvège, qu'il fallait traverser avant d'atteindre le Heinkel, était ce soir-là dans une prodigieuse effervescence. Qu'allait-il se passer ? Où Tintin avait-il jamais connu personnellement pareille équipée ? Des milliers de grands garçons sportifs et de splendides filles blondes caracolaient en fête dans les rues. Dans ma petite Volkswagen, Feuilles de Chêne au cou, je portais toujours mon uniforme de Commandeur de Division de la Waffen SS. S'il fallait périr, je voulais que ce fût fièrement, à l'ordonnance ! Mais comment traverser intact cette ville en folie ? La voiture avançait à petits coups parmi la cohue. La ruée humaine était joyeuse. Pour rester dans le ton, je saluais de la main les belles Walkyries, plus réjouies que belliqueuses. J'arrivai ainsi sans trop d'accrocs jusqu'à un pré obscur où le Heinkel était immobilisé. Pour lui, la guerre n'était pas finie. La vraie aventure allait commencer.

Le Heinkel 111 d'Albert Speer, ministre de l'Industrie du Reich.

À vingt-trois heures quarante minutes, aussi leste que Tintin, j'avais pu bondir dans l'avion avec mes cinq derniers casse-cou. Je décollai à toute vitesse sur l'herbe et disparus en quelques secondes dans le noir de la nuit.

Je risquais tout, préférant n'importe quelle mort à une reddition. Peut-être y avait-il deux ou trois chances sur cent de ne pas être abattu en cours de route par les canons anti-aériens des Alliés, toujours agressifs malgré que la guerre fût finie...

Le Heinkel n'avait pas une autonomie de vol suffisante pour arriver jusqu'aux Pyrénées. Mais qui sait ?

En auto, lorsque le voyant marquant la fin du réservoir d'essence s'est allumé, souvent la voiture continue pendant quelque temps. Peut-être le Heinkel tiendrait-il le coup jusqu'au bout. Sinon, bon ! On s'écraserait n'importe où dans le noir : le coup de poker serait clos proprement. C'est une joie de pouvoir choisir soi-même sa manière de mourir...

L'avion traverserait tout le Continent jusqu'à Paris, dans l'éclaboussement des centaines d'obus des adversaires. Leurs artilleurs donneraient en notre honneur, le plus éblouissant des feux d'artifice. C'était grandiose. Les détonations éclataient partout autour de l'appareil, comme d'immenses gerbes de fleurs blanches, dorées, écarlates. Fantastique splendeur de funérailles, s'il fallait terminer le raid en funérailles !

Mais j'avais bien calculé mon affaire. La guerre s'était terminée à deux heures de l'après-midi. Depuis lors, dix heures s'étaient écoulées, au cours desquelles les Anglo-américains avaient très certainement ingurgité des océans de whisky, de cognac et de champagne afin de noyer leur victoire dans des fleuves de félicité ! J'en étais sûr, ils viseraient de travers ! Il suffirait, pour ne pas être abattu, de survoler les campagnes à très haute altitude, hors de portée de tir, puis de plonger brusquement, lors de la traversée des grandes villes, en rasant presque les toits, les centaines de canons antiaériens de ceinture ne pouvant travailler qu'à la verticale ! Pas un projectile allié n'atteindrait la cible...

Après une extraordinaire odyssée, le Heinkel de Léon Degrelle s'écrase à l'aube du 8 mai 1945, à court de carburant, sur la plage de San Sebastian.

À trois heures du matin, ultime évocation de la gigantesque Croix Gammée, tracée dans le ciel de Paris par les escadres aériennes de la Luftwaffe en mai 1940, les Croix Gammées rutilantes de notre Heinkel avaient dit un adieu romantique aux deux ou trois millions de Parisiens qui s'ébattaient dans les rues de la ville en délire, sans se douter que juste au-dessus d'eux, à cent mètres peut-être, passait, pour la toute dernière fois, dans le rugissement des moteurs, l'emblème fameux d'Adolf Hitler ! Après Paris, le Heinkel avait été englouti dans la nuit totale, le pays étant noyé dans l'obscurité, tel que l'ordonnait encore le règlement de la protection contre les bombardements aériens.

Nous ne possédions qu'une boussole pour nous guider. Fonctionnait-elle correctement ?... Longtemps, tant était énorme l'ombre, je crus que nous nous étions fourvoyés au-dessus de l'Atlantique. L'avion haletait. Allait-il tomber, essence épuisée, en plein océan ?...

Tout d'un coup, véritable coup de théâtre : Un grand bras gris était apparu, comme collé au sol. C'était, à l'ouest de Bordeaux, l'estuaire de la Gironde! Depuis la Norvège, nous ne nous étions pas déroutés de cent mètres !

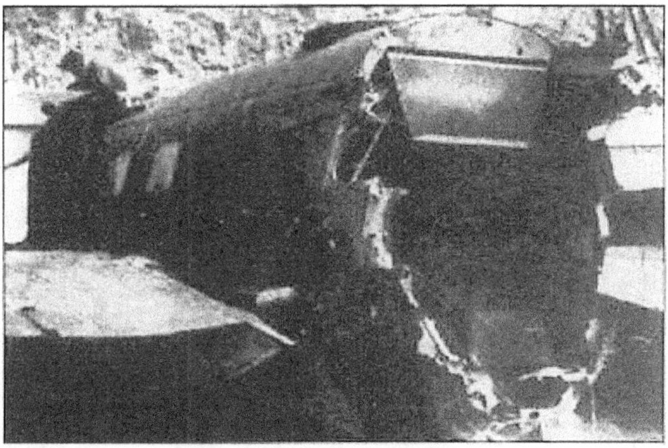

Sous la violence du choc, la carlingue du Heinkel s'est coupée en deux...

Plus tard, une très fine ligne, mince comme un fil d'argent, presqu'irréelle, s'était dessinée au loin, coiffant des sommets. Les Pyrénées ! Le salut possible était là ! Mais le Heinkel ahanait de plus en plus. L'appareil descendait, descendait... Nous avions déjà retiré nos grosses godasses du front –trois kilos !– pour pouvoir nager dans les flots. L'avion allait-il sombrer à un quart d'heure de la délivrance ?...

Les débris du Heinkel 111 de Léon Degrelle ont été rassemblés dans un hangar à Logrono : pour son ultime voyage, il aura parcouru quelque 2200km en sept heures...

Alors, brusquement, dans les premières heures de l'aube, une haute falaise noire se dressa. Il resta juste assez d'essence pour la sauter, piquer du nez vers la blancheur d'une baie. Nous nous jetâmes vers elle.

En un éclair, nous vîmes que nous allions nous briser sur un autre rocher qui soutenait, nous l'apprîmes plus tard, le palais royal de San Sebastian. Nous ramenâmes en catastrophe vers la soute les deux roues afin de freiner au maximum l'atterrissage, de toute la masse de la coque. Miracle ! Le Heinkel, ventru, rejoignit en quelques secondes le sable et glissa dessus ! À cet instant, brusquement, un moteur sauta sur un obstacle, l'avion bifurqua, fonça dans la mer, s'abîma à cent mètres, au ras des flots. Nous avions de l'eau, exactement jusqu'au gosier. Mais la pointe d'une aile surnageait. De ma seule main encore valide, je m'y accrochai. Que vis-je ? Sur la plage, au loin, deux tricornes luisaient ! Deux "Guardias civiles" ! L'Espagne !

Béni était le dieu de Tintin, nous étions sauvés !

J'étais blessé grièvement. Cinq fractures ! Et l'épine dorsale salement tassée. Si bizarre que cela puisse paraître, ce fut le tout grand coup de la chance ! Car si je m'étais abattu intact dans la fraîcheur de l'eau du petit matin, les autorités espagnoles m'eussent aussitôt prié d'être assez aimable pour aller me faire pendre d'ailleurs !

J'allais rester longtemps coincé dans une sorte de lourd carcan de plâtre, du cou jusqu'au pied gauche. J'étais, pour des mois, intransportable où que ce fût. À la fin de juillet 1945, une ambulance fut envoyée à l'hôpital militaire Mola de San Sebastian pour m'emmener à Barcelone où l'on me confierait à l'avion qui ramènerait le président Laval aux Alliés. Mais quoi, l'on ne pouvait pas m'emporter en pièces détachées ! L'ambulance repartit à vide.

Comme disaient mes soldats « Chance Degrelle, chance éternelle ». À cette chance-là, hautement Tintinesque, le travail ne manquerait pas !

On va le voir.

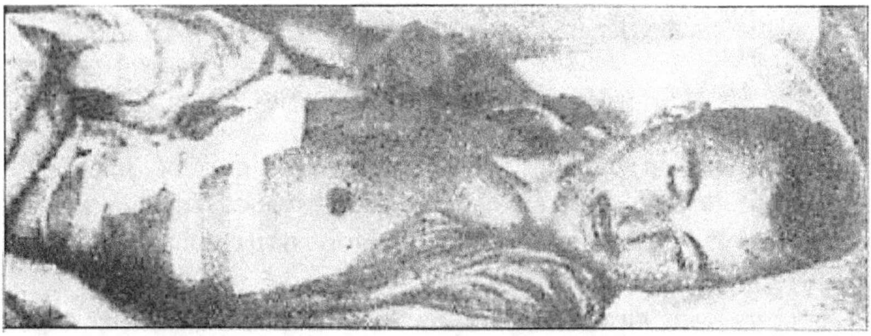

Léon Degrelle à l'hôpital de San Sebastian : ce sont ses graves blessures qui, en l'empêchant d'être livré aux autorités belges, lui sauveront la vie...

CHAPITRE XXVII

AU PAYS DES 100 000 ARRESTATIONS

Au lieu de risquer d'être carbonisé dans les débris d'un avion qui pouvait, presque à coup sûr, être abattu par les Alliés la nuit du 7 au 8 mai 1945, pourquoi le Tintin-Degrelle n'était-il pas venu, à l'heure de la Capitulation du 7 mai 1945, se présenter tout simplement aux Alliés occidentaux ?

Qu'on fût d'accord ou non sur sa décision de lutter au Front de l'Est contre les Soviets, il avait combattu bravement, risquant cent fois sa peau pour ce qu'il estimait être un idéal. En soi, c'était respectable. Normalement, entre gens d'honneur, le vainqueur salue l'adversaire courageux qui, le cœur et les mains propres, n'a pas eu la même chance que lui.

Mais en 1945, il n'était plus question d'honneur, sinon de haine. En 1940 déjà, il s'agissait d'une guerre de religion (« crois en la démocratie, ou meurs ! »). J'avais alors déjà failli périr sinistrement, sans explication quelconque. Mes vingt et un compagnons de cellule, absolument inconnus de leurs bourreaux mêmes, avaient été massacrés, comme des bêtes, le 21 mai 1940 à Abbeville. Tragique avertissement ! Je n'allais pas, le 8 mai 1945, me faire piéger une deuxième fois.

Dès le début de son exil, Léon Degrelle s'est efforcé de défendre l'engagement des Bourguignons dans la construction de l'Europe nouvelle (ici 'Europe Amérique' de septembre 1949).

Sans cette expérience lancinante de mai 1940, je me fusse présenté le front haut, à l'heure de la capitulation générale, aux troupes alliées de l'Ouest. Je ne m'étais même pas battu contre elles, mais, exclusivement, contre les Soviets.

Déjà, depuis septembre 1944, la presse belge débordait de récits sauvages des persécutions auxquelles étaient soumis les Rexistes restés au pays. Nul d'entre eux n'avait même pu s'expliquer honnêtement. Cent mille braves gens avaient été rossés, tabassés, enfournés à douze ou quinze en même temps dans des cachots d'infamie. Aux petits matins, dans les casernes et dans les préaux des prisons, résonnaient les salves de pelotons d'exécution. Je savais à l'avance qu'à peine livré, je serais assassiné.

Je voulais bien mourir, mais après avoir dit leurs quatre vérités aux lâches de 1940-1944 qui, une fois la guerre gagnée par d'autres, s'étaient improvisés bourreaux, aveuglément omnipotents.

Pour pouvoir dire un jour le vrai, il fallait momentanément survivre. D'où l'aventure folle –et réussie– du vol Norvège-Espagne la nuit qui suivit la fin de la guerre. Et la vieille chance qui avait fait de moi, dans mon avion coupé en deux morceaux, le grand blessé qu'on ne pouvait plus, du moins provisoirement, livrer à des persécuteurs impatients.

Mais les autres, empilés dans mille geôles, au pays, que devenaient-ils? La hâte d'en finir avec eux était telle qu'à peine les Alliés entrés en Belgique, en septembre 1944, la chasse à l'homme avait commencé. Hergé s'était vu coincé, comme cent mille autres Belges raflés comme des rats. Pour ces traqueurs de gibier humain, nous étions tous, indistinctement, des criminels avérés.

Moi le premier ! À toute vitesse, lors de l'offensive du Maréchal Von Rundstedt à la mi-décembre 1944, un Tribunal belge d'exception m'avait, en quelques quinze minutes, par coutumace, condamné à mort. Sans citation, sans dossier sans avocat ! Avec des attendus d'une insanité presque risible. Une douzaine de lignes en tout.

Mes "crimes de guerre" ? Quels "crimes de guerre" ?

TRIBUNAL MILITAIRE DE BRUXELLES .

Jugement du mercredi 27 Décembre 1944.

Le Conseil de Guerre présidé par M.Michielsen a statué sur le cas de Léon DEGRELLE, sur le réquisitoire de M.l'Auditeur Militaire Couturier.

Sept infractions sont retenues :

I-Avoir porté les armes contre la Belgique et ses Alliés.
2-Avoir fourni aux ennemis de l'Etat des secours en soldats et en hommes.
3-Avoir participé à la transformation par l'ennemi d'institutions légales.
4-Avoir formé un complot dont le but était d'exciter à la guerre civile.
5-Avoir levé ou fait lever des troupes armées sans y être autorisé par l'Et
6-S'être mis à la tête de bandes armées pour s'emparer des deniers publics , propriétés,places,villes;appartenant à l'Etat.
7-Avoir créé des milices privées ou d'autres organisations particulières dor l'objet est de recourir à la force ou de suppléer l'armée ou la police.

Réquisitoire très bref de M.l'Auditeur Couturier : depuis 1941,Léon DEGRELLE recrutait des hommes pour une Légion combattante et a institué les Gardes Wallonne qui devaient exercer des fonctions de surveillance qui sont en principe confiées à l'armée. Il a fourni des secours en hommes et en main d'oeuvre,créant un bataillon féminin de la Croix Rouge et un Service Agricol destiné à envoyer des belges en Prusse Orientale.

Il a favorisé la politique de l'ennemi en mettant dès le I-I-1941 son Parti au service de la politique Nationale-Socialiste.

En mai 1941,il a fait un accord avec le V.N.V. pour partager le pays en deux communautés distinctes. Plus tard,il a développé le thème de l'intégrat dans le Reich de la partie wallone,qu'il disait d'origine germanique, et de l'annexion par l'Allemagne, de la Belgique ou d'une partie de la Belgique

Il a préparé la guerre civile en créant des bandes armées pour la conqu du pouvoir,la Garde Wallone et la Légion Wallonie devant accomplir la Révolution Nationale Socialiste.

Léon DEGRELLE a été condamné à mort par fusillade à Saint-Gilles.

Dans un délai de six mois,s'il n'a pas été fait opposition au jugement,DEGREL sera déchu de la nationalité belge.

La condamnation à mort de Léon Degrelle, le 27 décembre 1944 : un modèle de justice expéditive qui, sans avoir entendu l'accusé, lui reproche de préparer une guerre civile qui faillit bien éclater au même moment par l'action des "résistants" communistes…

Je n'en avais commis aucun. Tout ce qu'on écrivit à l'époque là-dessus n'était que mensonges et bobards. On m'avait notamment collé sur le dos l'exécution, le 18 décembre 1944, de maquisards pincés en Ardenne, à Bande. Or ce jour-là, cent journaux l'établissaient, je parlais à Vienne à une grande assemblée de la presse internationale ! Pour m'accabler, la Commission des Crimes de guerre se rendit sur place. Elle dut bien reconnaître que c'était une unité d'Alsaciens de la Wehrmarcht, commandée par un suisse francophone, qui avait mené cette opération ! Elle publia, dans une brochure officielle, ses conclusions, me mettant complètement hors jeu. Parfait. Mais pas un seul journal belge n'en fit jamais état. Le crime fut mis au garage.

J'avais aussi, affirma la presse dans de gros titres, liquidé, la nuit du nouvel an de 1944, un bourgmestre de la banlieue de Bruxelles qui portait le nom champêtre de Pêtre. Or j'ignorais même qui était le Pêtre en question. Il fallut attendre un conseil de guerre, en 1947, pour que celui-ci reconnût ma totale innocence : C'étaient trois flamands de

Funérailles de Prosper Teughels, bourgmestre de Charleroi, assassiné par des "résistants" dès novembre 1942. Victor Mathys, chef a.i. de Rex, suit la famille ; il sera lui-même exécuté en 1946…

l'organisation DeVlag qui avaient procédé à cette exécution, et qui le reconnaissaient.

On m'attribua encore la fusillade de trois Bouillonnais (Bouillon, mon pays !). Ceux-là, sans que j'ai eu la moindre idée de leurs déplacements, avaient (je ne l'appris que trente ans plus tard) été incarcérés à Neufchâteau, puis à Arlon. Enfin, voyage presque incompréhensible, Ils avaient été ramenés près de Bouillon, au seuil d'un bois. D'après les Feldgendarmes qui les accompagnaient, les trois suspects devaient leur signaler l'entrée forestière par où débouchaient des gens du maquis. Au lieu de cela, ils avaient, parait-il, voulu s'enfuir et s'étaient fait abattre alors qu'ils avaient déjà franchi quinze mètres vers les fourrés. Explication exacte ou non, les feldgendarmes allemands, au lieu de camoufler cette exécution, s'étaient rendus aussitôt à la Gendarmerie de Bouillon afin de mettre leurs collègues belges au courant de l'événement. De moi, il ne fut pas question une seconde. J'étais d'ailleurs, ces jours-là, à Paris ! Après la guerre, les feldgendarmes allemands furent retrouvés dans leur pays et extradés en Belgique ; on les traduisit en conseil de guerre à Dinant.

Ce n'est pas honorer les trois victimes de Bouillon que d'attribuer leur mort à une personne étrangère à leur destin mais à qui l'on veut nuire par principe. Aujourd'hui de lourds barreaux tentent de protéger le mensonge…

C'était l'occasion unique de ressortir mon cas si celui-ci, dans cette affaire, avait eu une base quelconque. On s'en garda bien. Mon nom ne fut même pas évoqué. Les feldgendarmes allemands furent condamnés à mort et exécutés.

Il n'empêche qu'à l'endroit où périrent ces pauvres Bouillonnais, une plaque commémorative explique aux passants qu'ils ont été exécutés « par la Gestapo sur ordre de Léon Degrelle ». Quatre fois, la plaque a été détruite par des visiteurs scandalisés. On l'a remplacée hâtivement, chaque fois, avec un zèle rageur. Dans mon exil lointain, je ne puis que plaindre de tout cœur ces trois compatriotes morts, je ne sais encore pourquoi, en ce mois de juillet 1944, comme j'ignore encore complètement ce qui a pu se passer au long de leur périple Neufchâteau-Arlon-Bouillon. En ce qui me concerne à cette époque, j'avais quitté mon cher pays natal pour toujours. Dans cette affaire, jamais la moindre inculpation ne fut lancée contre moi, ni la moindre recherche envisagée. Mais la plaque reste là, ignoblement accusatrice.

Je ne serais jamais, par la suite, inculpé, où que ce fût par qui que ce fût, d'un méfait de guerre quelconque. Pas même par les Soviets (comme l'a vérifié méticuleusement la chaine française FR3, avant de passer commande au cinéaste et scénariste de bandes dessinées Jean-Michel Chartier de deux films sur ma vie). J'avais été un soldat, un soldat courageux, et je n'avais certes pas à en rougir.

Alors, en dehors des racontars d'alors, tous dégonflés aujourd'hui, qu'avait-on trouvé ? On m'avait condamné pour avoir lutté « contre un Allié de la Belgique ». Qui était ce fameux Allié ? C'était Staline !

Il est presque drôle aujourd'hui de devoir reconnaitre qu'une telle amitié soviético-belge –avec le plus grand assassin du siècle !– ait été alors invoquée à ma charge par des magistrats de service ! C'était, au surplus, tout à fait grotesque, car, en mai 1941, donc trois mois avant le départ de la Légion Wallonie pour le Front de l'Est, Staline s'était comporté tellement en Allié de la Belgique qu'il avait flanqué l'ambassadeur belge à la porte de Moscou, rompant toutes relations diplomatiques avec le gouvernement belge de Londres !

Dans mon aventure, les côtés drôles n'ont jamais manqué. Commandeur, à l'automne de 1944, d'une Division de Waffen SS, j'étais encore –imaginez-vous cela !– député de Bruxelles ! Et le député alors élu par le plus grand nombre de "voix de préférence" de toute la Belgique ! J'eusse pu apparaître brusquement au Parlement Belge, en uniforme du Front de l'Est, la Ritterkreuz et les Feuilles de Chêne au cou ! Il n'y avait plus malheureusement, en septembre 1944, de train Berlin-Bruxelles me permettant de surgir ainsi au Parlement belgicain. Vous imaginez la stupeur des "honorables" collègues ! Mon absence fut, en tout cas, un coup dur pour les photographes de presse !

Je ris. Mais au fond, je devrais pleurer car ma chance, ce sont mes malheureux parents qui allaient la payer à ma place...

M'ayant manqué, les coupeurs de têtes de la Libération se rueraient sur ces deux vieillards, presque octogénaires, de même que sur ma jeune femme, sur mes cinq enfants –une de mes fillettes, Marie-Christine, de huit mois, serait, pendant quelques semaines, la plus jeune internée du monde !– sur mes sœurs, sur mes beaux-frères (mon frère avait été assassiné), sur la tribu de mes neveux et nièces.

Ma mère serait jetée, jusqu'à la veille de sa mort, dans une cellule affreuse où cinq prostituées s'enfonçaient une carotte dans le bas-ventre pour se maintenir en état ! Il lui fallut supporter ces spectacles jusqu'à peu avant son trépas. Elle ne verrait même jamais un juge. De quoi eût-on bien pu l'accuser, sinon du crime de maternité ! Elle mourrait pour expier ce forfait, après deux ans de souffrances indicibles.

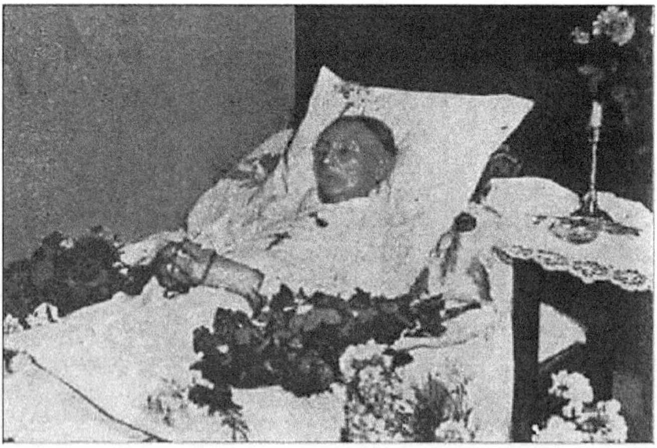

Arrêtée en 1945, la Maman de Léon Degrelle, 79 ans, fut trainée de prison en prison et mourut de chagrin et d'épuisement le 28 octobre 1947. Son époux ne lui survécut que quelques semaines : son cadavre nu fut montré à ses enfants à la prison de Saint-Gilles le 11 mars 1948.

Le Papa de Léon Degrelle au cours de son "procès" (30 mai 1947). 'La Lanterne' titra : "Il s'en tire avec 8 ans de prison. C'est un vieillard chancelant secoué de sanglots que la Justice a frappé."

On retrouverait d'autre part, trois mois après, le cadavre nu de mon père dans une cave de la prison de Saint-Gilles.

Quant à mon beau-frère Charles Raty, simple directeur comptable, il fut torturé cent fois. L'aumônier de la prison de Saint-Gilles le retrouverait, un petit matin, étendu dans son cachot dans une énorme flaque de sang. Des voisins de cellule l'avaient entendu lancer des appels au secours. Nul gardien, bien sûr, n'avait répondu à son ultime appel. Ma femme, qui n'était pas belge, mais citoyenne française, et qui n'était même pas membre du mouvement rexiste, écoperait, elle, de dix ans de travaux forcés ! Mon petit garçon, mes quatre fillettes ne sauraient même plus pendant quatorze ans, si leur père était encore vivant ! Sur les quelques photos de famille que la police avait, à regret, laissées à ces enfants, on avait soigneusement découpé un rectangle : celui où, avant, ma tête apparaissait ! Mes sœurs, toutes mères de famille nombreuse, resteraient emprisonnées pendant des années. Mes neveux et nièces seraient dispersés dans tous les sens, sauf les moins jeunes (seize ans !) qui seraient eux aussi incarcérés !

Quant à nos biens, notre belle propriété de la Drève de Lorraine, ancien pavillon de chasse de Charles-Quint, nos admirables meubles anciens rassemblés avec un goût exquis par ma femme, mes incunables, mes épées de Napoléon, mes primitifs flamands, mes tapisseries, la galerie des gloires de la Grande Bourgogne, mes dix mille cartes géographiques coloriées à la main, du XVIème et du XVIIème siècles, impeccables dans leurs reliures authentiques, tout fut imbécilement volatisé.

Rien ne réapparut jamais. Où ces trésors d'art ont-ils bien disparu? On compléta le brigandage en me collant au hasard une amende de cent millions de francs belges !

Pour finir, on démolit, pierre par pierre, ma maison natale à Bouillon, et on édifia sur le terrain purifié... un palais de justice ! Une histoire de fous ? Non, une histoire authentique, que les touristes vérifient chaque jour d'été, depuis les berges de la Semois, qui longe la vieille propriété de mes parents.

Jadis, les chefs vaincus étaient traités avec courtoisie. Avoir perdu son combat est déjà une souffrance, très cruelle en soi : avoir vu s'évanouir tous ses rêves, n'être plus que l'errant de l'espérance perdue ! Le vainqueur de Breda (25 mai 1635), immortalisé dans l'admirable tableau de Vélasquez au Prado de Madrid, tendait, ému, ses bras vers l'adversaire qui lui remettait, consterné, son épée désormais inutile. Tout dans le regard de l'Espagnol qui l'accueillait était affection et compassion. Nos vainqueurs à nous, en 1945, n'étaient que des brutes inhumaines : on incarcérait en vrac, on assassinait ; quand on ne pouvait pas saisir le fils, on faisait périr la mère...

« Affreux! Affreux ! », répéterait épouvanté, notre cher Hergé.

"La reddition de Breda" ('Las Lanzas'), par Velázquez.

Au fond, je préfère mille fois, aux gros plaisirs dont ont joui nos bourreaux, toutes les douleurs que nous avons subies dans les détresses de l'exil. Un grand idéal a donné un sens à nos existences. Nous avons, nous au moins, vécu noblement.

Les autres, nos persécuteurs, sont presque tous morts à cette heure. Quelles ont bien pu être leurs dernières pensées ? De la honte ? D'ultimes bouffées de haine ?... Finalement, je les plains. Ils ont raté leur vie.

Les mêmes fureurs, aux derniers jours de la guerre, s'étaient abattues sur nos soldats. Ces garçons avaient sacrifié quatre ou cinq de leurs plus belles années pour aider à la résurrection de leur pays. S'étaient-ils trompés dans leur don ?... Mais même, s'ils avaient erré, leur sacrifice avait été pur, désintéressé, leur idéal avait été absolu. Ce sacrifice, on le bafoua. On enfourna ces jeunes héros, par milliers, pour de longues années, dans des prisons sordides, ou on les envoya extraire du charbon à mille mètres sous le sol au Limbourg, et y empoisonner à jamais leurs poumons. Le front, puis le bagne remplirent dix ans de leur jeunesse !

Au cours des premiers jours de leur retour, livrés comme du bétail par les Anglo-Américains, on en avait assassiné un certain nombre. L'un de nos soldats, appelé Paquet, fut tué à coups de barre de fer. Un autre, Gustave X.., fut enfermé à la gare de Charleroi dans une niche à chien où on l'obligeait à aboyer sans répit ! D'autres avaient été éborgnés à coups de crochets de ceinturons.

Qui humiliait-on ? Nos jeunes garçons, eux, se sentaient des âmes de rois près des voyous qui les persécutaient !

Il y eut tout de même à cette époque un militaire belge, un homme d'honneur, un ancien Croix de Feu, combattant des deux guerres, la Capitaine Van Den Borg, pour oser s'indigner, et pour écrire sa protestation :

> « Une catégorie de gens qu'on traite d'inciviques ou de traîtres sont ceux-là qui ont été combattre le Communisme au front : je dis que ce ne sont ni des inciviques, ni des traîtres. Pour ces jeunes, c'était un idéal d'aller combattre le Communisme, et je vous prie de croire qu'il fallait du courage pour combattre sous

30 ou 40 degrés au-dessous de zéro. Oui, il fallait que leur idéal soit drôlement accroché. »

À l'image de ce soldat d'élite, un civil belge, connu dans le monde entier eut le courage lui aussi de se dresser publiquement contre ces outrages.

Qui?

Hergé ! Hergé l'universel ! Mon cher, mon vieil ami Hergé !

Dans une interview qu'il donna au journal flamand 'Humo' le 11 janvier 1973, il eut le cran, martelant chacun de ses mots, de dire bien haut : « Degrelle était un homme respectable, il a été lui-même au front de l'Est, il n'y a pas seulement envoyé quelques pauvres diables. Et militairement parlant, il s'est comporté là-bas COMME UN HEROS » ('Humo', 11 janvier 1973)

Dans leur croisade antibolchevique au Front de l'Est,
les Wallons ont emporté et imposé leur foi catholique.

Le Roi Léopold III lui-même ne parviendrait à échapper à la persécution des hyénidés de la "Résistance" qu'en choisissant l'abdication.

La réalité de la guerre : morts et blessés…

Un membre de la Chambre des Députés belges, le socialiste Gailly, de Charleroi, alla jusqu'à menacer de mort le Roi Léopold, au cours d'un grand meeting de foule qu'il donna à Huy. Il ne faut pas craindre de répéter, pour la honte de cette époque, les appels à la haine sauvage que lança au peuple belge ce dirigeant du parti de Monsieur Spaak. « Popol de Saxe Cobourg verra sa tête couronnée rouler sous les coups. » Il accompagna son discours de ces précisions de cannibale : « Comme cela s'est produit en 1789 et 1848, les réactionnaires seront punis à l'échafaud, et Léopold III et sa progéniture n'oublieront jamais que lors d'une révolution populaire, les têtes couronnées laissent leurs couronnes sur les escaliers de l'échafaud. » Si le Roi Léopold n'avait pas cédé et abdiqué, les Gailly et autres énergumènes socialistes étaient prêts, on le voit, à faire rouler la tête du Monarque dans de la sciure de bois démocratique !

Léon Degrelle se recueille devant la dépouille du sergent John Haegemans, tombé lors des combats près du kolkhoze de Tchériakov : « Semence de sang, c'est récolte de gloire », écrivait quelques jours auparavant l'ancien Prévôt de la Jeunesse rexiste.

Telles furent, en 1944 et en 1945, les réactions des pseudo-libérateurs belges qui n'avaient d'ailleurs rien libéré du tout ! Ce sont les

Américains, les Anglais et même quelques Polonais qui avaient "libéré" le territoire belge.

Parmi les cent mille victimes que les soi-disant sauveteurs nationaux bouclèrent, le 3 septembre 1944, et dont la foi patriotique avait outragé leurs quatre années de frousse s'était trouvé, nous le savons, humilié, insulté, fourré au trou, Georges Remi, Hergé, l'immortel père de Tintin !

Défilé à Bruxelles de volontaires pour la Brigade d'assaut SS Wallonie : entre janvier et juin 1944, on ne s'engageait plus pour voler au secours de la victoire. Ils furent pourtant nombreux à vouloir empêcher la catastrophe finale...

Septième Partie

Les marées de la haine

CHAPITRE XXVIII

HERGÉ “INTERDIT DE DESSIN”

S'il avait plus ou moins échappé, corporellement, aux ignominies les plus viles qu'ait connues l'Histoire de la Belgique, Hergé, nous l'avons vu, fut frappé moralement, au plus haut point, par ces horreurs de 1944 et de 1945.

Le long cortège des visages glacés de ses amis, abattus dans les préaux de prisons, le hanterait jusqu'à ce qu'il les rejoignit, en 1983, dans une mort qui, pour lui aussi, dévoré par le cancer, ne serait guère miséricordieuse.

En attendant, en 1945, Hergé n'était même plus autorisé à dessiner. La revanche des cancres !

Par décret américain, confirmé sur le tard par la Justice militaire de Bruxelles, le plus grand artiste belge des bandes dessinées ne pourrait plus, à partir de septembre 1944 –et on ignorait pour combien de temps !– publier un seul dessin !

Idem pour Paul Jamin, le merveilleux Jam, l'Alidor d'aujourd'hui ! Idem pour les écrivains de tous bords qui avaient eu le malheur de vouloir, entre 1940 et 1944, poursuivre une œuvre intellectuelle ! Interdiction avait été signifiée à Hergé, le 7 septembre 1944, d'utiliser encore les flèches de son carquois ! Il était condamné à ne plus faire connaître le moindre bout de croquis !

Ne pas créer, pour un artiste, c'est presque périr !

Le plus extraordinaire fut que cet ordre n'avait même pas été lancé par des policiers belges : il avait été édicté officiellement par le Haut Commandement militaire allié ! De 1944 à 1946, un képi étoilé d'un vulgaire péquenot américain avait compté plus que cent chefs-d'œuvre d'un artiste européen !

Ainsi, en 1944, un Eisenhower décidait, omnipotent, de l'envoi au néant des créations de l'esprit, lui qui, intellectuellement était un âne, s'adonnant uniquement à la lecture trépidante de médiocres romans policiers ! C'est lui, et ce sont ses cerbères bruxellois, qui s'étaient arrogé le droit de casser en Belgique les crayons des artistes, et de réduire en miettes les porte-plumes !

« Le but de notre commission culturelle, Messieurs, est de sauver les valeurs essentielles de la civilisation européenne » (dessin de Jam, publié dans la 'Brüsseler Zeitung' du 25 août 1943).

Bref, la victoire de la culture !

L'article 123 bis du Parlement Belge interdirait toute publication, vente, répartition de tout ouvrage d'un intellectuel frappé par les tribunaux-vengeurs de la Résistance-Libération ! C'est ainsi qu'un demi-siècle après la Deuxième Guerre Mondiale, mes livres ne peuvent pas encore être mis en vente dans les librairies belges !

Intolérance rageuse d'une "démocratie" bien peu sûre d'elle-même et qui ne survit qu'en enserrant ses adversaires dans un carcan.

L'ordre d'interdiction yankee de tout dessin de Hergé était indéterminé dans le temps. Quand cette expérience de "l'intolérance absolue" prendrait-elle fin ?...

Tintin renaîtrait-il jamais ?...

Le repêcher ne serait pas une chose simple. Hergé vivait, alors, comme il le disait lui-même « une période très délicate ». Sa femme, Germaine, la fiancée émerveillée de 1930, était, dans cette réclusion, son soutien tendre et constant. Mais professionnellement, tout était bouché.

Raymond Leblanc

Les autorités politiques toléreraient-elles un jour que Tintin revînt à la vie ?

Il ne sortirait de ces "Verboten !" américano-belges qu'après que, en septembre 1946, on eût offert à Hergé de partager son Tintin avec des "Résistants".

Ces "Résistants" pétaradaient de tout leur civisme-bidon. Ils cherchaient la toute bonne affaire. Et la toute bonne affaire, c'était d'obtenir la levée des interdictions qui écrasaient Hergé. Les héros, en 1946, ce n'étaient pas, vous l'imaginez bien, les rescapés du Front de l'Est. Ceux-là grignotaient, au fond des mines, du pain moisi ! Les seuls qui avaient des droits, c'étaient ceux qui avaient "résisté". Les privilèges d'État, en 1946, étaient leur monopole. Leur caution allait se révéler capitale.

Qui étaient ces "résistants" qui entendaient faire entériner une résurrection de Hergé, source éventuelle de profits gigantesques ?...

Le premier, qui allait agir comme si toutes les résistances de Belgique étaient à ses bottes, s'appelait Leblanc. On le surnommait le blanc-bec. Un autre s'appelait Sinave. Ça rimait avec chou-rave et betterave. Le troisième était –bien entendu !– un Ugeux, de l'héroïque lignée du futur baron ou comte de Londres et autres lieux.

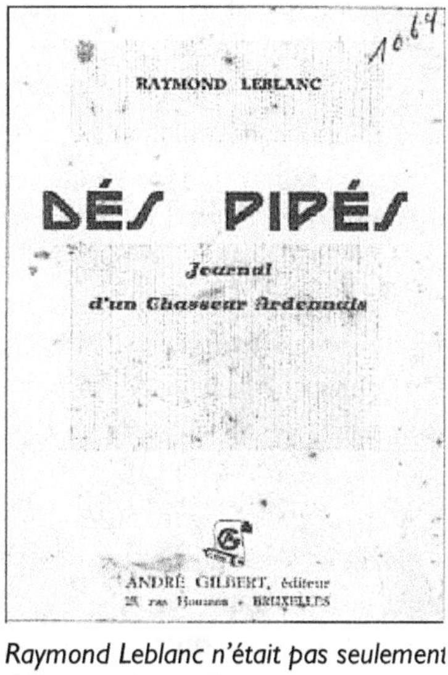

Raymond Leblanc n'était pas seulement éditeur, mais aussi auteur : notamment de cet ouvrage où il se pose la question de la responsabilité de la défaite de 40 : « et si les dés avaient été pipés ? »

Ensemble, ils s'étaient, dès la "Libération", lancés dans le commerce de l'édition. Selon le sieur Leblanc, celle-ci était dans une "période faste", le public, privé de lecture pendant la guerre, se jetant sur n'importe quoi. C'est n'importe quoi que la Maison Leblanc leur avait servi : une collection

"Cœur" servant du cœur lavé à l'eau de rose, complétée par des rêves en pellicule ("Ciné-Collection").

Après avoir fait oublier, par ses activités de résistance, les questions impertinentes de 'Dés pipés', il ne fut pas difficile à l'ancien lieutenant des Chasseurs Ardennais Raymond Leblanc d'obtenir une "autorisation de paraître" des nouveaux maitres de l'édition...

Mais Leblanc visait à une toute autre performance qui, en peu de temps, pouvait rapporter des paquets de millions : mettre le grappin sur Hergé et sur son Tintin, dont, durant toute la guerre, trois cent mille Belges avaient, chaque semaine, acheté les B.D. et qui se trouvaient depuis septembre 1944 privés de ce plat interdit.

Projet, de prime abord, irréalisable : Hergé était, par décret, "interdit de dessin". Ensuite, il était "incivique", c'est à dire, en langage belge, qu'il ne pouvait être admis à exercer aucune activité économique, ni même obtenir le droit, élémentaire, de travailler ! Ou posséder une carte de "civique", ou crever de faim ! Tels étaient les canons des Libérateurs magnanimes.

Contourner de tels interdits ?... Bien sûr, un trafic, souvent très peu ragoûtant de "blanchissement" des cent mille galeux de septembre 1944 avait rapidement fleuri en Belgique. On n'y est pas pour rien au pays des "smokkeleirs" ! Mais arriver à nettoyer au savon de Marseille notre Hergé ?... Même réadmis dans le circuit, il faudrait à celui-ci, s'il voulait réimprimer ses Tintin, un "coupon de papier". Or il n'était pas question d'accorder cent grammes de papier journal à un non-résistant. Sauf si on était épaulé par des fortiches de la boîte...

Les exploits guerriers des futurs managers ?... À dire le vrai, dans les milieux de la Résistance, on n'était pas très regardant là-dessus. Souvent, on flottait en pleine nébuleuse. Dans un pays où il n'y avait eu, en tout et pour tout, en quatre ans, dans l'armée belgo-londonienne de la Brigade Piron, qu'un mort pour cent mille Belges, on ne pouvait pas demander trop de carats au fer-blanc !

Chacun savait depuis belle lurette, que sur dix résistants pompeusement glorifiés et tapissés de décorations rutilantes, on devait compter au moins neuf résistants falsifiés ! Leurs pétarades étaient devenues de la rigolade.

Nos trois lascars, spécialistes de la littérature pour midinettes étaient, eux –ils l'affirmaient, le cœur chaviré d'émoi– des « héros des années noires ». Depuis qu'en septembre 1944, ils étaient rentrés dans le civil (en étaient-ils jamais sortis ?), ils utilisaient des clefs au lieu de mitraillettes afin d'ouvrir les portes. Notamment les portes des magasins de papier....

Leblanc, l'un des "protagonistes" du plan de résurrection de Hergé déclarerait tout net, et non sans jactance : « Mes associés et moi-même, ancien résistant, nous avions en poche une très officielle autorisation de paraître et nous disposions d'une attribution de papier. Non seulement le projet en devenait viable mais, en plus, il constituait pour Hergé une espèce de dédouanement. »

Ledit Leblanc, en août 1991, insisterait encore très lourdement : « Hergé n'aurait pu participer, de près ou de loin, à une activité journalistique ou éditoriale s'il n'avait obtenu le fameux certificat de civisme. » On le dédouanait ! Comme un camembert à un poste de gabelous d'avant le Marché Commun !

Vantardise ? Pas question ! Les trois mousquetaires résistants n'avaient pas douté un instant que ce dédouanement serait accordé aussi vite qu'un billet d'autobus : « Notre activité de résistants sera une garantie suffisante pour obtenir à Georges Remi un certificat de civisme qui effacera tout ! »

Hergé, naïf, n'avait pas pu croire qu'on pouvait, avec une telle facilité et une telle rapidité, « effacer tout » ! Pourtant, le coup d'éponge serait obtenu, en cinq secs. L'écrivain Ajame, ébahi, le narre en trois lignes dans son Hergé : « L'entregent de Leblanc est tel qu'en mai 1946 le procureur du Roi, Raymond Charles, rend publique la "réhabilitation" de Georges Remi, dit Hergé. Le purgatoire n'a pas duré deux ans. »

Le 26 septembre 1946, la mine d'or en friche serait donc de nouveau ouverte, un hebdomadaire 'Tintin' sortirait l'année même. Le filon révélerait vite aux "associés" de nouvelles pépites, dorées, munificentes, qui, avec le temps, éparpillées en de multiples sociétés, représenteraient d'innombrables millions.

Tintin, certes, recevrait sa part des trésors engrangés, mais il ne serait plus jamais, psychologiquement, le même Tintin.

Pour Hergé, le "purgatoire" n'avait pas du tout duré deux ans. En réalité, il se prolongerait jusqu'à sa mort, car les blanchisseurs de la firme Leblanc et Consorts lui mèneraient une vie accablante. Bien avant qu'il ne succombât, en 1983, à son cancer du sang, les relations entre les "résistants" installés dans la place et lui-même seraient devenues tellement aigres que Hergé ne ferait plus parvenir ses dessins au journal 'Tintin' que par porteur...

CHAPITRE XXIX

LE SYNDICAT HERGÉ

Un certain temps, Hergé avait cru que son prestige, et le succès immense que connaissait le petit héros né de son crayon, lui assureraient à jamais, dans l'impressionnant building de Tintin, une autorité indiscutable.

Il y serait ramené, petit à petit, à la seule création de ses B.D.

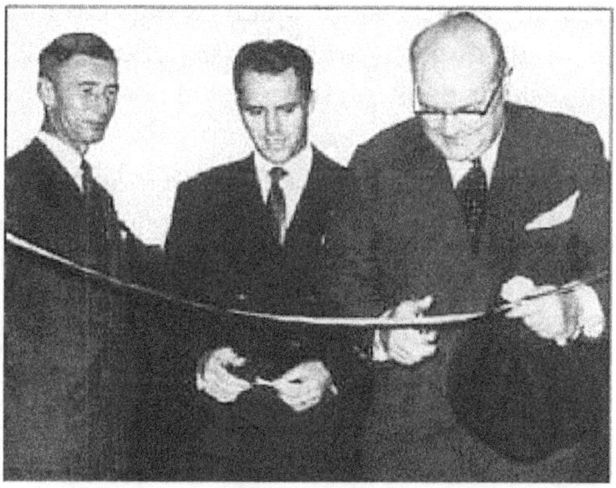

Les Éditions du Lombard constituèrent bien la "juteuse affaire" pressentie par Leblanc : bientôt, fut construit, près de la Gare du Midi de Bruxelles, un nouvel immeuble (ici en maquette) dominé par l'effigie de Tintin et Milou.
Illustrant le nouveau "certificat de civisme" de Hergé, il fut inauguré par… Paul-Henri Spaak !

Et même là, les collaborations de plus en plus envahissantes et les plus diverses essayeraient de faire du chapardage. Certaines d'entre elles étaient loyales, telle celle de Jacques Van Melkebeke, qu'on disait un ancien rexiste. D'autres étaient plus exigeantes, telle celle du talentueux dessinateur Edgar P. Jacobs qui prétendit, pendant tout un temps, partager avec Hergé la titularité d'un album dont il avait fait la toilette. Il y avait surtout les sous-traitants à qui Hergé refilait le soin lassant de "rewriter" les ouvrages où des censeurs, souvent impératifs, avaient reniflé de vagues odeurs de "racisme", ou "d'antisémitisme".

Hergé, pour finir, n'était plus un homme, mais un syndicat !

A "l'Atelier Hergé", dénomination pompeuse du début en 1933, Hergé était tout seul ! Puis, il était passé ensuite par les "Studios Hergé" et autres sociétés annexes, "Hergé Publicité" notamment, où bien des doigts s'étaient sucrés. On éditait des "bons" et des "timbres réclame" à des dizaines de milliers d'exemplaires. On imprimait des cartes Tintinesques de Nouvel An, des choix de papier à lettre à prix multiples, on lançait des figurines Tintin, des badges Tintin, des matelas Tintin, des bavettes Tintin, des maillots Tintin, des coussins Tintin, voire des bretelles Tintin !

Le journal 'Tintin', publiant en primeur les B.D. de Hergé, avait atteint des tirages astronomiques (300 000 exemplaires). Les albums de Casterman, de même. On ne montait pas seulement dans la lune, mais on piochait des centaines de millions dans sa croûte. Les "héros des années noires" s'étaient installés comme des princes dans un immeuble au sommet duquel gambadait un énorme Tintin lumineux, flanqué d'un Milou brillant dans le ciel comme un météore velu.

Ils avaient fini par croire que Tintin, ce n'était plus Hergé, mais leur conglomérat de rédacteurs industrieux. Hergé ne fut jamais dupe. Lui-même déclarerait sans forfanterie : « – Tintin (et tous les autres), c'est moi, exactement comme Flaubert disait : « Madame Bovary, c'est moi ! » Ce sont mes yeux, mes poumons, mes tripes !... Je crois que je suis seul à pouvoir l'animer dans le sens de lui donner une âme. C'est une œuvre personnelle, au même titre que l'œuvre d'un peintre ou d'un romancier. Ce n'est pas une industrie ! » (Numa Sadoul, 'Tintin et moi. Entretiens avec Hergé').

Jamais le génie de Hergé n'avait été si éclatant. Personne au monde n'atteindrait à la richesse de son imagination et à la perfection de ses créations.

Pour les centaines de millions de lecteurs qui le dégustaient, en quarante-cinq langues, c'était l'essentiel. Mais pour Hergé, le paradis promis était, à la Milton, le paradis perdu. Dans sa conscience, un ressort avait été cassé. En 1944 et en 1945, il avait vu de près les hommes, des hommes méchants, des hommes pervers, les hommes de « l'intolérance absolue », ceux qui avaient allongé à leurs victimes deux cent mille années de condamnations, ceux qui avaient abattu ou, plus exactement, assassiné ses compagnons les plus chers. Il avait vu ceux qui se ruaient avidement sur ses dépouilles.

Jamais dupe de son succès, Hergé se dessinait volontiers comme prisonnier de ses personnages (mais pas de ses collaborateurs)

Son monde imaginaire resterait pur, le resterait toujours, mais scandalisé par les haineux qui rôdent et qui persécutent, par les loups aux crocs de sang qui font peur et qui égorgent...

Ses Quick et ses Flupke, l'écharpe au cou, ne seraient plus seuls, eux non plus, comme avant 1939, à guetter, d'un œil fripouillard, la farce imprévue à jouer. Tout le monde charmant et familier qui jalonnait le fil des aventures Tintinesques, les maharadjas, les Tibétains, le professeur Tournesol, les Dupont et Dupond, la Castafiore, Séraphin Lampion, le capitaine Haddock, la tribu de Moulinsart, les flics ahuris aux chapeaux-melon jumeaux, les escamoteurs de trésors, devraient désormais passer par les studios pompeux de spécialistes. Des coloristes appliqués chamarreraient leurs galons, ajouteraient des couleurs vives à leurs boutons.

On dresserait même une fusée au compas dans les ateliers Tintinesques ! Destination : la Lune ! Plus de dix ans avant le premier pas sur la Lune, Hergé avait pressenti et décrit la fabuleuse expédition ! En 1991, à Welkenraedt, devant cent mille spectateurs, la fusée Tintin grimperait bel et bien dans le ciel, à 420 kilomètres à l'heure, sans culbuter ni tuer personne...

On indiquerait surtout à Hergé les sujets à ne plus aborder, ou à modifier du tout au tout. Ainsi les terroristes juifs (groupe Stern) de l'Or Noir qui avaient multiplié les attentats anti-britanniques dans la Palestine d'avant 1947, seraient "dé-ethnisés". Ils se retrouveraient, pour ne pas choquer la pudeur des sémites anglais, transformés audacieusement en Arabes bariolés !

Il fallut aussi qu'Hergé réécrivit le texte d'une supplique d'un émir : « Ami grand et très cher, je confie à vous mon fils Abdallah pour son langage française perfectiser ».

Évidemment, un interlocuteur arabe de Tintin ne pouvait parler qu'un français du plus pur académisme ! Sinon Hergé était certain qu'on lui resservirait une fois de plus la sinistre rengaine du "racisme" !

Là encore, Hergé dut bien obtempérer !

Avait-on l'une ou l'autre imprudence "collaboratrice" à lui reprocher ? Tintin, l'interdit de dessin, était-il allé jouer de la trompette au Congrès de Nuremberg ? Était-il allé en Italie admirer les petits poignards des Ballilas ? Honnêtement, c'eût été son droit, comme à tout le monde. Churchill s'était bien rendu à Rome faire du plat à Mussolini. Lloyd George avait cérémonieusement pris le thé à Berlin chez Hitler, Léon Blum avait reçu à Paris le Docteur Hjalmar Schacht. Et le Premier ministre belge Van Zeeland avait eu comme invité à Bruxelles l'envoyé du Führer M. de Ribbentrop, pendu plus tard à Nuremberg ! Hergé, lui avant 1940, n'avait jamais dépassé la porte des bureaux du 'Vingtième Siècle'. Pas un seul de ses dessins n'avait fait allusion à une bagarre politique de type hitlérien. Son Tibet n'était pas en Rhénanie !

Hergé et moi, c'est vrai, étions depuis une éternité des amis fraternels. Du Mexique, chacun doit bien l'admettre aujourd'hui, je lui avais refilé l'idée de ses bandes dessinées, ses fameuses B.D. Il avait affublé le jeune Tintin de ma culotte de golf, l'avait coiffé de ma houppette. Il était devenu pour toujours, en partie à cause de moi, le héros de la jeunesse. C'est exact. Hergé s'amusait aussi à voir en moi une sorte de Don Quichotte, qui parsemait ses aventures politiques de péripéties multiples, toujours renouvelées ! Pour lui, Segers, Philips, Spaak, Pierlot, c'étaient en quelque sorte mes Allan et mes Rastapopoulos. Mais mon Milou à moi mordait vraiment, en pleins jarrets, le monde des politiciens véreux !

Hergé, c'était la modération. Il s'effrayait parfois à me voir brandir mes balais de fer comme des massues de fendeur de rochers. Mais, depuis notre jeunesse, à sa manière, comme à ma manière, un même besoin de servir nous propulsait.

L'un de ses biographes, Benoît Peeters, l'a noté en demi-teinte : « Atmosphère rexisante, code d'honneur masculin se combinèrent en Hergé dans une conception d'existence qui fut qualifiée de droite. »

Vous l'avez lu ? Il était "rexisant" ! Où était le crime ? Jadis, en Belgique, un million de Belges, au moins, l'étaient !

Pour faire payer à Hergé ce forfait abominable, on avait, sous le parapluie de la "Résistance", américanisé son œuvre, non sans avoir séquestré Tintin pendant deux ans, interdit de dessin, muselé Milou comme s'il avait la rage et mis son bel os blanc au dépôt des objets volés !

CHAPITRE XXX

« TOI BIEN PARLÉ, MISSIÉ »

Hergé était-il, comme on l'a prétendu, un "raciste" ?

Un raciste, maintenant, après cinquante ans de bourrage de crâne délirant, c'est, aux yeux du grand nombre, un molosse hurleur plantant ses crocs dans les cuisses tremblantes des gens de couleur !

Pour Hergé, pour moi, pour nous tous, Européens, qu'était le racisme, sinon le désir, la volonté que nous avions de rendre notre race forte, physiquement et moralement ?

Officiers musulmans de la Division SS "Kama".

Hergé et moi étions nés du scoutisme, d'un scoutisme qui développait harmonieusement les forces corporelles, qui les disciplinait, qui stimulait les énergies et qui forgeait les caractères.

Nous voulions, oui, une race solide en Belgique, en France, en Allemagne, sur tout notre vieux continent, des familles épanouies, une vie morale orientant les existences. Notre racisme, c'était la santé. La santé de notre peuple. Non le rejet fanatique des peuples extra-européens. Nous désirions, tout au contraire, que les autres peuples réalisassent chez eux une révolution raciale semblable à la nôtre !

On le verrait tout spécialement durant la guerre du Front de l'Est, lorsque nous recevrions en camarades soixante mille jeunes Musulmans, qui se rassembleraient au sein de trois nouvelles divisions des Waffen SS.

Du racisme, cela ?

20 000 Bosniaques musulmans se sont engagés dans la Waffen SS (Division "Handschar") pour participer à la Djihad contre le sionisme.

Que le Grand Mufti de Jérusalem –j'avais passé trois jours de grande amitié en sa compagnie à Salzbourg– se préparât à réaliser, après la guerre, dans la santé, la variété, la richesse, l'unité des peuples arabes, comme au temps de Saladin, nous paraissait parfait.

Idem pour les Japonais liés, tout asiatiques qu'ils fussent, à l'Axe Rome-Berlin-Tokyo.

Tel était notre racisme, sain, largement ouvert, un racisme sans haine. Pas du tout un racisme traquant d'autres racismes ! Mais, à l'opposé, les stimulant par son exemple, leur donnant l'envie de faire de même dans leur propre espace vital.

Ce racisme était celui de milliers de jeunes Européens, conscients de l'unité millénaire de leurs peuples et de la nécessité de conserver la pureté de leur sang. Il ne provoquait personne. Il n'eût même pas pu faire aboyer Milou !

Les plaisanteries sur les attributs nasaux de M. Blumenstein ou sur les perplexités boursières des Isaac et Salomon dans 'L'Etoile Mystérieuse' n'étaient pas plus blessantes que les recueils classiques et

Haj Amin El-Husseini, Grand Mufti de Jérusalem, est reçu à la Chancellerie du Reich par Adolf Hitler.

toujours amusants consacrés aux vieilles blagues juives, belges ou marseillaises. Au lieu de s'étrangler d'indignation à se voir caricaturer gentiment, les juifs eussent dû sourire, les premiers, des dessins de Hergé. Sans s'arracher les papillotes !

Cette traque d'un racisme ou d'un antisémitisme imaginaires de Hergé et de nous tous atteindrait des dimensions qui, pour finir, relèveraient du délire. Les mêmes accusations et suspicions se renouvelleraient tout au long du demi-siècle, sous les signatures les plus diverses.

Des analphabètes les prolongent toujours.

Le Grand Mufti de Jérusalem passe en revue un détachement de la Division SS "Kama".

Ainsi, en août 1991, à l'occasion de l'exposition géante consacrée en Belgique à Hergé, un noblaillon appelé Comte de Beauffort, Geoffroy de son prénom, écrirait ces lignes patriotardes presque comiques : « Je n'ai pas oublié l'indignation de mon grand-père lorsque parut dans un journal, je ne me rappelle hélas plus lequel, une bande dessinée de Hergé dans laquelle, il me semble le voir encore, Tintin, tenant Milou sur ses genoux, rentrait à Bruxelles dans le side-car d'une moto conduite par un militaire boche. » On ne pouvait mentir plus complètement et plus sournoisement : Tintin, de toute évidence, n'est jamais revenu à Bruxelles dans un side-car conduit par un Allemand. Sur le dessin du 'Soir Jeunesse' annonçant son retour, le 7 octobre 1941, Tintin n'était pas installé sur une moto, moins encore une moto "boche" ; il avançait vaillamment, à pied comme un bon scout, les bras scandant la marche, son barda en bandoulière, juste en face d'une borne indiquant Toulouse d'un côté et Bruxelles de l'autre. Quant à Milou, éreinté par une si longue randonnée, il trottait péniblement derrière son patron, les pattes lasses, la langue pendante, la queue en pâmoison. C'est là tout ce que ce Beauffort et son grand-père raplapla avaient jamais pu constater !

Certains prétendent se souvenir que Tintin et Milou sont revenus dans un "side-car boche" pour reprendre leurs aventures dans 'Le Soir' : cette couverture démontre la méchanceté imbécile de cette affirmation. Au contraire, il s'agit d'un nouveau clin d'œil de Hergé à Léon Degrelle : de retour de la région de Toulouse où il fut enfermé dès le début de la guerre dans les camps de concentration français, le Chef de REX pouvait, à l'instar de Tintin, reprendre ses "aventures"…

Le "boche" et sa moto n'étaient qu'une simple borne kilométrique ! Le vrai, le seul dessin tel qu'il est paru dans 'Le Soir' a heureusement été conservé. Tous ont pu le voir à l'exposition "Tout Hergé", à Welkenraedt. Mais rien à faire ! L'imagination rétrospective du détective Beauffort verra, jusqu'à la fin du monde, le "chleuh" maudit emportant Hergé dans sa nacelle !

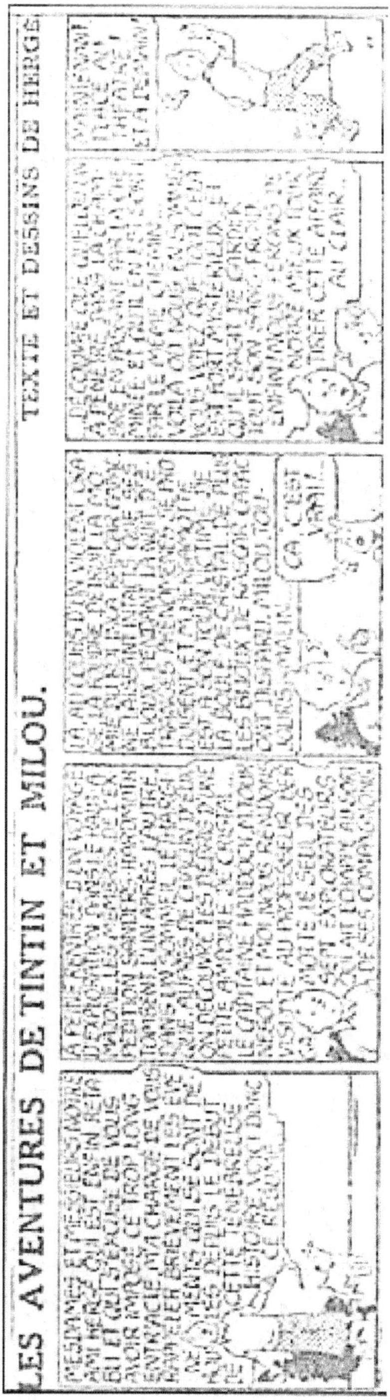

Le travail de 'kollaborateur' de Hergé au 'Soir' fut de livrer quotidiennement un 'strip' de trois ou quatre dessins, parfois de simples raccord, comme celui-ci du 5 juillet 1944 proposant un résumé des épisodes précédents ('7 Boules de Cristal') après une interruption due à la maladie (la preuve qu'il s'agissait bien d'un travail 'au jour le jour')

Beauffort ne sait même plus dans quel journal il aurait pu contempler ce side-car fantomatique (« Je ne me rappelle plus lequel ! »), mais il est catégorique. Il l'a vu ! De ses yeux vus ! Or il ne l'a pas vu !

N'empêche ! Voilà le mensonge forgé, fomentant les haines, tourneboulant la cervelle de milliers d'arriérés mentaux.

Ça ne suffirait pas. Le bonhomme était tenace. Il en remettrait : « Je crois me souvenir, bien que je n'en sois pas certain, que Tintin exhortait nos compatriotes à collaborer avec nos envahisseurs. »

Là, de nouveau, c'est la calomnie totale, enrobée dans d'hypocrites réserves. Bien sûr, il ne peut se souvenir, puisque de telles exhortations n'ont jamais été prononcées, ni par Tintin, ni par Hergé, en aucune façon à aucun moment ! Pas une syllabe, pas un point-virgule !

Le comble, c'est qu'après ces évocations

époustouflantes d'un dessin qui n'a jamais existé et de propos qui n'ont jamais été tenus, Beauffort, ni beau, ni fort, se permet de s'indigner, d'un petit ton irrité, de ce que l'on n'ait pas représenté à l'exposition de Welkenraedt ce dessin sorti de sa seule imagination : « Je n'ai trouvé nulle trace de cette œuvre du père de Tintin. Je crois qu'il est inutile de commenter les raisons de ce silence mais vous voudrez bien me permettre d'en tirer les conclusions qui s'imposent ! »

Vous voyez l'outrecuidance, presque rigolote, de ce hobereau à la lance fêlée ! Il s'est trompé du tout au tout mais, le nez défiant les moulins, il se déclare outré de ne trouver « nulle trace de cette œuvre » totalement inexistante ! Jusqu'à ce qu'on le descende dans le caveau de ses progéniteurs, il répétera, imperturbable, sa litanie !

Des Beauffort, aussi demeurés, aussi butés, aussi cafards, on en a vu des centaines, jalonnant de leur bêtise l'histoire de Hergé de 1944 à nos jours.

Au vrai, qu'avait fait Hergé au 'Soir'?

Il dessinait. À cela se bornait son activité. Il l'a expliqué lui-même tout simplement : « Je travaillais, un point c'est tout, comme travaillait un mineur, un receveur de trams ou un boulanger. »

Pendant quatre années, il n'avait pas écrit dans le journal une seule ligne qui eût trait au déroulement des hostilités.

En réalité, pendant les quatre ans de guerre, Hergé, grâce à ses extraordinaires bandes dessinées, pleines de fraîcheur, gorgées d'imprévu, avait servi très utilement son pays, lui remontant cent fois le moral par des dessins désopilants, réconfortants, ne cherchant noise à personne. C'était si évident qu'après l'avoir fourré en taule, avec une bêtise insigne, le 4 septembre 1944, on l'avait libéré le jour suivant !

Le mois même où le comte ès mécomptes se brûlait le nez à renifler le feu de la moto boche, le bourgmestre d'un patelin appelé Sombreffe, un nommé Léon Keimeul, avec la même suffisance et la même cécité, écrivait dans 'Le Soir' du 5 août 1991 : « Je m'étonne de la publicité faite pour Hergé et Tintin. Si j'ai bonne mémoire, Hergé fut condamné après la guerre pour collaboration avec l'ennemi. Ainsi va le temps. Il faudrait oublier. À quand la vente de cassettes RTBF avec les discours de Degrelle ? »

Toujours les mêmes rengaines, tourneboulant les naïfs : « Si j'ai bonne mémoire ! »... Mais ils n'ont pas bonne mémoire ! On leur a bourré le crâne pendant cinquante ans de si prodigieuses insanités que leur mémoire a tout embrouillé ! Les journaux les bêtifient ; ils sont la proie des lobbies ; la télévision revient chaque jour à l'assaut avec les mêmes cornichonneries : le racisme ! L'antisémitisme ! Le fascisme ! La trahison ! Ils affirment ! Ils prennent des airs outragés ! Ils se disent qu'à force d'en rajouter, ça marchera !

Et après ?...

Après, oui, les calomnies tiennent le coup pendant vingt ans, pendant trente ans. Puis l'Histoire, d'un grand coup de balai, envoie, comme des vieux choux pourris, ces tapageuses hâbleries à la poubelle !

CHAPITRE XXXI

DE DROITE ? DE GAUCHE ?

Nul d'entre nous n'avait jamais demandé à Hergé de piquer une Croix de Bourgogne à sa boutonnière, ni d'attacher au collier de Milou un petit balai rexiste !

Il montrait du génie en inventant ses B.D. : c'est cela, avant tout, qui nous intéressait ! Hergé s'était toujours comporté en ami libre ! De quel droit le lui eût-on interdit ? Un artiste, même si son art est l'axe essentiel de ses préoccupations, ne pourrait-il point, par hasard, avoir, comme tout le monde, ses petites idées sur la façon de faire tourner la planète ?...

En face de leurs œuvres, ou de leurs chefs-d'œuvre, qu'ils voudraient créer pour l'éternité, les prises de position politiques de tous les artistes ne sont dans leur vie que des incidents. Avant tout, pour eux, c'est la transfiguration de la Beauté qui compte ! Goya, le grand Goya, le plus puissant génie de la peinture des deux derniers siècles, avait été, politiquement, un "afrancesado" c'est-à-dire, en Espagne, un partisan de l'occupant. Il avait collaboré avec les Français ! Ceux-ci, pourtant, sous Napoléon, n'avaient pas été tendres pour les populations civiles lorsqu'ils dominaient l'Europe. Les occupants gaulois d'alors avaient inscrit à leurs tableaux de chasse quelques bonnes douzaines d'Oradour-sur-Glane, très caractérisés !

Ils tuaient, au surplus, nombre de prisonniers. C'était d'ailleurs une vieille habitude de Bonaparte qui avait fait fusiller, en trois jours, à Saint-Jean d'Acre, trois mille Arabes qui s'étaient rendus, après qu'un accord de capitulation eût été bel et bien signé par le futur Maréchal Berthier.

Les berlines qui transportaient en Espagne les notables français et leurs compagnes heurtaient souvent les pieds nus des "résistants" espagnols accrochés aux branches des acacias le long des vieilles routes cahotantes de Castille !

Goya avait, néanmoins, bel et bien encaissé un traitement de l'usurpateur Joseph Ier, perché par son frère Napoléon sur le vieux trône des Bourbons hispaniques !

Après 1812, quand l'aventure s'était mise à tourner à l'envers, le peintre avait, comme tant d'autres, joué en toute hâte au "résistant", badigeonnant en dernière minute quelques scènes de bravoure anti-française dans le but de se dédouaner (telles le "Dos de Mayo" et les "Fusillamentos").

De ces incidents collaborationnistes, qui se souvient encore ? Les chefs-d'œuvre de Goya ont-ils été des explosions de génie ? C'est la seule question.

"Dos de Mayo" de Goya, ou comment se racheter un brevet de civisme...

La seule d'ailleurs que les gros bras de 1944 eussent dû se poser, sur un ton mineur, au sujet d'un Hergé, auquel les pires grincheux n'auraient pu, de toute façon, reprocher que des insignifiances.

Ce qui s'était passé, au XIXème siècle à propos de Goya, s'est passé de la même façon, au XXème siècle à propos de Picasso.

Picasso avait été communiste ! Il avait même commis un portrait de Staline, le Staline qui avait fait périr des millions d'êtres. Un mauvais portrait d'ailleurs, d'où tombaient deux moustaches pareilles à deux

C'est à la demande d'Aragon qui voulait honorer, en première page de ses 'Lettres françaises' (12 mars 1953), le dictateur soviétique récemment décédé, que Picasso traça ce portrait de Staline d'après une photo de jeunesse, son manque de "réalisme socialiste" ne plut pas à la direction du Parti communiste français qui publia un communiqué de désapprobation. Picasso ne manifesta jamais de regret pour ce dessin : « J'ai apporté des fleurs à l'enterrement. Mon bouquet n'a pas plu. C'est toujours comme ça dans les familles… »

pattes de chat mort. Quelques années après le décès de Picasso, qu'importe encore qu'il ait suivi politiquement un monstre, aujourd'hui décrié et dont, partout, les statues géantes ont été déboulonnées ?... Que Picasso se fût attardé un instant au pelage hirsute de Staline est oublié. Le génie reste et remplit tout.

Le temps déblaie l'éphémère.

Même réflexion, encore, aujourd'hui, à propos du compositeur judéo-russo-français Gainsbourg décédé à Paris en mars 1991. Il avait, dans sa vie, fumé plus de deux millions de cigarettes, et son gosier avait vu couler un Niagara de whisky ! Cet alcoolique avalait en même temps la bouteille, le contenu et l'étiquette ! Il avait commis d'épouvantables scandales, provocateur toujours à l'affût. Il avait même caricaturé "La Marseillaise". Il n'était pas un excès, pas une forme de cynisme auxquels il ne s'était livré.

À peine mort, son talent fut très éloquemment loué par le Président de la République Française ! Dès la première minute, les excès étaient biffés. Seul le talent restait.

Alors, notre Hergé ?... Le Hergé envoyé sous les verrous le 3 septembre 1944 ? Le Hergé qui, pendant deux ans, avait dû relimer des nez israélites et attendre que des "résistants" lui fissent l'honneur de venir le repêcher ?

Alors que Goya en avait fait dix mille fois plus ! De même que le Picasso de Staline ! Sans même parler du Gainsbourg, né Ginzburg, et de "La Marseillaise" profanée !

Y aurait-il, par hasard, des artistes "rexisants", donc voués, automatiquement, à la Géhenne ?... Et des artistes de gauche, qui, eux, peuvent tout se permettre et sont aussitôt ripolinés au détergent ?

Hergé, lui, soumis pendant deux ans à ce despotisme d'illettrés, se verrait accusé de xénophobie, avec une sottise hargneuse... Interdit de dessin pendant plus de sept cents jours, il dut se morfondre, en scrutant à la loupe ses vieux albums, afin d'en expurger toute trace d'humour compromettant qui interdirait leur réédition. Même le terme de "Missié" utilisé parfois dans ses albums relevait, paraît-il, lui aussi, du "racisme" ! Hergé dut faire passer ces dessins sous la gomme purificatrice !

Le « Toi bien parler, Missié » deviendrait dans la nouvelle version de 'Coke en Stock' : « Oui, cap'taine, bien compris ! » Le « Nous, pas esclaves, Missié » devrait se transformer en « Non, M'sieur, pas

Le 'Pourquoi Pas ?' du 7 septembre 1945 croit savoir, de bonne source, que « Degrelle (sera) remis bientôt par Franco entre les mains des Anglo-Américains, qui le remettront illico entre les nôtres. (…) c'est donc que Franco sent que le vent tourne, que les "grands" s'impatientent, que le moment est venu de jeter du lest. Et le lest qu'il se décide à lâcher tout d'abord, c'est notre Degrelle lui-même, pas davantage. »

esclaves ! » Expurgée aussi l'exclamation d'"anthracite" décochée à un nègre par le pittoresque capitaine Haddock !

Il fallut ainsi, au fur et à mesure des caprices des censeurs et des éditeurs –les Anglais, notamment– réadapter certains dessins sacrilèges. C'est comme si Goya avait dû transformer le portrait français de Joseph Ier en un gardien de vaches, ou comme si Picasso, après le déboulonnage de Staline, avait dû convertir le croquis qu'il avait brossé du Géorgien en une Mona Lisa sans moustaches !

Hergé, bon gré, mal gré, s'il voulait survivre, eut à se plier à ces prétentions insensées. De même qu'il avait fallu remanier 'L'Ile Noire', les dernières épreuves des 'Sept Boules de Cristal' furent, à leur tour, révisées.

Ainsi Tintin put renaître ! Sur des béquilles, sans doute. Mais au génie les béquilles importent peu. Bientôt, les albums de Hergé allaient, malgré tout, faire le tour du monde.

« Hergé, le Molière de la B.D. ! » reconnaîtrait, sur le tard, 'Le Figaro-Magazine' ! Affirmation qui, d'ailleurs, me parait excessive. La "bande dessinée" reste à mes yeux, malgré toute l'affection que je voue à Hergé, un moyen relativement modeste d'exprimer, artistiquement, une émotion, un mouvement, une histoire. Je préfère la splendeur harmonieuse, enjouée, presque magique d'un Molière au déroulement des bandes bigarrées décrivant des caractères et des événements, dans des chevauchements précipités.

La bande dessinée conserve un caractère enfantin qui, au cours des années, par sa facilité, par sa cadence harcelante, par ses imprévus renouvelés sans cesse, a mordu sur des millions de cerveaux qui eussent pu aller plus loin, aller plus haut, dans leur épanouissement intellectuel.

Le grand public, en étant très friand, elle a été, au surplus, copiée, caricaturée (c'est le vrai mot), par des milliers d'imitateurs médiocres, maladroits, et même très vulgaires parfois.

Mais enfin –et c'est là son tout grand mérite– le père de Tintin a apporté à un monde chaotique, déboussolé, un rythme nouveau d'expression de la vie. Il a été dans ce domaine grand créateur, même si cet outil nouveau ne vaudra jamais la plume d'un Ronsard, d'un Racine, d'un Baudelaire, d'un Molière, ou d'un somptueux Chateaubriand, enroulant dans une cape d'or son époque.

Molière, ne n'oublions pas, avait, lui aussi, eu jadis ses déboires. Puisqu'il était comédien, c'est-à-dire ressortissant d'une profession plutôt infamante, hors de la respectabilité mondaine de son siècle, on l'avait enterré à la sauvette, le long d'une route, la nuit, comme un chien ! Mais sa tombe finale avait été l'immortalité. Pour Hergé il en serait de même.

Un mandat d'amener est lancé par les autorités espagnoles contre Léon Degrelle

Mais l'ancien chef de Rex n'était pas à son domicile ...

La nouvelle n'a pas manqué de susciter la surprise parmi l'opinion publique belge ainsi d'ailleurs qu'au ministère des Affaires étrangères : Léon Degrelle, condamné à mort par contumace par un conseil de guerre belge, réfugié en Espagne depuis 1945 et dont l'extradition a rexiste. L'an dernier, la publication des mémoires de Degrelle dans le Pueblo avait suscité un vif mécontentement en Belgique ainsi qu'une

Mais, tout d'un coup, on y repense. L'été même où le Tintin interdit de crayon se dédouanait tant bien que mal, presque au même moment –le 21 août 1946– son copain d'Espagne avait eu à affronter une fois de plus, la meute hurlante de ses persécuteurs. Ledit copain, c'était moi ! Vous l'imaginez aisément !

Ce jour-là, le Gouvernement espagnol, assailli par vingt demandes de plus en plus menaçantes d'extradition, avait enfin concédé un ordre d'expulsion de mes vieux os, retirés en compote, quinze mois plus tôt, à San Sebastian, des restes de mon avion fracassé. Selon le décret, le proscrit que j'étais avait huit jours pour disparaître au-delà des frontières.

Les huit jours avaient passé. Alors quoi ? Le copain de Hergé, on l'avait coincé ?...

CHAPITRE XXXII

L'OISEAU S'EST ENVOLÉ

Le moment est venu, je crois, de consigner ici quelques confidences, car l'aventure qui suit va être au plus haut point Tintinesque.

J'avais été, en janvier 1939, l'invité personnel de Franco, au temps où il dirigeait –depuis 1936– un soulèvement national contre une Gauche à dominante communiste.

À la stupeur de tous, j'étais réapparu en Espagne le 8 mai 1945, tombant du ciel à San Sebastian et y prenant, bien involontairement, dans les lueurs de l'aube, le premier bain de mer de la saison.

Cette fois, on l'imagine, Franco ne m'avait pas accueilli au bord du rivage ! Pour lui, ce n'était pas dans la mer que j'étais tombé, mais dans sa soupe ! Il était, à cette heure-là, menacé d'une invasion alliée qui pouvait lui dévaler dessus d'un moment à l'autre !

ARRIBA ESPAÑA

REX CON FRANCO

POR LEON DEGRELLE

Visitant l'Espagne en 1939, Léon Degrelle rencontra le Général Franco et donna de nombreux et substantiels articles politiques aux journalistes espagnols (ici 'Arriba Espana' du 18 février 1939)

Déjà, quelques jours plus tôt, Pierre Laval, le Premier ministre français, venait d'atterrir à Barcelone, De Gaulle courant à ses trousses ! Ce dernier réclamait son rival à cor et à cris, agitant furieusement ses longs bras dressés comme deux sémaphores.

Or voilà que j'arrivais, sans crier gare, compliquer encore une situation gravissime car le Caudillo avait commis le crime d'avoir battu à plate couture Staline sur les champs de bataille espagnols en 1939. Or

Laval en conversation avec Hitler au Quartier général de Prusse orientale en décembre 1942 (de dos : von Ribbenrop)

Staline était devenu, depuis 1941, l'allié chéri entre tous des Nord-Américains. Ceux-ci allaient lui faire cadeau, au Traité de Potsdam, de toute l'Europe de l'Est ! C'est dire que Franco était aux yeux des Alliés la bête noire, le reproche vivant, le maudit !

Laval et moi, arrivant en catastrophe, ne pouvions que compliquer épouvantablement son affaire !

Le cas Laval, pourtant, était particulier.

À la fin de l'occupation allemande en France, le 22 juillet 1944, j'avais, en compagnie de Pierre Laval, déjeuné chez Otto Abetz, ambassadeur du Reich à Paris. Assistait au repas, comme troisième invité, M. de Lequerica, ambassadeur de Franco auprès du Maréchal Pétain à Vichy.

J'avais entendu, à table, le diplomate espagnol dire affectueusement à Laval : « M. le Premier ministre, s'il vous arrivait un jour des revers » (ils tambourinaient déjà comme des grêlons à la fenêtre !), « dites-vous bien que l'Espagne sera toujours pour vous une seconde patrie ! »

Laval n'était pas, aux yeux des Espagnols, sans mérite particulier. Président, au Sénat français, de la Commission des Affaires Étrangères, c'est lui qui avait fait reconnaître diplomatiquement par la France le régime de Franco, auquel le gouvernement de la République avait, sur sa proposition, envoyé comme nouvel Ambassadeur le plus glorieux de ses soldats, le vieux Maréchal Pétain.

En juillet 1944, Laval avait donc cru aux promesses, j'allais dire à l'invitation de l'Ambassadeur Lequerica, devenu au surplus, depuis lors, ministre des Affaires Étrangères de son pays. Laval s'était amené à

Barcelone, avec sa femme, à la fin d'avril 1945, une fois Mussolini pendu par les pieds à une pompe à essence à Milan.

Pierre Laval n'eut droit qu'à une parodie de procès auquel il refusera d'ailleurs bientôt de participer : son jugement et son exécution relèvent authentiquement de l'assassinat...

Il avait payé cher sa naïveté, en entendant le ministre Lequerica déclarer alors, tout à fait à l'aise, à la presse étrangère :
« Monsieur Laval est aujourd'hui un homme qui cherche une branche d'arbre à laquelle se pendre ! »
On était loin du déjeuner chez Abetz ! Sur ce, Lequerica avait ordonné l'expulsion de son ami trop confiant. Laval, enfourné dans un avion peint en noir, avait été livré, via les Américains, à un De Gaulle triomphant.

Après un court procès de farce et d'insulte, le vainqueur fit fusiller le vaincu, presque paralysé, arc-bouté sur une chaise, peu après qu'il eut tenté, en stoïcien, de s'empoisonner, nouveau Socrate.

L'avocat parisien bien connu, Me Naud, a raconté lui- même, dans un livre publié chez Fayard, comment le Procureur Mornet fit fusiller malgré tout un Laval déjà presque mort :

> « – Maitre, votre client n'est pas juridiquement mort, son cœur s'est remis à battre. Alors je dois faire exécuter l'arrêt de mort.
> Je ne réponds pas.
> M. le Procureur insiste : – Nous pourrions attacher Laval sur un brancard et l'appuyer contre le poteau 'comme ça' (Il fait un geste de la main pour figurer dans l'espace la réalité de sa proposition).
> Une brave sœur tient l'une après l'autre les jambes de Laval, et lui enfile son caleçon, puis ses chaussettes. Le préfet de police est là, qui observe le tableau.
> – Ah, dit la sœur, si le bon Dieu nous voit en ce moment, il ne doit pas être fier de nous. (...)

Laval tombe sur le côté droit, sa jambe paralysée ayant cédé la première, la joue contre terre, le bras droit replié sous le corps, comme au cinéma tombent les personnages assassinés. Un sergent se précipite, armé d'un pistolet de fort calibre, et lui donne en plein front un coup de grâce effroyable qui le défigure. »

Laval vient d'être fusillé devant les magistrats et le personnel de Fresnes : son cadavre glisse du poteau pendant qu'un sergent s'apprête à lui donner le coup de grâce.

Lequerica avait imaginé faire coup double en me livrant aux Alliés par le même convoi macabre.

L'ambulance envoyée à l'hôpital de San Sebastian pour charrier ma carcasse brisée jusqu'à l'avion de Laval à Barcelone avait bien dû –je l'ai expliqué– repartir bredouille, sans son deuxième chargement : « – Totalement intransportable ! » avaient déclaré les médecins !

Mais, à Bruxelles, à Paris, à New York, les autres insistaient furieusement, répétaient cent fois à l'Espagne leurs sommations.

Alberto Artajo, le nouveau ministre espagnol des Affaires Étrangères, qui avait succédé à Lequerica, se trouvait terriblement perplexe. Ajoutez-y que, par un hasard tout à fait imprévu, il s'était fait qu'il avait mené ses études à la fameuse Université des Jésuites espagnols à Deusto. Or « Les Degrelle –l'Évêque de Namur, Monseigneur Heylen, l'avait clairement expliqué– sont jésuites de père en fils ! » J'avais six oncles et grands-oncles membres de la Compagnie de Jésus!

Second bon point : le Recteur de l'Université de Deusto était l'oncle de l'infirmière en chef de l'hôpital militaire Mola qui m'hébergeait à San Sebastian, une jeune fille espagnole d'un courage magnifique. Elle s'appelait Marichu de Aguirre. Décidée, elle avait pris le train de Bilbao et avait été chapitrer son oncle le Recteur. Celui-ci avait pris à son tour le train pour Madrid et avait abouti au bureau solennel de son ancien élève, le ministre : « Alberto, si tu livres Léon Degrelle –qui ne pourra absolument pas se défendre, tu le sais bien–, tu collaboreras à un assassinat, tu te mettras en état de péché mortel ! » Alberto était un très saint homme. Le coup porta, ce péché mortel se dressait devant lui comme un spectre lui taraudant la conscience ! L'affaire traîna quelques mois de plus.

Louise, Duchesse de Valence, fut aussi la première biographe de Léon Degrelle ('Degrelle m'a dit')

En septembre, autre offensive féminine ! La piaffante Duchesse de Valence, que j'avais connue toute jeune femme au Palais d'Avila, en 1939, chez son père, avait surgi en plein Conseil des Ministres annonçant que s'ils me livraient, elle reviendrait les abattre tous au revolver !

On n'est pas Castillane pour rien ! Elle ferait huit mois de prison, mais une deuxième fois, le coup avait porté.

En attendant, à l'hôpital de San Sebastian, j'étais gardé, jour et nuit par quarante soldats espagnols, qu'on rechangeait, selon les injonctions des Alliés, toutes les vingt-quatre heures. Plus de dix mille militaires se succédèrent ainsi devant ma chambrette pendant quinze mois !

En fait, la garnison complète de San Sebastian défilerait dans mon escalier ! Parmi ces vaillants guerriers, je trouvai un jour Jaime de Mora y Aragon, le frère de Fabiola qui se convertirait en reine des Belges ! On devint grands copains, il assisterait même, par la suite à Madrid, en grand arroi, au mariage d'une de mes filles.

Pour corser diplomatiquement la cérémonie, le deuxième témoin de la noce serait un autre beau-frère fameux, l'ancien ministre des Affaires Étrangères d'Espagne, le cher Ramon Serrano-Suner, le célèbre cunadissimo (beau-frère, au superlatif !) du généralissime Franco !

Mais, pour le moment, j'en étais toujours à mon hôpital, sous la garde de mes dix mille hoplites !

Don Jaime de Mora y Aragon, en hidalgo dépité face aux succès donjuanesque de Don Léon... (Alidor)

Ces intrépides militaires étaient, d'ailleurs, très peu dérangeants. Les deux officiers de service, renouvelés chaque soir, se présentaient, impeccables, un petit paquet sous le bras gauche. C'était leur pyjama. Ils saluaient, puis partaient rapidement l'enfiler, ne réapparaissant plus que le soir suivant, pour un nouveau salut protocolaire.

Quant aux quarante soldats de la fournée quotidienne, ils dormaient tous à poings fermés, entassés dans l'escalier. Une nuit, j'allai ramasser les quarante fusils des troupiers, qui ne les récupérèrent, assez penauds, que le matin suivant, au pied de mon lit ! Une autre nuit, à demi-rétabli, j'allai tranquillement, comme l'eût fait un Tintin déluré, dîner en ville, invité à un restaurant du Monte Igualdo. Je n'en revins qu'à trois heures du matin. Nul n'avait rien remarqué !

De leur côté, les braves religieuses de l'hôpital, afin que je puisse m'échapper en cas de péril imminent, avaient creusé au couteau dans la cloison de ma chambrette un gros trou, camouflé derrière une carte de géographie, par où je pourrais déguerpir en vitesse !

Elles m'avaient même préparé un refuge d'urgence derrière la clôture sacro-sainte de leur résidence.

Mais je ne cherchais pas à détaler ! C'eût été reconnaître que j'avais quelque chose à me reprocher.

Franco, sur ma propre demande écrite, eût accepté de me livrer à mes ennemis, s'il s'agissait de me faire un vrai procès. Mais ce que ceux-ci voulaient, ce n'était pas me pourvoir de vrais juges, mais m'envoyer douze balles dans la peau ! Donc, toute négociation resta vaine.

Finalement, au bout de quinze mois, Franco, habile galicien, avait trouvé le filon : « Bon, on expulsera Degrelle officiellement, mais on ne l'expulsera pas réellement. »

Il en fut ainsi.

Le 21 août 1946, dans un grand fracas de cloches de l'hôpital de San Sebastian (une batterie pour le Gouverneur Civil, une autre pour le Gouverneur militaire !), les deux Gouverneurs de la Province vinrent gravement me donner lecture à mon lit, tout à l'aube, du "décret d'expulsion" ! J'avais une semaine pour déguerpir du territoire espagnol. « – Veuillez signer que vous êtes d'accord ! »

Léon Degrelle pose obligeamment, et avec sa croix de Chevalier de la Croix de Fer avec Feuilles de Chêne, avec l'un de ses gardes, sur une terrasse de l'hôpital de San Sebastian.

Mais voilà, je n'étais pas d'accord du tout ! Non point que je ne voulusse pas être soumis à un procès légal en Belgique. Je l'avais offert par écrit, dans une déclaration publique faite, sur mon grabat de blessé, à un reporter de l'United Press ! J'avais répété cette offre dans une lettre à l'O.N.U.

Mais je demandais un vrai jugement.

Je refusai donc aux deux Gouverneurs l'approbation qu'ils réclamaient ! Stupeur des deux mandataires ! Je les sortis d'embarras en leur disant : « Je vais noter sur votre ordre d'expulsion : « J'ai pris connaissance ! » Ça ne m'engageait à rien ! Je pouvais parfaitement avoir « pris connaissance » et ne pas être d'accord du tout sur le fond ! Mais les deux hauts fonctionnaires allaient avoir ainsi une signature sur leur document, ça leur suffisait. Je leur donnai l'autographe réclamé. Ils disparurent dans un nouveau et double fracas de cloches ! « Être d'accord », c'eût été, en effet, admettre que j'allais, de mon plein gré, être expulsé : or, je savais parfaitement, par des confidences reçues la veille au soir, qu'on n'allait pas m'expulser mais m'escamoter !

Les cloches annonçant au peuple le départ des deux grosses légumes sonnaient encore dans un puissant tintamarre, qu'avec la souplesse d'un Tintin j'avais plongé dans mes vêtements et dégringolé, trois étages plus bas, jusqu'au patio de l'hôpital où je savais qu'une auto discrète m'attendrait. Je sautai dedans. Un quart d'heure plus tard, j'étais pris en charge, dans de grandes effusions, par le Maire de Madrid, le Comte de Mayalde, et par sa femme, dynamique entre toutes, la belle Duchesse Casilda de Pastrana. Bientôt, nous nous trouvions sur la grand-route. Je possédais de nouveaux papiers d'identité au nom de Juan Sanchis, citoyen polonais, préparés en petit comité discret, par le ministre de l'Intérieur Perez et par Franco en personne.

Franco savait qu'à la dernière semaine de la guerre j'avais confié à un de mes soldats tout ce que je possédais : deux millions de francs, gagnés par mes journaux. J'avais aussi ramassé, à Berlin, plusieurs milliers de cartes d'identité de travailleurs étrangers plus de trois mille camarades échapperaient ainsi, après le 8 mai 1945, aux différentes polices.

Quant à moi, j'avais gardé, en tout et pour tout, ma mitraillette, six chargeurs à mon ceinturon, six autres dans mes bottes, outre mon sac à dos, contenant deux caleçons, quelques mouchoirs et un pain.

En 1946, le journaliste belge Robert Francotte rencontre Léon Degrelle en Espagne, réalise sa première interview et revisite en sa compagnie l'hôpital Mola de San Sebastian (ici avec un de ses gardiens).

En dehors de cela, je n'avais pas sur moi un liard. Je n'eusse même pas pu me payer un sandwich en atterrissant à San Sebastian. À ma chute d'avion, la police espagnole avait tout vérifié. C'était ainsi !

Si, par la suite, j'eusse voulu m'éclipser, c'eût été en bras de chemises. Même un pantalon de SS, c'était plutôt voyant ! Aussi, pour pouvoir déguerpir le moment venu, j'avais dû le faire teindre. À cette fin, j'avais vendu pendant des semaines, mes trois cigarettes hebdomadaires de blessé à d'autres internés jusqu'à réunir dix pesetas, prix alors d'une teinture de la plus basse qualité. Résultat comique : le premier soir où, débarqué à Madrid, je me déshabillerais, je me retrouverais peint en Bantou, du haut des cuisses jusqu'au bas des mollets !

Pour le journaliste Francotte, Léon Degrelle pose, le 8 mai 1946, dans la chambre qu'il occupa à l'hôpital de San Sebastian, un an auparavant.

Je n'avais jamais, bien entendu, charrié avec moi, pendant les quatre années de guerre, des valises de bijoux comme des farceurs –et même un professeur d'Université, plus menteur qu'Abdallah et appelé Balace !– l'ont inventé après 1945. Vous me voyez trimballer à bout de bras ces valises dans mes derniers combats au corps à corps ! Grotesque !

Jamais non plus, je n'avais eu de compte bancaire en Suisse ! Là aussi on a déversé des rubans de sottises du plus haut ridicule. Le 8 mai 1945, je n'avais plus un sou vaillant, nulle part, ni en Belgique, ni en Suisse, ni dans ma poche ! Hitler non plus d'ailleurs, à l'heure de périr ! Ni Mussolini ! Nous vivions pour notre foi. Elle était notre seule, notre merveilleuse fortune !

Franco, l'ayant appris, poussa, le soir du 20 au 21 août 1945, la délicatesse jusqu'à glisser dans ma nouvelle "documentation" une petite liasse de 25 000 pesetas (une somme importante à l'époque !) afin de m'aider à survivre dans la série de refuges secrets où il me faudrait me cacher, non sans courir de grands risques.

Tout cela était très bien. Mais il existait quand même un décret officiel d'expulsion ! Les Alliés, depuis le matin du 21 août 1946, étaient aux aguets, scrutant les frontières, les Pyrénées notamment. Or, le premier matin, je me trouvais déjà sur la grand-route de Madrid, dans un tout autre sens, bavardant et cassant la croûte dans la voiture confortable des Mayalde !

Alors, allait-on expulser quelqu'un tout de même ? Quel Degrelle ersatz allait-on bien inventer, qu'on jetterait à une frontière ou l'autre ? Et comment ? Par où ? Sans que nul ne découvrît le subterfuge ?...

Franco, comme tous les Gallegos (les Galiciens), était un rusé. Il avait bien imaginé son plan. Un Hergé, mettant en piste Tintin et Milou pour dérouter l'adversaire, n'eût pas fait mieux ! Deux inspecteurs de la Sûreté espagnole avaient conduit un de leurs camarades –devenu un autre moi-même– à la gare de San Sebastian. Ils s'étaient embarqués tous trois dans un train paresseux qui les avait conduits à Salamanque. Puis, ils avaient suivi jusqu'à Ciudad Rodrigo. À chaque arrêt, les deux inspecteurs envoyaient à Madrid un télégramme officiel : « Degrelle ne proteste pas » – « Degrelle paraît d'accord » – « Degrelle est correct » – « Degrelle a mangé un bocadillo » – « Degrelle paraît satisfait. »

Puis, finalement : « Nous sommes arrivés à la frontière portugaise. À l'entrée d'un bois, nous avons débarqué Degrelle. Nous avons vu un Lieutenant-Colonel portugais qui attendait, à cent mètres. Il s'est approché de Degrelle et l'a emmené. »

Ils ajoutaient gravement : « Mission accomplie. »

Pourquoi cette mise en scène ?...

C'est simple. On imagine bien que les Alliés, à voir que le fameux Degrelle, expulsé le 21 août 1946 n'apparaissait nulle part, allaient tôt ou tard poser des questions. Oui, divers journaux avaient publié, dès le 23 août, des récits rocambolesques narrant mon arrestation à Toulouse et mon transfert à Anvers dans un avion militaire belge. Mais le bobard s'était vite dégonflé. D'autres versions, aussi abracadabrantes, s'étaient révélées sans consistance. Au bout de quinze jours, l'ambassadeur des États-Unis à Madrid –ni moi, ni aucun de mes soldats n'avions jamais rien eu à voir avec les Yankees ! Nous avions mené nos quatre ans de guerre contre les seuls Soviets– se rendit solennellement au château campagnard (un "paso") de Meiras, en Galice, où Franco passait en famille ses vacances. L'Américain venait exiger, haut et fort, que le Caudillo lui précisât par quelle frontière, et à quel point exact, Degrelle avait été expulsé !

Noble indignation de Franco !

Si en recevant Eisenhower, Franco a choisi son nouveau camp politique, il ne trahira cependant jamais son amitié pour celui qui était devenu un "proscrit"...

Révéler l'endroit de sortie d'un soldat persécuté était indécent, impensable ! Ce serait tout simplement outrageant pour l'honneur d'un Espagnol !

Puis Franco avait adouci le ton : « Excellence, d'homme à homme, hors de toute menace diplomatique, voulez-vous savoir ce qu'il en est du dossier Degrelle ? Et bien, ce dossier, je suis en train, précisément, de le soupeser. Vous le voyez ? Il est là sur ma table de travail. Si vous désirez le feuilleter un instant... »

Il avait subtilement parlé d'un "dossier Degrelle", "dossier" sans plus... Presque confus, le diplomate yankee prit connaissance de la liasse de télégrammes envoyés par les policiers depuis la gare de San Sebastian jusqu'à la frontière portugaise. L'Américain avançait, vérifiait chaque télégramme, essuyait ses lunettes, s'épongeait. C'était clair. Degrelle était filé par le Portugal.

Le lendemain, malgré le caractère "confidentiel" de la "révélation", le branle-bas fut ordonné depuis Washington. Ordre fut lancé par le Gouvernement américain d'arraisonner en haute mer –seize mois après la fin de la guerre ! Et alors que l'Espagne avait toujours été neutre !– les navires espagnols naviguant entre le Portugal et l'Amérique du Sud. Le *Monte Ayala* fut ainsi pris à l'abordage et ramené au port de Lisbonne, fouillé de fond en comble pendant deux jours ! On scruta même les cheminées du transatlantique, espérant m'y retrouver recroquevillé, au fond d'un conduit, tout noir de fumée, pareil à un ramoneur ! Mais rien ! Pas de Degrelle, où que ce fût, même barbouillé de suie !

"La Carlina", la somptueuse propriété andalouse que se bâtit à Constantina Léon Degrelle, devenu entrepreneur immobilier (construisant, ironie de l'Histoire, des bases américaines en Espagne).

Des années passeraient sans qu'on retrouvât ma trace.

Les Américains –qui ne l'avaient pas volé !– avaient été dindonnés. On le voit, je m'en étais sorti aussi prestement que ne l'eût fait Tintin.

Je demeurerais en Espagne.

Le petit fantôme Tintin m'avait gentiment guidé. Il me remerciait de ma culotte de golf du passé, avec un petit clin d'œil complice ! Comme l'a écrit tout récemment Olivier Mathieu dans son 'De Léon Degrelle à Tintin' : « Par la grâce du miracle, l'aventure de Léon Degrelle a continué, et a préservé ses chances de recommencer demain. Oui Tintin, c'était, c'est et toujours ce sera Léon Degrelle ! »

Mais, comme dans les vingt-trois albums de Hergé, d'autres péripéties, aussi haletantes allaient suivre.

On commençait, parait-il, à renifler ma piste.

Déjà, des rapteurs se pointaient à l'horizon.

CHAPITRE XXXIII

CINQ RAPTS À LA TINTIN

Les visites n'abondaient pas, au début, à mes divers refuges d'exil. Qui, cependant, avais-je vu apparaître un beau matin, chaperonné par Jam et par sa gentille femme Lucette, à la vieille entrée Renaissance de la propriété andalouse de Constantina où je gîtais alors ? Qui ? La chère et belle Germaine, l'ancienne secrétaire aux pompons rouges du 'Vingtième Siècle' m'apportant le salut ému et les derniers albums de Hergé, son mari !

Quelles retrouvailles !

Pendant quinze jours, tout en lampant joyeusement le vin doré de mes vignes, nous avons revécu les années délurées de notre jeunesse.

Jam / Alidor rend régulièrement de fraternelles visites à son ami Léon Degrelle, à Constantina : c'est ainsi qu'il lui permet de revoir de nombreux compagnons des combats de jeunesse, dont Germaine, l'épouse de Hergé.

À Séville, où je me glissais entre les dangers avec le flair de Milou, nous avons acheté à Germaine une robe gitane éblouissante, rouge vif à gros pois blancs, pareils à des multiplications lunaires ! J'apparaissais d'ailleurs de temps en temps dans la belle capitale andalouse, sous les camouflages les plus indécelables. J'y avais passé, notamment, chaque Semaine Sainte sous la longue bure d'un Pénitent ! Je m'étais trouvé, une nuit, à un mètre du ministre belge de la Justice, assistant, poussif, sur une chaise, au défilé des Processions ! J'avais eu bien du mal, à cause de la sainteté des lieux, à me retenir pour ne pas fracasser ma lourde croix de bois sur sa vieille bobine bouffie !

CONDAMNÉE A RESTITUER A ALGER

LE TRÉSOR DE GUERRE DU F.L.N.

La Banque commerciale arabe de Genève est menacée de faillite

La Banque commerciale arabe de Genève a l'intention de faire appel de la décision du tribunal de première instance de cette ville la condamnant à verser au gouvernement algérien quelque 39 millions de francs suisses, représentant la quasi-totalité du « trésor de guerre » du Front de libération nationale algérien (voir « le Monde » du 3 février).

Cet appel constituera sans doute le dernier acte d'une longue procédure, engagée en 1967 par les autorités d'Alger, après que l'ancien trésorier du F.L.N., Mohamed Khider, qui avait déposé le « trésor » à la B.C.A., eut été assassiné à Madrid dans des circonstances jamais élucidées.

(De notre correspondante.)

Genève. — Le moins que l'on puisse dire est que la Banque commerciale arabe, après avoir perdu le procès que lui avait intenté le gouvernement du président Boumediène, est en posture difficile : avec un capital déclaré de 1 520 000 F suisses, comment pourra-t-elle payer 39 246 851 F grevés d'intérêts à 5 % depuis le 10 juillet 1967, plus les débours et frais, fixés à 350 000 F ?

Rappelons que la Banque commerciale arabe a pour directeur M. Zahir Mardam, de nationalité syrienne, qui a été incarcéré à la prison Saint-Antoine, à Genève, pour avoir refusé de donner les noms de ses clients à compte chiffré, fortement soupçonnés de recéler l'argent du F.L.N., et pour administrateur délégué M. François Genoud, qui ne dissimule pas ce que furent ses opinions pendant la dernière guerre mondiale et qui détient les droits d'auteur sur les œuvres de Hitler, de Gœbbels et de Bormann.

Au cas où l'arrêt de la cour d'appel serait défavorable à la B.C.A., il resterait à celle-ci la possibilité de se pourvoir devant le Tribunal fédéral dans un délai d'un an. Si la banque perd encore ce procès, elle sera déclarée en faillite, à moins d'un arrangement *in extremis* avec Alger. Notons que la Banque commerciale arabe a toujours nié avoir fait disparaître le « trésor » du F.L.N.

On se montre inquiet en Suisse des répercussions possibles de la décision du tribunal de première instance de Genève qui, si elle fait jurisprudence, obligera à l'avenir, aussi bien les banques, quelle que soit leur réputation sur la place, que les détenteurs de capitaux et leurs conseillers financiers, à se prémunir en temps voulu contre les vicissitudes de l'histoire, surtout si des fonds sont originaires de pays où les changements de régime sont fréquents. — I. V.

Portrait de François Genoux tracé par 'Le Monde', qui ne comprend évidemment rien au national-socialisme…

Cependant, malgré toutes mes ruses, et malgré mes nombreux changements de refuges, ma piste avait été retrouvée à diverses reprises.

Par sept fois, je serais sur le point de me faire kidnapper, dans le plus haletant style Tintin.

C'est le Mossad, le gang de l'espionnage israélien, qui inaugurerait ces festivités.

Son premier rapt avait été préparé avec un soin extrême avec la collaboration financière –deux cent mille dollars– de Juifs américains.

Le soir où devait partir de Suisse l'expédition, le sous-directeur général du Mossad avait réuni dans un restaurant du lac de Lucerne ses six agents, pour leur donner ses dernières instructions.

Par un hasard inouï un vieil et cher ami suisse, François Genoud, était venu, ce soir-là, dîner à la table exactement voisine de celle où se gobergeaient les futurs rapteurs. Il happa ainsi mon nom au vol. Il comprit vite, sauta dans un avion, eut juste le temps de débarquer à Madrid chez Carlos Arias, futur Premier ministre espagnol et, alors, Directeur-Général de la Sûreté. En cinq minutes tous les postes pyrénéens furent mis en alerte. Lorsque, majestueuse, approcha deux jours après, du poste frontière du Perthus, la longue Lincoln des candidats ravisseurs, la Sûreté espagnole les laissa passer et franchir deux cents mètres, puis les coinça et leur sauta dessus !

L'assaut fut digne du meilleur Hergé : les six comploteurs étaient armés jusqu'aux dents, ils portaient sur eux cinq millions de pesetas destinés à payer leurs complices locaux (des communistes de Séville).

Les détails du séquestre avaient été fixés méticuleusement. Le coffre de la Lincoln avait été aménagé en une sorte de grand clapier où je serais étendu, chloroformé. À la côte méditerranéenne un bateau attendait déjà pour m'embarquer vers Tel-Aviv. Quant à la maison, jalonnée de nobles colonnes romaines, perchée en haut d'une colline aux vignobles dorés où je vivais absolument seul, elle avait été, la nuit qui devait précéder le rapt, coupée de toute possibilité d'appel au secours : les chiens des propriétés voisines avaient tous été empoisonnés, la ligne téléphonique sectionnée. Sans le coup de pot prodigieux du restaurant de Lausanne, j'étais cuit !

Notez ceci : jamais je n'avais eu, où que ce fût, une algarade quelconque avec un Juif. L'expédition de ces Hébreux ne relevait que de leur marotte exhibitionniste ! Faire parler d'eux ! De n'importe quelle façon ! Résultat : Aldouby, chef de l'armada, et ses complices écopèrent de huit, dix et douze années d'incarcération, qu'ils purgèrent silencieusement à la prison de Burgos. Mieux, le capitaine du bateau, qui stationnait en face de la côte catalane et devait m'emmener, dormant comme une souche, jusqu'au port israélien de Tel Aviv, se fit lui aussi pincer, étant venu, inquiet de rester sans nouvelles, s'informer à Barcelone.

Ainsi, tous finirent glorieusement au clou.

Un gang de l'Irgoun, organisation terroriste juive, enlève Tintin ('Au Pays de l'Or Noir').

Une seconde expédition juive, partant d'Anvers, connut d'autres incidents, encore plus inattendus.

Une Juive, en effet, se présenta un beau matin au domicile de ma sœur Suzanne, mariée en Flandre, hors de toute agitation politique, mais emprisonnée quand même, elle aussi, à deux reprises, en 1944 et en 1945. Elle luttait durement pour survivre, avec ses six jeunes enfants. Et voilà qu'une Juive frappait à sa porte : « Madame, j'ai pu trouver votre adresse. Votre frère m'a sauvé la vie pendant la guerre. Je veux le remercier. On va le rapter en Espagne, je viens vous prévenir. C'est à

Bilbao qu'ils doivent débarquer. » À la vérité, je ne me souvenais pas d'avoir un jour sauvé une Juive. Chaque fois que, durant la guerre, j'ai pu dégager quelqu'un d'un marécage quelconque, je l'ai fait. Lors de mon congé de Tcherkassy, j'avais notamment sauvé du poteau le Père Léon Leloir, devenu aumônier d'un embryon de Résistance dans les Ardennes. Il avait été pris en flagrant délit au moment où il franchissait le pont de la Meuse à Dinant.

Pour n'importe quel vrai résistant –*rari nantes in gurgite vasto !*– qui se trouvait dans la mouise, j'intervenais. Les idéalistes, amis ou ennemis, m'intéressent automatiquement. Je déteste les mous et les lâches. Mais un homme, ami ou ennemi, qui risque sa peau pour ce à quoi il croit, est pour moi, comme un camarade. J'avais ainsi sauvé un médecin juif, professeur à l'Université de Bruxelles, qui avait assailli un train près de Louvain pour délivrer des déportés. Quant à la Juive d'Anvers, j'avais même oublié son identité. Ses renseignements me parvinrent à temps. Au bateau à Bilbao, la police espagnole attendait les rapteurs. Ils n'iraient pas loin ! Comme quoi, parfois, une bonne action rapporte !

J'allais recevoir ensuite dans les tibias deux autres expéditions, "belges" celles-là.

La première, celle de San Sebastian, avait été ordonnée –par écrit– le 2 janvier 1946 par le Premier ministre Van Acker. Elle était déjà parvenue à pied d'œuvre en Espagne, amenée de Bordeaux dans deux autos de la police française. Elle avait à sa tête un militaire belge fameux, le Colonel Lovinfosse, alors Major. L'ordre de mission du Gouvernement français au chef des Renseignements Généraux était net : « Donnez toute l'assistance en votre pouvoir au Major Lovinfosse pour le passage de la frontière de Léon Degrelle. Vous accompagnerez la voiture du Major Lovinfosse dans laquelle sera le prisonnier, avec une voiture de votre service. Votre mission se terminera à la frontière franco-belge. »

Brusquement, Lovinfosse fut bloqué, en dernière minute, sur ordre personnel du ministre Spaak, furibond et qui n'avait été mis au courant de ce plan que sur le tard. Lovinfosse en fut quitte pour ramener à Bruxelles –comme souvenir !– la cagoule dans laquelle il entendait me plonger la tête au carrefour fixé pour le rapt, au village de Lecumberri, sur la route de San Sebastian à Pampelune. Il a raconté en long et en

Le Colonel Georges de Lovinfosse, le résistant le plus décoré de la Belgique. Après avoir élaboré le rap de Degrelle (en bas, l'ordre de mission signé par le Premier ministre van Acker), il témoignera publiquement de son admiration pour le courage de son ancien adversaire.

large, six ans plus tard, cette aventure plutôt piteuse –pour lui– dans 'La Libre Belgique'!

Une nouvelle opération "belge" allait être tentée, visant, cette fois un de mes refuges andalous, repéré précédemment par le Mossad à Constantina. Cette fois, c'est un magistrat qui allait se mettre en route.

Oui, un magistrat ! Il était de Namur. Il s'appelait Mélot, comme les écrémeuses de mon enfance. C'était un petit bonhomme plutôt mal foutu, blafard un œil de travers au-dessus d'une pommette ratatinée. Il avait, parait-il, pendant la guerre, été "résistant", ce qui lui avait valu d'être promu juge après la Libération ! Il organisa mon rapt à grands frais, racola une dizaine d'hommes de main, obtint un avion que, grâce à des complicités espagnoles, il put faire atterrir et camoufler au champ d'aviation militaire de Séville. On était en 1958.

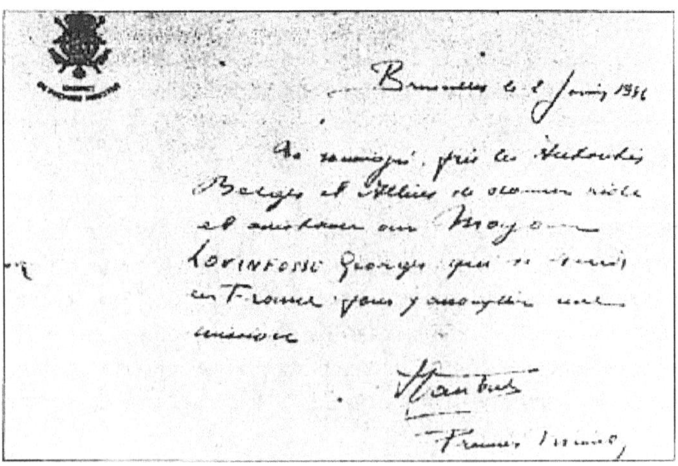

Bruxelles le [illegible] Janvier [illegible]

Le soussigné prie les Autorités Belges et Alliées de donner aide et assistance au Major Lovinfosse Georges qui se rend en France pour y accomplir une mission

Van Acker

Premier Ministre

Notre vaillant guerrier se rendit alors à Constantina, se présenta comme un super-fidèle au jardinier de la propriété "La Carlina", dont j'étais momentanément absent. À le croire, il venait presque en pèlerinage ! Il étudia à fond tous les accès, visita chaque chambre, photographia chaque porte, dressa un plan rigoureux de l'agression. Avant de la déclencher, il alla, en bon magistrat du Régime, informer le comte d'Ursel, à l'Ambassade de Belgique à Madrid, de l'imminence de l'opération.

Portrait de Léon Degrelle dédicacé à Georges de Lovinfosse : « À mon cher et glorieux ami-adversaire, le Colonel Georges de Lovinfosse, qui a fait si magnifiquement honneur à notre pays. Avec le salut amical d'un combattant "d'en face", qui, lui aussi, lutta passionnément pour sa Patrie ; avec le salut affectueux de Léon Degrelle, 15 juin 1976. »

D'un instant à l'autre, je devais être de retour à mon logis : j'allais m'y faire cueillir comme une grappe de raisin de mon coteau !

Tintin s'était vraiment réinstallé dans mon plumage ! Je fus sauvé, une deuxième fois, par le gros père Spaak en personne. Celui-ci avait, en juillet 1940, désiré vivement collaborer avec l'ancien président du Parti Socialiste belge Henri de Man, son ami personnel, brusquement converti au national-socialisme. Et aussi avec moi, en qui il voyait déjà le chef, en équipe avec De Man, du futur gouvernement. Il nous avait fait connaître ses sentiments, via sa femme, de Vichy même, et par écrit. Si j'étais rapté par Mélot et ramené à Bruxelles, le pot-aux-roses de cette offre soigneusement tue par moi jusqu'alors, risquait fort de lui sauter à la figure ! Mélot n'eut même pas le temps, à Séville, de rafistoler son œil bancal : déjà lui arrivait, de Bruxelles, une sommation du Ministère de la Justice de rappliquer sur le champ en Belgique !

Le juge Mélot : son seul titre de gloire sera d'avoir échoué à enlever Léon Degrelle !

Lui aussi, comme Lovinfosse, raconta neuf ans plus tard, très marri, sa déconfiture, dans un canard namurois appelé 'Confluent' (n° 81). Le ministre de la Justice lui promit, lui jura que je serais ramené légalement au pays, qu'il n'avait pas –lui, surtout, magistrat en fonction– à se substituer à son Gouvernement en devançant illégalement une extradition certaine !

Évidemment, de celle-ci, il ne fut jamais sérieusement question ! Les réclamations dites "officielles" de Spaak ne furent jamais que du bla-bla ! D'abord, le Gouvernement belge n'avait rien à pouvoir formuler contre moi : Les "crimes de guerres" qu'on m'avait attribués après la guerre s'étaient, l'un après l'autre, révélés des bobards. À les resservir, il se fût couvert de ridicule. Et, surtout, Spaak ne désirait aucunement qu'on le déculottât, en plein tribunal, face à toute la Belgique réjouie !

En France, le Général De Gaulle connaissait si exactement le point faible du ministre belge des Affaires Étrangères que lui aussi fit préparer mon rapt.

Spaak, en effet, était son adversaire déclaré. Sa conception de l'Europe –internationale mi-marxiste, mi-capitaliste– heurtait de plein fouet la saine conception gaullienne d'une "Europe des Patries". Les deux hommes se détestaient.

De Gaulle, olympien, pour avoir, avec courtoisie, la peau de son adversaire Spaak, imagina de me faire rapter (il était un spécialiste en la matière : qu'on se souvienne de son rapt, en Allemagne, du Colonel Argoud !). Il s'empresserait d'offrir, aussitôt après, très aimablement, de me livrer au Gouvernement de Bruxelles :

> « – Je vous amène Degrelle. Mais nous sommes, les uns et les autres des gens civilisés, je ne doute pas que les droits de l'accusé seront respectés correctement par vos tribunaux. »

C'est évidemment, ce qu'un Spaak ne pouvait, en aucune façon, admettre ! Me laisser ouvrir le bec, c'eût été assurer sa chute ! De Gaulle était certain de la réussite de son traquenard : ou bien Spaak serait balayé à la barre par mes révélations ; ou bien il s'auto-liquiderait en refusant ma livraison !

Les rapteurs gaulliens s'amenèrent donc à leur tour –cinquième expédition !– en Espagne, à Madrid cette fois-ci, où je vivais alors réfugié à un troisième étage de la Calle de los Jesuitas, la rue des Jésuites (toujours les Jésuites de ma famille !). Précisément, j'étais à la veille de partir en Catalogne où m'avait invité, à sa villa près de Bagur, mon vieil ami Jean-Louis Tixier-Vignancourt, l'adversaire personnel du Général De Gaulle et candidat, contre lui, aux élections à la Présidence de la République.

Jean-Louis Tixier-Vignancourt, en compagnie de Jean-Marie Le Pen, autre admirateur de Léon Degrelle qu'il visitera régulièrement.

Je devais m'embarquer pour Barcelone en avion le lundi matin. C'est alors, certainement, que le Tintin-Hergé vint, une fois de plus, asticoter le Tintin-Degrelle sur le point de tomber dans un piège ! Le samedi, j'avais été comme pris d'angoisse. Je sentais que la mort rôdait autour de moi. Tout mon être était en éveil. Je fus à un tel point oppressé par ce présage que j'allai à la compagnie d'aviation Iberia afin qu'on avançât mon voyage d'un jour. Ce n'était pas possible ; il ne restait plus, sur la liste de vol, de fauteuils disponibles qu'en première classe. Éventualité presque irréalisable pour moi. J'étais pauvre. Je pris quand même le billet. À huit heures du matin, Tintin-Degrelle s'envolait ! Tout juste vingt minutes après, à Madrid trois forts gaillards aux têtes de malfrats montaient (il n'y avait pas d'ascenseur) à mon petit appartement de Jesuitas. Ils sonnèrent. Ils resonnèrent. Pas de réponse. Ils conclurent que je dormais du lourd sommeil des condamnés à mort. Pour tuer le temps, ils descendirent prendre un café au bar d'en face. Ils s'entretinrent de mon cas. Juste à côté d'eux déjeunaient deux flics espagnols chargés tout spécialement de veiller à ma sécurité dans le quartier. Une minute après, les trois gaillards se voyaient passer les menottes ! De Gaulle avait échoué ! Spaak était sauvé ! A la même heure, libéré de toute oppression, je serrais dans mes bras, à l'aéroport de Barcelone, le cher Jean-Louis !

Tintin, une fois de plus, avait gagné la partie !

Chaque autre expédition pour me rapter (car il y en eut sept en tout !) échoua in extremis de la même manière, toujours providentielle. Des ondes de protection m'enveloppent, où que je sois, où que j'aille.

Notre Tintin imaginaire de 1929 s'était réincarné, réellement, et pour toujours, dans ma carcasse !

HUITIÈME PARTIE

HERGÉ IMMORTEL

CHAPITRE XXXIV

LES VIEILLES VENGEANCES

Entre-temps, à Bruxelles, le modeste bureau du Hergé des premiers jours s'était transformé, nous l'avons expliqué, en un énorme complexe ultra-moderne, machinisé, américanisé comme les usines de Coca-Cola ou les bureaux du 'Washington Post'.

Néanmoins, les débuts de cette renaissance Tintinesque, qui, en quelques années, épandrait la gloire de Hergé jusqu'aux antipodes, ne seraient pas aisés.

L'antifascisme était vigilant. La Belgique est, d'ailleurs, le seul pays au monde où, cinquante ans après la Seconde Guerre Mondiale, on n'a pas encore accordé la moindre amnistie politique aux victimes des matraqueurs de la Libération belge de 1944 (voir à ce sujet ma lettre ouverte au Roi Baudouin 'Sire, Vous et moi') Les interdictions d'écrire, les exils interminables, les suppressions de nationalité fleurissent toujours sur les pommiers aigrelets de cet État terriblement rancunier.

Pour avoir osé reproduire, en Belgique, ma 'Lettre au Pape' au sujet d'Auschwitz parue librement à des centaines de milliers d'exemplaires dans le monde entier en de nombreuses langues, un de nos plus jeunes soldats du Front de l'Est (seize ans le jour de son engagement !) fut, Il y a peu d'années encore, condamné à cinq ans de prison ferme !

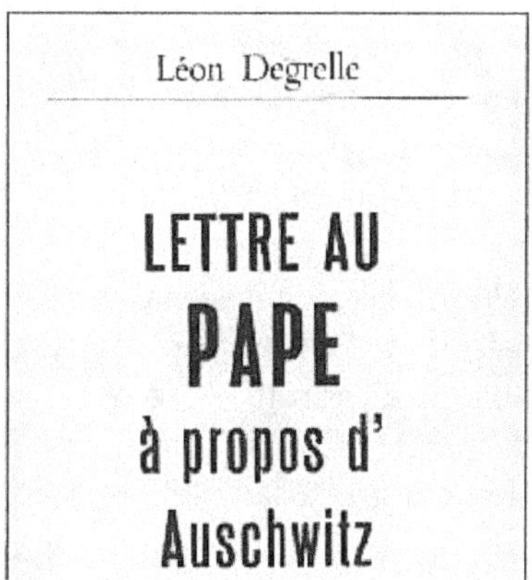
Léon Degrelle
LETTRE AU
PAPE
à propos d'
Auschwitz

Même lorsque Jean-Michel Chartier mit en vente le livre 'Degrelle persiste et signe' (donc un livre sur moi et non de moi !), des libraires belges furent convoqués à la police et le diffuseur, affolé, n'eut d'autre ressource que de retirer l'ouvrage de la circulation !

Grâce à tout l'apparat de la grandiose cérémonie religieuse qui va, en votre présence, se déployer parmi les faux décors du plateau d'Auschwitz, on va, au moyen d'un gigantesque battage de télévision et de presse, tout tenter pour vous convertir en avaliste indiscuté de ces chèques de la haine. Votre nom vaut son poids d'or, pour tous ces gangsters. On va nous sortir, dans le monde entier, comme si le premier Holocauste ne suffisait pas, un Holocauste numéro 2, qui n'aura pas coûté un milliard de dollars celui-là, puisque Votre Sainteté aura fourni absolument gratuitement, à d'indécents metteurs en scène, la plus fastueuse des figurations !

L'Holocauste numéro 1, quels qu'aient été parmi les gogos sa diffusion et son impact, n'était qu'un gigantesque tapage hollywodien, d'une rare vulgarité, destiné avant tout à vider des centaines de millions de goussets de spectateurs non avertis. Mais les dégâts ne pouvaient être que passagers ; on devrait rapidement noter que les extravagances étaient bouffonnes, ne résisteraient pas à l'examen consciencieux d'un historien. Par contre, votre Holocauste, à Vous, Très Saint Père, tourné en grande pompe à Auschwitz même, par un Pape en chair et en os, revêtu de toute la majesté pontificale, et oint de véracité, en face d'un autel inviolable, surtout à l'heure du Sacrifice, cet Holocauste N° 2 risque fort d'apparaître, aux yeux d'une chrétienté bernée par des manipulateurs sacrilèges, comme une confirmation casi divine de toutes les élucubrations montées par des refoulés haineux et par des usuriers.

Déjà votre évocation, devant les tombes polonaises de Monte Cassino, d'une guerre dont — à en croire à ce qu'a dit aussitôt la presse — vous paraissez n'avoir retenu que certains aspects fragmentaires et partisans, a inquiété beaucoup de fidèles. Votre comparution ostentatoire à Auschwitz ne peut qu'inquiéter davantage encore, Très Saint Père, car il n'est pas douteux qu'on va vous « posséder », comme on dit dans le peuple. Ça crève les yeux. Des flibustiers de la presse et de l'écran sont fermement décidés à vous faire plonger, mitre en avant, avec votre soutane blanche toute neuve, dans ce piège béant d'Auschwitz, alors que cette cérémonie religieuse ne peut représenter à vos yeux, certainement à l'heure de la concélébration, qu'un appel à la réconciliation des hommes, succédant enfin à la haine des hommes.

Homo homini lupus, disent les sectaires. Homo homini frater, dit tout chrétien qui n'est pas un hypocrite. Nous sommes tous des frères, le déporté souffrant derrière ses barbelés, le soldat hagard crispé sur sa mitraillette. Nous tous qui avons survécu à 1945, vous le persécuté devenu pape, moi le guerrier devenu persécuté et des millions d'êtres humains qui avons vécu d'une façon comme de l'autre l'immense tragédie de la Deuxième Guerre Mondiale, avec notre idéal, nos élans, nos faiblesses et nos fautes, nous devons pardonner, nous devons aimer. La vie n'a pas d'autre sens. Dieu n'a pas d'autre sens.

Alors, au fond, qu'importe le reste ! Le jour où vous célébrerez votre messe à Auschwitz, malgré les imprudences spirituelles que peuvent comporter des prises de positions d'un Pape dans des débats historiques non clos, et malgré les fanatiques de la haine qui, sans tarder, vont exploiter la spectacularité de votre geste, je joindrai, du fond de mon exil lointain, ma ferveur à la vôtre.

Je suis, Très Saint Père, filialement vôtre,

(Léon DEGRELLE).

Conclusion de la 'Lettre au Pape à propos d'Auschwitz' de Léon Degrelle. Ce texte décapant a été traduit en une dizaine de langues et a connu un succès phénoménal.

Le jeudi 14 mars 1991, 'Le Soir' placardait sur trois colonnes une diatribe d'un professeur de l'Université de Bruxelles, réclamant qu'on aggravât encore la loi répressive de l'après-guerre interdisant "au nom de l'ordre public" les conférences des présumés factieux, révisionnistes en tête : « – Je ne serais pas contre un renforcement de la législation à ce sujet! » déclarait au 'Soir' ce "résistant" à retardement !

L'humaniste qui signa ces lignes d'un fanatisme digne de la Torah enseigne à l'Université de Bruxelles. Enseigne, devinez quoi ? "La philosophie morale" ! Ce n'est pas inventé ! Il s'appelle évangéliquement Haarscher ! On le voit, les Shamir et consorts ne sévissent pas seulement à Jérusalem !

Dans cette atmosphère imbécilement fanatique, même un Hergé resterait longtemps après la création du journal 'Tintin' l'objet d'extraordinaires agressions. Elles proviendraient non seulement de geôliers en rut, mais de personnages officiels, soi-disant très distingués !

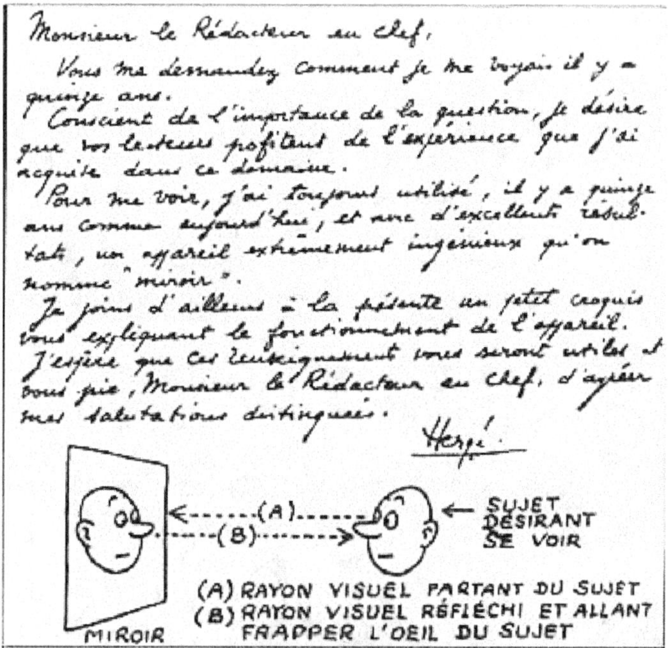

Monsieur le Rédacteur en chef,

Vous me demandez comment je me voyais il y a quinze ans.

Conscient de l'importance de la question, je désire que vos lecteurs profitent de l'expérience que j'ai acquise dans ce domaine.

Pour me voir, j'ai toujours utilisé, il y a quinze ans comme aujourd'hui, et avec d'excellents résultats, un appareil extrêmement ingénieux qu'on nomme "miroir".

Je joins d'ailleurs à la présente un petit croquis vous expliquant le fonctionnement de l'appareil.

J'espère que ces renseignements vous seront utiles et vous prie, Monsieur le Rédacteur en chef, d'agréer mes salutations distinguées.

Hergé

En 1961, on posa à Hergé la question « Comment vous voyiez-vous il y a 15 ans ? » Au souvenir pénible de la répression, le dessinateur évite avec pudeur et humour de répondre…

Dans le journal 'Front', haut-lieu de la "Résistance" belge, serait placardé un appel au lynchage d'Hergé, écrit, en personne, par un autre professeur d'Université ! De l'Université de Liège, pour être précis. C'est à peine croyable, mais c'est ainsi ! Reproduit à Paris dans un ouvrage de l'éditeur Gallimard, voici l'appel que cet universitaire belge avait concocté :

> « Ce qu'on trouvait affligeant et douteux, c'était que le fameux cabot, inséparable de Tintin et qui avait fourré son museau dans les poubelles allemandes, pût encore faire la joie des petits-enfants de chez nous.
>
> Il n'est pas question d'empêcher Hergé, comme on dit, de gagner sa croûte. Il y a le dessin publicitaire : « Portez les fixe-chaussettes X, étirables en tous sens », ou « Faites placer sur votre maison la girouette "Jevire".
>
> Hergé peut aussi inventer des masques de la mi-carême.
>
> Mais que renaissent Quick et Flupke, savoureux polissons des Marolles, voilà qui s'appelle décence ne pas garder.
>
> Si je rencontre le chien Milou je lui flanquerai, révérence parler, mon pied au cul ! »

Propos d'un charretier ivre ?

Non ! Texte authentique d'un professeur d'une des plus importantes universités de Belgique, plusieurs années après la guerre ! Il a été republié, en 1985, dans 'L'Astrolabe' (n°80). Hergé, le grand Hergé, le plus célèbre créateur au monde de bandes dessinées, se voyait condamné, par ce professeur hystérico-résistant, à dédier sa vie à lancer des marques de fixe-chaussettes et des masques de la mi-carême ! Quant à Milou, l'escarpin professoral lui envoyait son pied au postère !

Lorsque Tintin s'enivre, ce n'est pas pour avoir bu...
et cela constitue surtout un ressort amusant de l'histoire.

Pour river leur clou aux pisse-vinaigre qui l'accusaient d'antisémitisme à cause des nez "à la Blumenstein", Hergé a rappelé, dans 'Vol 714 pour Sydney', ce qu'est l'humour caricatural.

La Belgique a le droit d'être fière de fa haute tenue intellectuelle de ses maîtres à penser ! Aux yeux de ces analphabètes, réintroduire Tintin parmi la jeunesse, c'était ni plus ni moins la pourrir ! Ils criaient à l'attentat aux bonnes mœurs !

L'écrivain Pol Vandromme, dans son 'Monde de Tintin', a reproduit avec humour une de ces mises en garde délirantes, visant vertueusement à la "protection morale" des jeunes générations belges menacées par Georges Remi :

> « On ne peut pas dire qu'Hergé aime la boisson. C'est plutôt sur l'alcool qu'il est porté.
> Comme en avertit son biographe dans Tintin : « Ne refuse jamais un bon whisky à la condition expresse qu'on ait oublié d'y rajouter de l'eau. » C'est en français dans le texte, au beau milieu de ce journal destiné à l'éducation des gosses. La jeune génération est dans de bonnes mains, il n'y a pas à dire le contraire ! »

Or Hergé ne buvait même pas ! Son insulteur le confondait avec le Capitaine Haddock ! Et même, Tintin eût-il lampé un apéritif, un midi ou l'autre ?... Mais non ! Son ivrognerie était intolérable : elle souillait la jeunesse !

Le grand serpent à sonnettes dressé, langue en flèche, contre Hergé, était et est resté, imperturbablement, l'antisémitisme !

Dans les quelque vingt mille dessins de Hergé qu'on trouve répartis dans ses albums et dans ses illustrations de volumes, on découvre assez rarement un nez d'un genre plutôt crochu ! En tout et pour tout : le Blumenstein de 'L'Etoile Mystérieuse', deux juifs du même album, disparus dans les éditions d'après-guerre, et ceux des "Deux juifs et leur pari" de Robert de Vroylande, qui périt d'ailleurs, c'est le comble, dans un camp de concentration allemand !

Un chercheur acharné trouvera peut-être, au bout de longs mois d'épouillage, un ou deux nez arqués en plus sur les vingt mille dessins : c'est tout ! Bref, rien !

Et alors? Est-ce un crime d'ironiser à propos de la sardine-baleine pêchée dans le port de Marseille ?

Il n'empêche... ces deux ou trois appendices juifs –parmi la fourmilière des dessins de Hergé !– seront ressortis, évasés, contournés, épanouis en choux fleurs, jusqu'à la consommation des siècles !

Dans 'Le Crabe aux Pinces d'Or', le bourreau battant le Capitaine Haddock ne peut plus, pour convenances antiracistes, être un noir...

Cinquante et un ans après l'innocent croquis du nez du banquier Blumenstein (le « regrettable Blumenstein » selon le pudique 'Figaro Magazine' !) On verrait encore une journaliste, nommée Erhel, poursuivre, dans le quotidien français 'Libération', un interrogatoire serré des deux auteurs du livre 'Hergé, Portrait autobiographique' –Pierre Sterckx et Thierry Smolderen– et leur seriner l'éternelle question : Tintin est-il antisémite ?

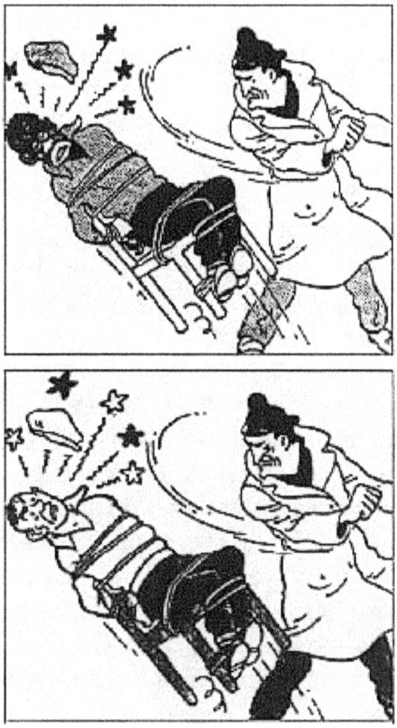

... de même qu'Allan ne peut plus assommer un de ses complices noirs !

La questionneuse a donné, d'elle-même, triomphante, la réponse : « Il l'a été ! » Selon elle, ses biographes s'étaient bien gardés d'en parler dans leurs livres respectifs :

> « Par pudeur, s'excusa, parait-il, plutôt confus, Pierre Sterckx, j'étais encore en deuil. Et par crainte de me faire censurer par sa veuve, Fanny Remi ! »

On ne voit pas bien pourquoi « par pudeur » on ne pouvait pas parler d'un antisémitisme visiblement fantomatique, même lorsqu'on « était en deuil » ! Qu'est-ce que le deuil avait bien à voir dans cette affaire ! Et en quoi une veuve pouvait-elle bien être mêlée, rétrospectivement, à d'insanes indignations concernant l'une ou l'autre amélioration d'un appendice nasal, fut-il israélite, alors qu'au moment de ce crime de lèse-majesté (1942 !) ladite veuve tardive en était, au maximum, à sa première leçon de bicyclette !

Ce nez de Blumenstein, caricaturé sans malice par Hergé était, pourtant, on le verra, promu à l'immortalité ! On en ferait une sorte de mascotte de l'antisémitisme Tintinien !

Comme l'a écrit Daskal Michaël dans 'Hergé, le rexisme et Tintin', « l'antisémitisme latent reflétait bien l'esprit de l'époque. » Il existait bien avant Hergé, il amusait, ne cassait rien. Et Hergé, du bout de son crayon, l'avait à peine utilisé dans trois ou quatre dessins. Le mythe anti-juif n'avait pas eu, lors de la création de Tintin, la plus mince importance. Ni Hergé, ni moi, en 1930, n'avions idée de ce problème.

En Belgique, les Juifs étaient alors presque inexistants : quelques milliers, à peine, incrustés, depuis des générations, dans un vieux substratum national où on ne les repérait même pas ! Un de mes meilleurs amis de collège s'appelait Jean Lévy. Le mot Lévy n'avait pas plus attiré mon attention que si ce camarade s'était appelé Tartempion !

Il faudrait attendre qu'en 1937 et en 1938, cent mille juifs polonais et allemands nous tombassent sur le râble en Belgique pour que nous prissions conscience du danger belliciste que cet arrivage massif d'émigrés hargneux, va-t-en guerre viscéraux, pouvait représenter. Mais même alors, les réactions n'avaient pas été spécialement agressives. Nulle part un cas, si bénin fût-il, de violence physique n'avait été signalé. L'antisémitisme ne naquit jamais –pas plus chez nous que partout ailleurs dans le monde– que de la propension millénaire des Juifs à abuser de leurs dons, parfois réels, pour dominer. De Gaulle a parfaitement décrit le cas.

Hergé, quant à lui, s'en était tenu à des broutilles : quelques nez crochus –parmi tant d'autres !– à peine renforcés... Histoire simplement de ne pas manquer à une vieille tradition de rigolade en face de certains travers humains, qu'il se soit agi de la dégaine compassée de l'Anglais, ou du ton vainqueur, tout en aigrettes, de l'Italien, ou des chopes de bière des Allemands, ou du laisser-aller, fleuri, du bon gros Belge !

Cet antisémitisme était anodin. Des antisémites de ce goût-là il y en a des millions dans chaque pays ! À peu près autant qu'il y a d'humoristes ! Pas de quoi provoquer un seul cas d'apoplexie !

C'est dire l'insanité des furies du professeur maboul de l'Université de Liège menaçant Milou de lui envoyer « son pied au cul » pour avoir été « fourrer son museau dans les poubelles allemandes », et qui ne permettait plus à Hergé d'autre activité que des dessins publicitaires évoquant les mérites des fixe-chaussettes ! De même que les appels au silence « par pudeur » des biographes en deuil craignant de se faire « censurer par la veuve » s'ils abordaient le sujet de l'antisémitisme d'un Tintin !

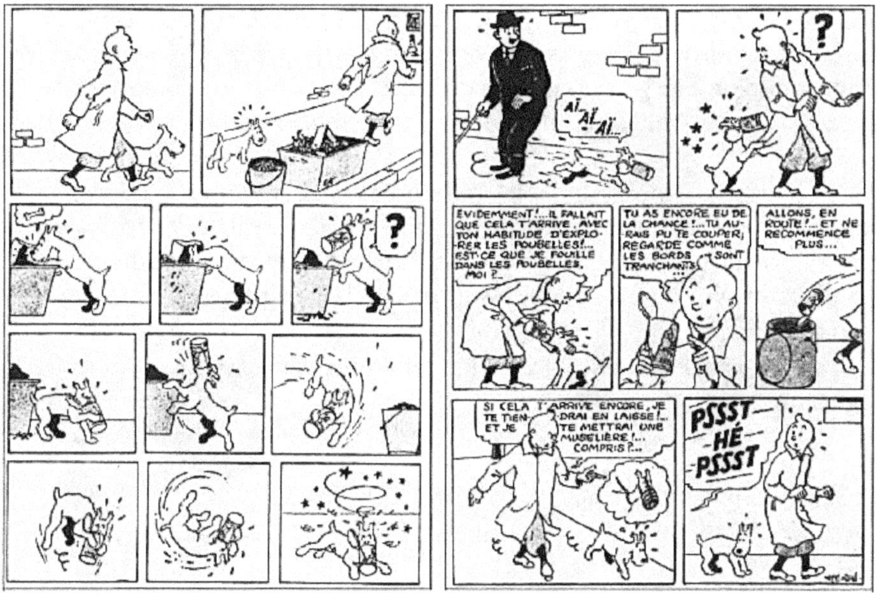

Oui, Milou, comme tous les chiens, fouille les poubelles ; mais ce n'est pas en vain ! Grâce à cette "mauvaise habitude", Tintin connaîtra une de ses plus passionnantes aventures : 'Le Crabe aux Pinces d'Or'.

On s'en prenait à Hergé, l'inventeur de quelques nez biscornus, parce que le philosémitisme le plus obtus est maintenant de stricte rigueur depuis la Seconde Guerre Mondiale, cette guerre que de nombreux Juifs ont largement voulue et qui leur a coûté divers déboires, auxquels, de toute façon, Hergé n'avait été mêlé en rien.

À cette heure, et plus que jamais, en Belgique, en France, n'importe où, la plus mince rosserie griffant l'un ou l'autre nez planté de travers et –crime affreux ! blasphème indicible !– la moindre mise en doute des chiffres astronomiques (six millions ! dix millions ! dix-sept millions ! d'israélites gazés –ou non gazés– au cours des hostilités !), vous vaut d'être envoyé, tel le bouc émissaire d'Israël, dessécher vos os en plein désert.

C'est l'arme la plus facile. Facile pour les journalistes de service, qui étudient peu et ne vérifient rien. Facile pour les cancres, les impuissants, et les éternels ratés que le talent irrite.

Or Hergé était le talent.

D'où les vengeances imbéciles « à coups de pied au cul » de profs en délire, les appels à une répression accrue et les imprécations ressassées à l'adresse d'un Hergé qui ne caressait pas avec assez de componction les papillotes des dictateurs des médias contemporains !

Le secrétaire-général du 'Soir', qui n'a pas encore digéré le triomphe mondial de l'ex dessinateur de sa gazette, a écrit le 7 août 1991 ces lignes vraiment révélatrices : « Hergé est resté très longtemps un pestiféré, et ceci d'autant plus qu'il a connu le succès que l'on sait ! »

Bref, les ratés râlaient ! Ils étaient malades d'un tel succès ! Aveu magnifique !

CHAPITRE XXXV

LE REXISTE SIMENON

Un autre Belge se ferait, à la même époque, traquer en France avec une hargne et une imbécillité aussi éclatantes que celles qu'avait dû subir Hergé en Belgique : ce serait Georges Simenon, le romancier le plus lu du siècle.

Homme à femmes, Georges Simenon était plus préoccupé par ses conquêtes féminines que pas la révolution politique et sociale du Rexisme (ici avec sa maitresse, Joséphine Baker en 1920): la sympathie qu'il éprouva pour REX ne lui sera pourtant jamais pardonnée.

Georges Simenon était né dans le vieux quartier d'Outremeuse à Liège, comme notre Hergé était né à Bruxelles, pays de Manneken Pis. Ils avaient à peu près le même âge, à quatre ans près. Eux qui étaient Belges deviendraient les écrivains les plus lus de la littérature française du XXème siècle : Hergé larguerait à travers le monde cent quatre-vingt millions d'albums de Tintin, traduits en quarante-cinq langues ; Simenon, avec son immortel commissaire Maigret et ses quelque quatre cents romans, atteindrait des tirages de centaines de millions d'exemplaires transposés dans toutes les langues et recréés dans plus de soixante films à diffusion internationale.

Le Rexisme les atteindrait l'un et l'autre, dans leur métier ou dans leur famille. Hergé traînerait, sans fin, à la queue, la casserole tapageuse de notre amitié. Du côté des Simenon, le jeune frère de Georges, Christian rejoindrait mes drapeaux. Il deviendrait une des vedettes de mon État-Major, tandis que son beau-frère Baumens assumerait à Rex les fonctions de chef du Cercle de Liège, la ville natale des Simenon senior et junior.

Jamais, après la guerre, je ne soufflerais mot de cette double appartenance, exactement comme je me tairais à propos de Hergé, alors qu'ils étaient en butte, tous deux, aux pires coups bas des épurateurs-usurpateurs.

Georges Simenon était –Gide lui-même l'affirmait bien haut– un écrivain de génie, au style simple, alerte, reconstituant en mots nets, naturels, essentiels, ses milliers de personnages, prix dans le tas, tels qu'ils étaient. Il fut le romancier populaire le plus percutant de la littérature française de notre époque. Ses créations se déploieraient en dehors de toute orientation politique et, d'ailleurs, de tout idéal humain. Il était l'homme de l'instinct, un instinct qui dévorerait son existence et relèverait presque de la psychiatrie. À l'encontre de Hergé, il était, et il ne s'en cachait pas, un obsédé reniflant la femelle. Il s'est vanté ouvertement des dix mille femmes qu'il laboura à la cadence de deux minutes la partenaire. Les prostituées étaient ses déversoirs préférés (huit mille !) Il courait à elles avec voracité, les happant un bref instant.

« Nous étions, a écrit Boule, une de ses plus célèbres partenaires, pareilles à des animaux. Nous, on ne pensait pas. »

Marie-Jo Simenon

Ces dérèglements donnèrent à Georges Simenon d'abondants plaisirs, mais aussi de pénibles déboires, matrimoniaux et familiaux. Sa fille Marie-Jo en fut la plus navrante victime. Folle, physiquement, de son père, elle lui lança par lettre un dernier cri passionné : « Souviens-toi de mon Amour, même s'il était fou. C'est pour cela que j'ai vécu, et pour cela que je meurs maintenant. » Puis ce fut l'ultime coup de téléphone :

« – Écoute, Dad, dis-moi : "Je t'aime"
– Je t'aime ma petite fille.

– Non. Dis-moi seulement : “Je t’aime”.
– Mais oui, Marie-Jo, je t’aime.
– Non ! Dis-moi seulement ces deux mots...
– Je t’aime. »

Elle raccrocha. Puis elle se tira une balle de pistolet dans la tête.

Elle avait vingt ans.

Outre la chasse folle au gibier féminin, Simenon se livrerait, toute sa vie, sans répit, à une autre chasse, la chasse à l’argent. Il deviendrait l’écrivain le plus riche du monde, le plus âpre à créer à cette fin, à la Balzac, des centaines d’œuvres qu’il négocierait au coup par coup, avec la rapacité d’un usurier.

C’est en pleine course aux millions, happés à la va-vite, dépensés aussitôt, que lui tomba sur le râble, en 1939, la Deuxième Guerre Mondiale.

Alors que son jeune frère Christian, marié, père de famille, allait tout risquer pour militer politiquement dans le Rexisme, Georges Simenon, pourtant arrivé à l’âge parfait (36 ans) pour courir à la frontière belge ou française, n’avait jamais ressenti le moindre attrait guerrier.

> « Je ne sens pas de mon devoir, écrivit-il à Gide, d’aller au-devant de l’Héroïsme. »

Tout au contraire, dès les premiers soubresauts de 1939, il était couru se calfeutrer bien loin à l’ouest de la France, à Nieul, au fond de la Vendée. Le 10 mai 1940, il se laisserait nommer, très vaguement, commissaire aux réfugiés belges à La Rochelle. Il y connaîtrait un seul incident, le jour où s’abattraient à son centre d’accueil, d’un bloc, cent vingt-cinq “diamantaires” d’Anvers.

> « Il n ‘y avait pas, constata Simenon, un quart de Belges parmi eux, mais presque exclusivement des apatrides israélites. »

Simenon ajoute :

« L'affaire fut vite réglée : Aussitôt, je recevais du ministre Mandel (vrai nom : Jéroboam Rothschild) l'ordre de réserver la ville (La Rochelle) aux réfugiés belges "diamantaires" ! »

Ce ne furent pas alors 125 Juifs "diamantaires" qui alors s'engouffrèrent dans le Centre de Simenon, mais 1200 !

Au même moment, ne l'oublions pas, les services dudit Mandel-Rothschild faisaient massacrer à la baïonnette, devant le kiosque à musique d'Abbeville, vingt et une personnes (hommes, femmes, curé) qui n'étaient pas des "diamantaires", mais de simples civils belges absolument innocents, catalogués par leurs tueurs comme "parachutistes" !

Le refuge de Simenon pendant la guerre, en Vendée : de quoi susciter quelques jalousies...

Une fois la vague allemande étalée, pour quatre ans, de Narvik aux Pyrénées-Orientales, Simenon, peinard, allait se terrer dans trois résidences successives en Vendée, harcelant ses éditeurs afin d'obtenir d'eux des mandats télégraphiques. Pour se faire des sous, il écrivit, à la va-vite, plusieurs dizaines de romans, tout comme Hergé, pour gagner sa croûte livrait au 'Soir', à Bruxelles, des séries de bandes dessinées. Allaient-ils, l'un et l'autre, laisser des piles de manuscrits et des milliers de dessins, totalement apolitiques, moisir dans des tiroirs naphtalinés ?...

Le même problème, le gagne-pain, se posait, lancinant, pour tous les écrivains du Continent. L'hitlérisme, affirmait le ministre belge Spaak, allait dominer l'Europe pendant mille ans ! Alors, pendant dix siècles, nul ne pourrait plus écrire ? Chacun crèverait de faim devant des piles de manuscrits ou de dessins ?... En quoi d'ailleurs pouvait servir ou desservir Hitler le fait que Simenon ou Hergé publiassent des dessins distrayants ou des romans haletants qui n'avaient absolument rien à voir avec la guerre et moins encore avec la politique ?...

Hitler, bourré de soucis militaires, ne jetterait jamais un coup d'œil sur trois lignes de Simenon, ou sur un dessin de Hergé. Par contre, les Maigrets et les Tintins distrairaient, animeraient, pendant ces années amères, un public exténué qui aspirait à se détendre un peu malgré les misères d'alors...

C'est ce que ferait Simenon. Dix éditeurs le harcelaient pour qu'il leur livrât des dérivatifs populaires. Idem pour ses films qui accorderaient une brève évasion aux populations civiles, envahies par les Allemands et écrabouillées –cela on l'oublie trop vite !... à soixante-huit mille, rien qu'en France par les bombes des Alliés.

Il faut d'ailleurs le reconnaître honnêtement : le cinéma, au cours de l'Occupation, avec les Arletty, les Danielle Darrieux, les Henri Decoin et cent autres vedettes éminemment françaises, fut le plus brillant que la France ait jamais connu, libéré qu'il était du déversement de films américains niais ou tapageurs.

Le patron de la Continental, la société qui créait et diffusait ces films au public européen, était, la guerre le voulant, un Allemand, nommé Grenen, qui jouait au nazi fidèle, comme tous ses compatriotes chargés alors d'un mandat quelconque ! Ce Grenen était si respectueux de son Führer qu'à son arrivée à son travail, il plantait son chapeau sur le buste de Hitler qui trônait à l'entrée de ses bureaux parisiens !

Les romans de Simenon et leurs transpositions cinématographiques, obtinrent, tout comme en Belgique les bandes dessinées de Hergé, un succès considérable. Ils ne nuisaient à personne, mais rendaient malades de jalousie cent auteurs incapables qui avaient échoué lorsqu'ils avaient présenté leurs navets à la Continental où le chapeau de M. Grenen coiffait insolemment le buste du vainqueur d'alors ! Rapidement,

Simenon avait suscité les aigreurs des ratés, tout pareils aux envieux qui, à Bruxelles, guettaient le paisible Hergé.

Georges Simenon, ici avec Jean Tissier, recevait volontiers dans sa propriété de Vendée les acteurs français de ses films.

Si drôle que cela paraisse, les ennemis de Simenon allaient, pour le démonétiser, essayer de faire croire aux Allemands que celui-ci était... juif ! Mais oui ! Simenon, à les entendre, s'appelait Simon (de l'hébreu Shim'on !) - genre Shim'on Veil ! Il était, au dire de ces recalés, « Belge par surcroit ». Et même son vrai nom était Simmiger !

À la demande des Allemands, inquiets au début, la Sûreté Nationale Française et le Commissariat aux Affaires Juives menèrent enquête. Ils découvriraient bien deux Simon camouflés, mais il s'agissait d'André Suarès et d'André Spire !

Ce premier pourchas ne suffit pas. Une note officielle réclama instamment des recherches plus poussées. Un commissaire principal de la Sûreté, gonflé de suffisance, s'amena en Vendée au domicile d'un Simenon interloqué, stupéfait, la pipe de travers.

Assouline a reproduit le dialogue :

> « – Vous êtes juif, n'est-ce pas ?
> – Nous sommes chrétiens de père en fils et nous portons, depuis plusieurs générations, le mot chrétien parmi nos prénoms.
> – Simenon vient de Simon.
> – Ah !
> – Et Simon est un nom juif.
> – Je vous affirme...
> – Je n'ai que faire de vos affirmations. Il me faut des preuves.

– Je peux vous montrer que je n'ai pas été circoncis.
– Vous faites du marché noir ?
– Je n'ai jamais vendu que des droits d'auteur.
– Vous êtes juif. Je ne me trompe jamais. Je sens le juif à dix pas. Je vous donne un mois pour me fournir les actes de naissance de vos parents, de vos grands-parents et de vos arrière-grands-parents. J'ai dit un mois. Et n'essayez pas de fuir. On vous a à l'œil. »

Les amis de Simenon et l'Ambassadeur du Reich Otto Abetz, francophile très dévoué, durent, pour déjudaïser Simenon, harceler tous les dignitaires de Vichy et de Paris. Georges Simenon eut surtout à mettre en branle en Belgique sa mère et son jeune frère Christian qui, appartenant à mon État-Major, pourrait moins difficilement se déplacer afin d'obtenir les indispensables documents établissant que le Georges Simenon « tenu à l'œil » était né d'un père « catholique, belge, aryen » et d'une mère « aryenne, allemande de naissance ». Alors, enfin, le rideau tomba sur la comédie Simenon-Simon-Simmiger ! Ouf !

Simenon allait-il respirer ?... Mais non ! Cette fois, l'offensive repartirait dans le sens inverse, à destination de Londres ! Simenon, fit-on savoir aux argousins du général De Gaulle, était un "collabo" !

Or, si quelqu'un ne se compromit jamais, ce fut bien lui, le froussard-né.

Réfugié en Vendée pendant toute l'Occupation, Georges Simenon se placera prudemment "à côté de la mêlée"...

Ce que Georges Simenon voulait, uniquement, c'était publier et vendre ses livres et lancer ses films ! Peu lui importait l'identité ou la nationalité des producteurs, qu'ils fussent juifs (Lucachevitch et Rabinovitch avant 1939) ou Allemands, tels le Grenen coiffant Hitler de son chapeau sacrilège, ou Américains, une fois finies les hostilités. Ce qui le préoccupait, c'était le contrat, et le gros chèque qui l'accompagnait ! Idem pour ses romans, édités dans toutes les langues. Idem pour la grande presse qui, avant la guerre, pendant la guerre, après la guerre, publierait ses Maigret en feuilletons pour attirer en masse les lecteurs. Mais jamais durant toute l'occupation Simenon ne livra, où que ce fût, quatre lignes qui eussent pu avoir la moindre connotation politique.

Inconscience ou courage politique ? Georges Simenon manifesta pourtant publiquement sa sympathie au mouvement rexiste en dédicaçant, en une époque troublée (1939), sa photographie au 'Pays Réel'.

Certes, la guerre l'embarrassait. Elle le coupait de ses éditeurs étrangers. Elle l'assommait avec ses restrictions. Il eût voulu – comme à peu près tout le monde alors– que se terminât sans plus de casse cette empoignade géante que Churchill s'acharnait à prolonger. « J'espère, écrivait-il à sa mère au mois de mars 1941, que les Anglais ne tiendront plus le coup longtemps. » Souhait imprudent, mais platonique ! En réalité, Simenon n'avait qu'une idée : détaler, fuir les risques de l'occupation, filer en zone libre, se réfugier à Porquerolles sur la Côte d'Azur où il avait jadis passé des jours lumineux à pêcher. Seule la deuxième invasion allemande, se déployant jusqu'à la Méditerranée en novembre 1942, mettrait fin à ce projet : « – Il ne me servait plus à rien de partir, soupira-t-il, puisque c'était l'Occupation que je fuyais et que je retrouverais de l'autre côté. »

Georges Simenon resterait donc en Vendée jusqu'à la Libération de 1944, se plaçant non pas au-dessus de la mêlée mais, comme son biographe Assouline le fait astucieusement remarquer, à côté de la mêlée.

Son collaborationnisme, de toute évidence, était nul. On s'acharna, chez les envieux, à une autre campagne : celle des ragots. Les paysans du cru se méfiaient de cet étranger richissime, trousseur de filles, fêtard, buveur insatiable qui, surtout, scrutait, épluchait chaque détail ou chaque travers drôle des petites gens de ces patelins renfermés. On lui prêta vite des mœurs étranges. On chuchotait même qu'à Saint-Mesmin, des filles se baladaient toutes nues dans sa maison, et même sortaient dans les rues.

Leur galopade eût-elle eu lieu, elle n'eût pas trop détonné dans la scandaleuse histoire sexuelle des diverses Républiques françaises.

Un prédécesseur de M. Mitterrand était mort subitement, d'une attaque, dans une chambre discrète du Palais de l'Élysée alors qu'il se livrait à un corps à corps des plus serrés avec une habituée clandestine. La main de l'illustre défunt était restée accrochée tout un temps à la chevelure de la comparse stupéfaite.

On se souvient du quiproquo de l'aumônier appelé en toute hâte. Le curé anxieux : « Monsieur le Président a-t-il encore sa connaissance ? » L'huissier, figé : « – Non, elle est partie par l'escalier de service ! »... Non sans abandonner sur le terrain, dans sa fuite, sa gaine et son soutien-gorge...

Le régime républicain fut toujours très épris de ces ébats chorégraphiques. Le ministre Barthou était, comme Simenon, un habitué très assidu des maisons closes. Sous De Gaulle, Le Troquer, satyre vieillissant, s'était, lui, spécialisé dans les gamines.

Hitler, on l'imagine, n'avait rien à voir, dans ces brillantes festivités républicaines.

La "collaboration" de Simenon dans ce ramassis ?

Il écrivait, buvait, forniquait, empochait des millions, c'était tout. D'ailleurs, en 1941, en 1942, la "Résistance" était à peu près nulle dans ces régions vendéennes ; on chuchotait tout juste qu'un vague employé était "résistant". Il s'était bombardé, dans la clandestinité, capitaine, comme tant d'autres deviendraient commandants, colonels, voire généraux après août 1944... Simenon essayait de se maintenir plus ou moins en équilibre dans ce méli-mélo de vantardises et d'intimidations.

Il donnait de l'argent, abondamment et indistinctement, à tous les Comités, de toutes les couleurs de l'arc-en-ciel, qui venaient le taper. Il versa même une pension mensuelle de cinq mille francs (grosse somme alors) à un gamin de prisonnier.

Il fallait donc découvrir autre chose pour le noircir chez les Londoniens. Quoi ? il « trafiquait au noir », susurra-t-on. Qu'en était-il ? Zéro ! Il était bien trop paniquard pour se risquer à quelque opération irrégulière. Tout juste avait-il consenti un jour à échanger un exemplaire de son livre 'Les Fiançailles de Monsieur Hire' contre un pneu neuf pour son vélo !

Après la guerre, pratiquement tous les artistes talentueux français auront à souffrir de la jalousie des médiocres : Arletty pourra exhiber des ecchymoses réelles plutôt que des maquillages de cinéma...

N'empêche : « Georges Simenon, nous avons votre fiche », avait annoncé, un soir, la B.B.C. ! Simenon se reprit à trembler. Quelques résistants, au début de 1944, commençaient à se pointer de-ci de-là. Pour se les concilier, le vaillant Georges leur envoya une barrique de vin et un cochon ! Il se vanta même, sur le tard, d'avoir donné à la Résistance sa Citroën. Pieux mensonge ! Les futurs héros locaux la lui avaient volée sans plus d'affaire !

> « – On s'est emparé de sa voiture sans lui demander sa permission. On a perquisitionné Simenon comme les autres, tout simplement. »

Bref, durant toute la guerre, Simenon, à part le pinard et les côtes de porc qu'il donna à déguster à ceux qui, parait-il, résistaient, ne bascula ni dans un sens ni dans l'autre.

> « La France que je connais, expliquerait-il par la suite, était la France de 1922 à 1939. »

Mais la France des envieux existait, elle aussi, entre 1940 et 1944 ! Simenon allait l'apprendre à ses dépens, à peine les dernières pétarades eurent-elles rayé les ardoises des toits de Paris lors de l'arrivée olympienne d'un De Gaulle kilométrique et vengeur.

De même, Tino Rossi qui avait prêté son concours à un gala en faveur de la Collaboration, sera incarcéré à Fresnes!

Comme Hergé en Belgique, Simenon allait, en France, être presque immédiatement l'objet de dénonciations aberrantes.

À cause de son frère Christian, dirigeant rexiste à Bruxelles ?

Mais personne en Vendée, ni non plus à Paris, n'avait la moindre idée qu'existât sur la Terre un autre Simenon que le père de Maigret. Simplement, comme Sacha Guitry, arrêté, en pyjama, comme la belle Arletty, enfournée dans un cachot digne d'un parricide, à peu près tout ce qui avait brillé en France, ces années-là, dans le monde des Lettres, du Théâtre, du Cinéma, s'était fait coffrer !

Pour mille cancres furieux, il s'agissait de chaparder en hâte les places vacantes et de rafler les imprimeries de la presse déchue afin d'y installer à peu de frais, des journaux bâclés !

À cette fin, nous l'avons vu, des dizaines de milliers de Français, de Droite, allaient se faire tabasser, torturer, assassiner à travers tout le territoire, sans que l'on sache même encore, un demi-siècle après, dans de nombreux cas, où ont été jetées leurs dépouilles !

Et Simenon dans tout cela ?

À cette époque (septembre 1944), il était malade. Il souffrait d'une pleurésie. Il était luisant de fièvre et, bien sûr, sans pipe au bec.

Jusqu'à son lit arrivaient des rumeurs, incontrôlables, invérifiables, suffisantes pour laisser nettement entendre que partout en France on emprisonnait, ou on tuait, sous n'importe quel prétexte pseudo-patriotique.

En 1939, Maurice Chevalier est allé faire le tour des camps de prisonniers de guerre français en Allemagne et a chanté chaque fois devant des auditoires enthousiastes : pour cette grave action "de collaboration", il fut "condamné à mort" par la radio américaine !...

Allait-on aussi s'abattre sur le pleurétique vendéen, étiqueté aussi "collabo" ?

« Simenon, raconte Assouline, lui-même stupéfait, est un pestiféré depuis que la B.B.C. l'a condamné à mort. Mais qui a dit ça ? Avec quels arguments ? Et quand exactement ? Il faudra attendre quelques jours pour apprendre que l'homme désigné par les ondes pour le peloton d'exécution s'appelle en réalité Simon ! Décidément... Le dossier n'est pas seulement vide, mais introuvable ! »

Qu'importe ! Un mandat d'arrêt sera lancé, de Paris, par télégraphe, contre Georges Simenon !

Des inspecteurs s'amènent à son plumard. Heureusement, son état de santé le rend intransportable. Mais, Simenon n'a plus un poil de sec. À tel point que, tourbillonnant dans le néant et désireux malgré tout, de plaire aux communistes, alors maîtres tout-puissants du terrain, il s'abonnera à 'L'Humanité' ! Essayant de se dédouaner en feuilletant ostensiblement cette feuille de haine, tout comme le ferait à Paris Maurice Chevalier qui s'était naïvement payé pendant la guerre, canotier sur les oreilles, un voyage en Allemagne pour essayer de distraire par ses chansons les prisonniers.

La Sûreté Française n'y allait pas de main morte. À toutes fins utiles, elle avait confisqué au pleurétique Simenon ses papiers d'identité, et bloqué tous ses comptes en banque. « Simenon est un fumier ! » À cette affirmation odoriférante se bornait l'accusation. Elle suffit pour que l'on détachât, de Paris cette fois, des F.F.I. chargés d'arrêter Simenon, le "fumier", tout grelottant (de frousse) dans son lit.

Par chance, un témoignage mirobolant allait stopper momentanément les poursuites. On a vu comment, en Belgique, Hergé avait pu sortir de son cachot. Ici, l'intervention fut tellement insolite qu'on ne connaît encore –cinquante ans après– que les initiales H. de K. du pseudo-résistant qui, sous le couvert de l'Ambassade de Belgique, dédouana Simenon (non sans subtiliser par la suite trois beaux gros millions de son compte en banque). Tout ce qu'on apprendra sur ce résistant-forban, c'est ce que Pierre Assouline, dans son 'Simenon' (p. 370), nous a révélé :

> « Cet aventurier à l'entregent indiscutable sembla au mieux avec les gens de l'Ambassade de Belgique, puisqu'il dit en être un des chargés de mission. Se présentant comme l'ancien commandant d'un groupe de résistants franco-belge, il en fait beaucoup, trop peut-être. Il va même jusqu'à se porter garant de l'attitude de Simenon pendant la guerre alors qu'il le connaît depuis peu. Dans son élan, il n'hésitera pas à affirmer à Marcel Pagnol, Président de la Société des Auteurs, avoir eu l'occasion de recourir « de nombreuses fois à la bonne volonté de Simenon pour des missions particulièrement dangereuses pour lui. » Mieux encore : « Chaque fois sans hésitations et n'ignorant rien des risques encourus, Simenon a répondu complètement à mes appels. » »

Un héros, quoi !

Or tout cela était faux, archifaux. « Missions particulièrement dangereuses » ? Zéro ! Pas une ! « Risques encourus sans hésitation » ? Autre zéro ! Du boniment ! Du bla-bla ! Des mensonges qu'on prendrait grand soin, ensuite, de monnayer.

Il y aurait en 1944 et 1945, en Belgique et en France, des centaines d'escroqueries similaires, enrobées dans les drapeaux d'une Résistance parlant haut, s'adjugeant tout. La « garantie morale » d'un escroc avait suffi pour que soit remis instantanément sur piste un Simenon dévoré par la frousse mais qui n'avait jamais pris parti pour rien ni pour personne, préoccupé exclusivement par la vente de ses livres et des films, arrondissant chaque jour le magot doré de ses millions.

Une fois le mystérieux H. de K, provisoirement disparu (avec les trois briques !), la chasse à l'homme n'avait pas été close pour autant. La haine était tenace. Simenon, dont le flair fut toujours infaillible, reniflait d'autres complots, dits patriotiques, inlassablement nourris de ragots.

Là encore, c'est Assouline, enquêteur répertoriant tous les tiroirs administratifs, qui va nous éclairer sur les mœurs d'alors : « Une enquête S.R.P.J. (Service Régional de Police Judiciaire) de Poitiers vient être déposée sur le bureau d'un magistrat instructeur. Il s'agit d'un tout récent rapport de l'inspecteur Jean Péchereau au commissaire principal de la 22ème Brigade de la Police Judiciaire à Poitiers. Tout en confirmant le non-lieu dont Simenon a bénéficié, elle le présente sous un jour extrêmement défavorable. Il ressort de ce rapport que son attitude a été nettement contraire aux intérêts français pendant l'occupation allemande. L'inspecteur a écumé à nouveau les Charentes et la Vendée, persuadé qu'il lèverait un lièvre de taille. Qu'a-t-il trouvé à Nieul et à La Rochelle, à Fontenay et à Saint-Mesmin? Rien, car il n'y a rien à trouver sinon des ragots et des rumeurs éculées, toujours les mêmes. Mais il conclut à la réputation détestable de l'Intéressé qui passe pour "germanophile et opportuniste". »

Simenon en avait jusque par-dessus la tête de ces chantages. Il était dégoûté de cette France de ratés, de forcenés et de "cocos" soviétiques soudain repeints en tricolore, et décidant de la vie et de la mort des Français !

« Le climat de dénonciation des années 1944-1945 est vraiment trop écœurant ! » s'était exclamé Simenon ! En Belgique où roulaient au pied des poteaux des centaines de fusillés, le pauvre Hergé s'indignait tout autant.

Simenon n'en pouvait plus. Il voulait filer, s'enfuir. D'autant plus qu'il redoutait « l'éventualité d'une prise de pouvoir par les Communistes en France », parfaitement imaginable en effet en 1944-1945 à l'heure où Staline avait englouti cent millions d'Européens de l'Est et était bien décidé à avaler le reste.

Jamais en retard d'un opportunisme, Joséphine Baker sut endosser l'uniforme des FFI au bon moment...

Encore faudrait-il à Simenon, s'il voulait obtenir un visa de sortie, que des autorités de la plus haute importance garantissent aux Affaires Étrangères l'inexistence d'une collaboration de Simenon avec les satanés nazis ! Grâce au patronage de l'escroc H. de K. de l'Ambassade de Belgique, remis en piste de nouveau, le père de Maigret, la pipe tremblante, obtint enfin le coup de tampon libérateur. Le 24 août 1945, poussant un énorme soupir, il s'éclipserait vers le Canada.

Il était temps ! Six jours plus tard, la Police Judiciaire de Paris, toujours collée aux ragots des flicards de Poitiers venait réclamer l'expulsion de Simenon à la Police des Étrangers !

Celui que Gide avait proclamé « le plus grand romancier de langue française du XXème siècle » échappait, au millimètre, grâce aux tours de passe-passe d'un résistant-escroc, à une expulsion qui eût couvert d'infamie le gouvernement français et ses épurateurs de sang et de farce.

Était-ce vraiment fini ?

Pas question !

Le 14 juillet 1949, donc cinq ans après la "Libération", le Comité d'Épuration des Écrivains, où s'ébattaient les pires cancres intellectuels de France, repartait encore à l'assaut ! De même qu'en Belgique ils avaient cassé les crayons de Hergé jusqu'à ce que des résistants vantards se fissent attribuer le repêchage de Tintin, les épurateurs français parviendraient tout de même à flageller Simenon d'un décret d'interdiction. Soixante mois après les ragots de 1944 !

Simenon était « frappé de la totalité des interdictions temporaires de l'article 3 de l'ordonnance du 30 mai 1945 pour une durée de deux ans à dater de la présente ! »

Georges Simenon en 1920, l'époque de ses articles antisémites.

« En clair, explique Assouline à la page 400 de son 'Simenon', cela signifie qu'il n'a pas le droit de publier de romans ou d'articles, de prononcer des conférences, de participer à des émissions de radio, de vendre ses droits au cinéma ou de tirer un bénéfice quelconque de son activité littéraire pendant les vingt-quatre mois à venir. Et on le lui notifie cinq ans après la libération de Paris ! »

Au pays qui était jadis celui de l'esprit et de la liberté !

Ainsi l'œuvre immense d'un Simenon pseudo-collabo allait-elle être poignardée par des crétins, pour des années !

Il fallut charger un des plus grands avocats de Paris, Me Garçon, mobiliser les éditeurs Gallimard et Sven Nielsen, mettre en branle des dizaines de personnalités, pour étouffer le scandale qu'eussent provoqué la confiscation dans les librairies de dizaines de milliers de livres de Simenon, la saisie de ses films dans les salles, les interdictions dans toute la France des œuvres théâtrales inspirées de ses romans !

Désarçonnés par le recours de Me Garçon, les épurateurs baissèrent les bras. Mais cette condamnation bouffonne ne fut jamais rapportée. Simenon, officiellement, resta interdit. Ainsi furent traités –Hergé à Bruxelles, Simenon à Paris– les deux auteurs belges de langue française les plus connus de leur siècle.

Encore heureux que les Épurateurs n'eussent à l'époque disposé dans leur carnassière que des misérables bobards ramassés de bistrot en bistrot contre le « fumier Simenon » à la fin de la Deuxième Guerre Mondiale.

Ils ignoraient encore, heureusement, qu'à peine gamin, à l'âge de 17 ans, Simenon avait été, –tenez-vous bien !– "antisémite" !

Entre juin et octobre 1921 (voilà plus de soixante-dix ans), tout jeune rédacteur à la 'Gazette de Liège' (cinquante-quatre francs de traitement mensuel au début !), il avait écrit un total de dix-sept articles sur le thème du 'Péril Juif', s'inspirant des fameux 'Protocoles des Sages de Sion'. Simenon adulte en avait presque perdu le souvenir : deux, trois articles, peut-être, dirait-il plus tard en se grattant la tête. N'importe, le crime, jadis, avait été commis !

A la même époque d'ailleurs, Je grand magnat de l'automobile Henry Ford venait de lancer son fameux ouvrage '*Le Juif international*', devenu en quelques semaines un best-seller.

L'antisémitisme était alimenté par l'âpreté bien

„Tout se tient, tout se précise. Les Juifs dans leur rage de destruction et aussi dans leur soif du gain, ont enfanté le bolchevisme. Ainsi la pieuvre juive étend ses tentacules dans toutes les classes de la société."

Georges Simenon „Le Péril juif", *La Gazette de Liège*, 1921.

Après avoir écrit 'Le Juif International', Henri Ford, acculé à la faillite par les banques juives adressa une lettre publique d'excuses au financier juif Louis Marschall, alors que sa famille échappait à un attentat criminel. À titre de "récompense", l'industriel américain repenti reçut l'autorisation d'ouvrir une grande usine d'automobiles en URSS... C'est ce que le journal humoristique français 'Le Crapouillot' illustra par ce dessin intitulé "Le Retour de l'Enfant Prodigue"

Christian Simenon, le frère de Georges fut, aux côtés de Léon Degrelle, un vaillant Waffen SS au Front de l'Est.

connue des Juifs, non seulement à truster l'argent, mais surtout, à s'emparer partout des leviers de commande... Là-dessus, peu a changé en 1994, si ce n'est qu'aujourd'hui, on les a sacralisés. Qui aurait à cette heure l'impudence de découvrir un pou sur l'occiput d'un Israélite se ferait aussitôt déculotter, dépiauter, jeter aux ordures à grands coups de godasses. Des mafias de presse et de télévision, formées à l'étripage depuis cinquante ans, mettraient en pièces le profanateur. Politiciens de services et juges à tout faire s'emploieraient à parachever l'opération de scalp.

Cela devient même tout à fait étrange. Car si les Juifs en 1940-1945 ont souffert –ce qui ne se nie pas– comment se fait-il que leur cas ne puisse même plus, historiquement, être étudié ?

Cette guerre, l'ont-ils de quelque façon provoquée ? Gros problème ! Pourquoi est-il interdit de faire allusion aux causes réelles de ce conflit, ainsi qu'aux innombrables provocations et attentats qui ont, pendant la guerre, suscité des représailles ?

Quant au sort réel qu'ont pu subir les Juifs, pourquoi tant d'interdictions législatives et de condamnations, draconiennes au cas où l'on se permet de remarquer que les doutes subsistent ? Finalement, l'affaire se retourne contre les Juifs eux-mêmes. Si l'on ne permet pas de parler, c'est qu'on a quelque chose à cacher. Une telle intolérance met à tous la puce à l'oreille.

Le pauvre Simenon, quant à lui, si ses lointains écrits de jeunesse avaient été connus en 1944 par la Résistance, eût certainement été passé à la casserole comme un poulet volé !

Il eût été rissolé une deuxième fois si l'on avait connu alors l'existence de son frère rexiste. Car Christian Simenon, son cadet, était rexiste à cent pour cent. Pas un modeste militant, mais un membre important de l'État-major de Rex.

Le cas de ces deux frères était étonnant : leur mère adorait Christian et elle ne pouvait supporter Georges. L'ainé et le cadet fraternisaient pourtant. Georges alla même, avant la guerre, passer cinq jours chez son frère à Matadi, au fond du Congo alors belge.

Georges et Christian Simenon : deux frères qui s'aimaient.

Christian se trouvait en congé en Belgique lorsqu'éclata la Deuxième Guerre Mondiale, bloquant son retour. Il milita dans les rangs du Rexisme, devint membre de mon État-major et le resta jusqu'à la fin des hostilités.

Les relations entre les deux frères furent toujours purement affectives. Ils s'écrivaient souvent. Georges reçut même, en juin 1943, son frère Christian dans sa thébaïde vendéenne, à Saint-Mesmin. Celui-ci arrivait tout droit de nos bureaux bruxellois, muni d'un Ausweis qui n'avait pas été fourni, bien sûr, par M. Churchill ou par l'ex-Premier ministre belge, M. Pierlot. Cependant, politiquement, Georges Simenon était hors du coup, étranger à toute activité degrellienne. Je lisais les romans de l'ainé. Le cadet m'épaulait. Chacun suivait sa route.

Mais, au printemps de 1945, tombait sur le dos de Georges Simenon, déjà si mal en point, notre Christian en fuite ! Il avait par miracle échappé à ses persécuteurs belges (ses camarades seraient fusillés à trente-deux d'un coup) et se retrouvait sur un banc, place des Vosges à Paris, sous l'appartement de son frère Georges, lui-même à bout de peur et cherchant, par tous les moyens, nous l'avons vu, à filer vers le Canada.

Chacun le sait, Simenon ainé n'était pas né vaillant. Que faire de ce frère cadet surgi si inopportunément ?... Le frère ainé, indubitablement, eût pu dénicher une filière par où son cadet eût pu atteindre l'Espagne où, déboulant du front de Norvège, j'avais atterri le 8 mai 1945 et où, déjà, nombre de nos camarades en cavale s'étaient retrouvés. Il eût été reçu fraternellement. Il eût parfaitement pu être sauvé. Mais l'identité de Christian, réfugié à Madrid ou ailleurs, eût pu, un jour, être découverte et le nom de Simenon lancé à nouveau sur la place publique, compliquant encore le cas personnel de l'ainé...

Alors, grands dieux, que faire de ce cadet fatal ! Aider son frère à s'expatrier parut à Georges Simenon trop risqué. Il préféra éliminer totalement de son chemin le nom de ce deuxième Simenon, encore ignoré de tous, en lui faisant endosser en catimini un uniforme de la Légion Étrangère.

Celle-ci, en 1945, recrutait avidement de la chair à canon partout où elle pouvait en dénicher, notamment parmi nos soldats de l'Est en fuite ou, pire encore, dans les lazarets allemands où étaient hospitalisés nos blessés. On leur mettait le marché en main : ou vous serez livrés aux épurateurs de votre pays, c'est à dire bouclés pour de nombreuses années, voire fusillés, ou vous signez un engagement à la Légion Étrangère sous un faux nom qui escamotera aussitôt votre identité. Beaucoup succombèrent à la tentation.

C'est ainsi que Christian, poussé par Georges, se retrouva, au bout de quelques heures, métamorphosé en un Christian Renaud et embarqué sans retard sur un bateau en partance pour l'Indochine. Georges l'avait embrassé affectueusement au moment des adieux, mais, en fait, transi de peur, il s'en débarrassait. Le Simenon n°2 était écarté de la circulation ! On ne pourrait plus flanquer à la tête de Georges, lors de n'importe quel interrogatoire, qu'il était le frère d'un collabo. Désormais, celui-ci ne s'appelait plus Simenon, mais Renaud.

Georges respira.

Peu après, lui aussi filait enfin sur un bateau, à destination des Amériques.

Comme tant de nos camarades déportés, sous la menace, au bout du monde, notre nouveau Christian Renaud ne pouvait calmer sa peine qu'en se disant qu'au Tonkin il continuait, comme nous l'avions fait au Front de l'Est, à lutter contre le communisme, identique à Hanoï à celui que nous avions affronté au Donetz, au Caucase, à Tcherkassy. Ce fut sans doute son ultime consolation car, en novembre 1947, un coup de téléphone tomba brusquement, comme un couperet, au domicile américain de Simenon, à Tuckson : Christian est mort !

Sa mère, en l'apprenant à son tour, s'en prendrait avec véhémence à son fils aîné : « C'est à cause de toi que Christian est mort. Pourquoi est-ce lui qui est mort et pas toi ! C'est toi qui l'as tué. »

Georges ne pourrait que balbutier : « Christian est mort... Le Tonkin... »

Et il ajouterait, accablé : « Et c'est moi qui l'ai envoyé là-bas... »

Il faudrait attendre plusieurs mois (le 14 janvier 1948) avant qu'un télégramme signé du Général Salan annonçât, conservant le secret sur l'identité du mort, qu'un caporal-chef nommé Christian Renaud, du 3ème R.E.I., avait été blessé lors d'une embuscade et était mort quelques heures plus tard à l'infirmerie de son unité.

Ainsi disparaissait pour la deuxième fois le pauvre, l'infortuné frérot, mort tout seul, au loin, laissant à Simenon aîné la place nette...

Longtemps, dans le grand public, on ignorerait ce drame. Lorsqu'il serait révélé, –en 1992 !– Georges Simenon, pourtant mort lui aussi, trinquerait de nouveau.

Politiquement, c'était injuste.

On n'eût jamais pu reprocher à Georges Simenon, tordu par la crainte, que d'avoir, en 1945, envoyé très involontairement son jeune frère à la mort pour que l'existence d'un Simenon n°2, important "collabo", n'aggravât pas son cas personnel. S'il y avait faute, il s'agissait d'une faute morale. La politique n'avait rien à voir dans cette tragédie. Mais les Épurateurs, après cinquante ans passés à épandre leurs flots de venin noirâtre, ne pouvaient pas rater cette ultime occasion de se venger à nouveau de l'homme dont la puissance créatrice avait si longtemps assombri leur médiocrité.

Révéler que le frère de Simenon avait été rexiste, c'était un dernier outrage tout trouvé ! Comment avait-on pu nommer membre de l'Académie Royale de Belgique le frère d'un collaborateur ! Le plus important journal de Belgique y alla, le 16 septembre 1991, d'un article énorme, étalé sur cinq colonnes, éreintant Georges Simenon, intitulé : "Un magnifique salaud"! Salaud, leur plus célèbre écrivain...

Un hebdomadaire bruxellois alla même jusqu'à lancer cette proposition d'un goût particulièrement raffiné : « À l'hôtel Simenon de Liège où chaque chambre évoque un roman du maitre, faudra-t-il ajouter les chambres "Kommandatur" » (sic) ou "Kollaboration ?"

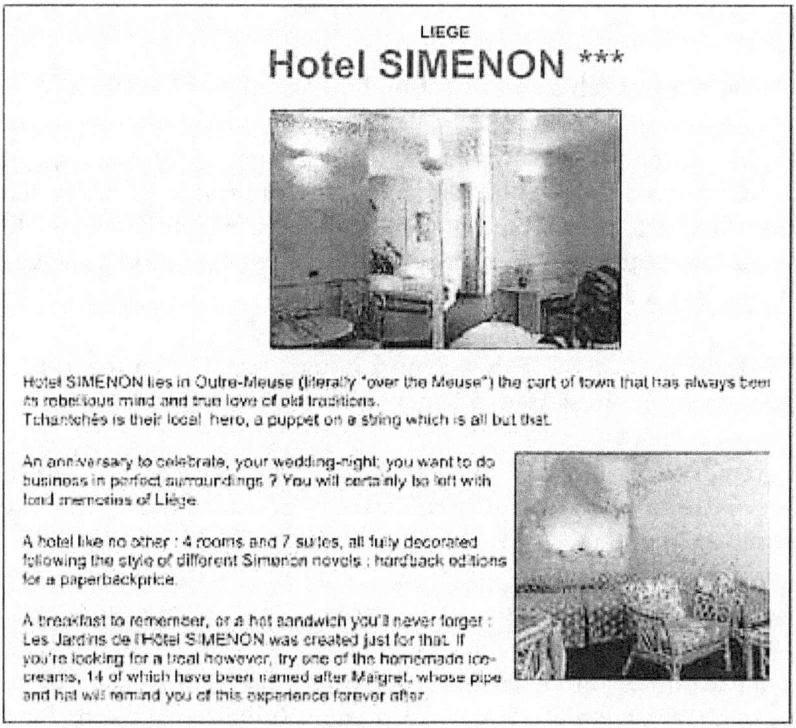

LIEGE
Hotel SIMENON ***
Hotel SIMENON lies in Outre-Meuse (literally "over the Meuse") the part of town that has always been its rebellious mind and true love of old traditions.
Tchantchès is their local hero, a puppet on a string which is all but that.
An anniversary to celebrate, your wedding-night; you want to do business in perfect surroundings ? You will certainly be left with fond memories of Liège.
A hotel like no other : 4 rooms and 7 suites, all fully decorated following the style of different Simenon novels ; hardback editions for a paperbackprice.
A breakfast to remember, or a hot sandwich you'll never forget : Les Jardins de l'Hôtel SIMENON was created just for that. If you're looking for a treat however, try one of the homemade ice-creams, 14 of which have been named after Maigret, whose pipe and hat will remind you of this experience forever after.

Même mort, Simenon se voyait, dans son propre pays, ignoblement outragé par des forcenés, comme le fut Hergé, l'immortel Hergé, dont le nom reste toujours inscrit comme traître au Musée bruxellois d'une "Résistance" inlassablement aux aguets...

« C'était affreux ! C'était affreux ! » avait répété cent fois Hergé, épouvanté par les abominations de la Libération. Georges Simenon, s'il eût assisté à l'exploitation macabre du cadavre de son frère rexiste tombé au Tonkin, eût pu en dire autant...

À Liège, en 1993, malgré les fureurs des imbéciles, une exposition "Tout Simenon" a bien dû, tout de même, être inaugurée, tout comme deux ans plus tôt, une exposition "Tout Hergé" avait drainé deux cent trente mille Tintinophiles à Welkenraedt. Lors de cette tardive opération Simenon, on fit apparaître dans le reportage télévisé trois fils jusque-là inconnus de Georges Simenon, des fils quelconques, du genre navets hâtifs, mais on se tut avec un soin pointilleux, sur la vie et la mort de Christian Simenon, le vaillant frère rexiste tombé au Tonkin !

Ainsi seulement, en escamotant ce dernier, on put enfin, avec un demi-siècle de retard, faire avaler aux revanchards la pilule Georges Simenon.

Et encore, ce "Tout Simenon" fut-il un four, ne totalisant encore, à la fin de l'été 1993, que cinquante mille visiteurs, alors qu'il en eût fallu cent soixante mille pour couvrir simplement les frais...

Qu'importe ! L'univers entier avait répondu par une brassée de gloire aux outrages des impuissants et des râleurs ! Georges Remi (Hergé) et Georges Simenon, quoi qu'on fasse, resteront à jamais les deux artistes les plus lus et les plus vus de la littérature française du XXème siècle.

CHAPITRE XXXVI

LES DERNIERS CRACHATS

La haine politique a toujours été une caractéristique des Belges. Ainsi qu'un certain complexe d'infériorité. Dès qu'un de leurs compatriotes pousse la crête au-dessus de l'herbe du pré, on entend, sous ses ergots, retentir un pépiement général !

Qui n'est pas "petit belge" n'est pas belge !

Pour ce peuple confit en formalisme, foncièrement conservateur, une aventure comme le rexisme fut peut-être, en Belgique, l'événement politique le plus étourdissant du siècle. Jamais on n'avait vu se masser autour d'un programme simple des foules à ce point considérables. Hergé, en son temps, l'avait noté, stupéfait : « J'ai vu les foules fanatisées ! » Des auditoires, payants, s'assemblaient par dizaines de milliers –deux cent mille personnes à Bruxelles aux Six Jours du Palais des Sports– autour d'un tout jeune garçon qui flanquait, parmi ce public, une passion vibrante, des fluides électriques inconnus, qui brûlaient les auditeurs, qui les soudaient soudain en une unité géante !

- J'ai déjà 27 signatures d'Hergé dedans, mais je voudrais que tu m'en donnes une deuxième.

Écrivant ce livre de souvenirs relatifs à Hergé, Léon Degrelle avait pensé en montrer le premier jet au spécialiste incontesté de 'Tintin', Stéphane Steeman : entre gens de bonne volonté, ne peut-on se communiquer documents ou souvenirs ? Le hasard voulut que l'hebdomadaire 'Pan' eut vent de cette rencontre et en fit (15 octobre 1991) une présentation à l'humour tout relatif : Steeman, organisateur « d'une fort lucrative expo à Welkenraedt à propos d'un collaborateur (sans jeux de mots) des journaux de Degrelle » était « visiblement pendu à ses lèvres pour recueillir, telles les Saintes paroles, les propos rocailleux du Chef ». C'était le début d'une formidable campagne de haine contre Degrelle, mais aussi contre l'humoriste belge…

Ce phénomène, relevant non seulement de l'analyse mais de l'introspection, poussa, entre 1941 et 1945, des milliers d'idéalistes convaincus à courir à la mort au Front de l'Est, par fidélité à leur foi. Le Rexisme fut un événement unique. C'est ce qui fait que, malgré les campagnes furibondes menées contre lui depuis 1945, le mythe subsiste, qu'on a écrit sur lui, en Belgique et à l'étranger, des dizaines de livres; que, sans cesse, il réapparaît, depuis cinquante ans, dans des centaines d'articles.

REX, c'est immédiatement, en Belgique, la controverse, les fans et les anti-fans. L'empoignade de presse apocalyptique de l'automne 1991, pour une simple visite que m'avait rendue en exil le grand spécialiste de Hergé, l'humoriste Stéphane Steeman, l'a montré une fois de plus.

D'un Hergé rexiste, on avait assez peu parlé après 1945. Dans mon refuge, je n'allais pas compromettre un vieux frère comme Georges, qui avait déjà fort à faire pour désherber dans ses albums les quelques nez crochus que la "Résistance" avait dénichés à la loupe !

Il n'avait pu repartir, en 1946, nous l'avons vu, qu'en s'appuyant sur une grosse canne résistantialiste. À donner des précisions, je risquais de le culbuter !

C'est le succès mondial de Tintin qui mit les envieux sur la piste du Tintinisme rexisant ! On pourrait ainsi, qui sait, compromettre et enserrer le vainqueur des B.D. !

La rengaine de l'antisémitisme finissant par fatiguer, restait le spectre de Degrelle (le "criminel de guerre" !) auquel on accolerait le pauvre Hergé. Celui-ci deviendrait ainsi, on l'espérait bien, mon collègue en monstruosité !

J'étais, qui le nierait encore aujourd'hui ? un grand ami de Georges Remi. Cela remontait à soixante-cinq ans (1929). À peu près tous les témoins de notre amitié ont disparu, Hergé compris. Nous étions alors de jeunes garçons joyeux, d'anciens scouts idéalistes. Quel crime y avait-il à cela ? Tout le monde a eu des compagnons de jeunesse. Chacun déguste, comme des pralines aux truffes, ces souvenirs enchantés ! Nous nous étions épanouis, nous ébattant, jouvenceaux, chez l'abbé Wallez.

Tintin, Degrelle, Steeman : que la tempête s'apaise... définitivement.

Le Front de l'indépendance restera fidèle à toutes les victimes du nazisme

Qui a le goût du scandale ?

Film et BD inédits ?

Steeman Je persi

Pas de dédain pour « l'autre »

Puis-je avoir, peut-être, le mot de la fin ?

Plainte contre Steeman

Tintin, Hergé, Degrelle, Steeman, une rencontre très contestée, un document méconnu.

Seuls les enfants des victimes ont le droit d'oublier les crimes rexistes

La simple visite à Léon Degrelle de l'humoriste et collectionneur Tintinesque Stéphane Steeman a déclenché une des plus formidables campagnes de presse que la Belgique ait connues depuis la fin de la guerre : outre que Stéphane Steeman dut élucubrer des justifications à ses faits et gestes, c'est en filigrane le droit des vaincus à encore parler qui a été officiellement dénié… au des "droits de l'homme" !

On entendit bien découvrir le journal du nazisme abject dans tout cela.

'Le XXème Siècle' est mort depuis 54 ans, l'abbé Wallez depuis plus de quarante ans ! Cela n'arrêta pas les nécrophores. Ils coururent déterrer l'abbé. Ils barbotèrent vite dans les contradictions les plus saugrenues. L'accusateur principal, Ajame ('Hergé', Gallimard), allait donner le ton.

Hergé et son mentor l'Abbé Norbet Wallez (photo prise à la fin des années 20)

Présenté par 'Le Nouvel Observateur', le bon abbé Wallez, prêtre nationaliste sans plus, se convertit dans le livre d'Ajame en un épouvantable fasciste, corrupteur politique de nos jeunes adolescences !

> « Wallez, c'est l'extrême droite aux confins de l'hystérie, le sabre et le goupillon contre la faucille et le marteau. L'abbé bouffe du bolchevique, lit Maurras et admire Benito Mussolini dont une photo dédicacée orne son bureau directorial. Ce n'est pas un "facho", c'est un fasciste. Et il n'est tout de même pas innocent que le correspondant du 'XXème Siècle' au Mexique soit Léon Degrelle qui paradera bientôt à la tête du mouvement rexiste. » (Pierre Ajame, 'Hergé', p. 35-36)

Le bon petit Hergé et son copain Degrelle n'étaient donc pas du tout, dans leur coin modeste, deux jeunes scouts sages. Ils s'ébrouaient « aux confins de l'hystérie » au service « du sabre et du goupillon contre la faucille et le marteau » ! Évidemment, être « contre la faucille et le marteau » clouait définitivement au pilori l'abbé Wallez et ses deux jeunes complices !

Ajame était catégorique : « L'abbé bouffe du communisme ! » Bouffer ! Alors que le communisme –à cette époque– enserrait dans ses goulags d'immenses troupeaux humains et avait fait périr dans les campagnes, des millions de paysans russes, alors que Staline s'apprêtait à faire fusiller d'un coup trente-deux mille officiers, bouffer du communisme, c'était de l'anthropophagie !

Cas on ne peut plus grave : l'abbé « lit Maurras » ! Et dire qu'en France, De Gaulle aussi lisait Maurras !

LES AVENTURES DE
TINTIN
REPORTER DU "PETIT VINGTIEME"
AU PAYS
DES SOVIETS
HERGÉ
LES EDITIONS DU PETIT "VINGTIEME"

Ainsi, être contre Staline était une sorte de "crime contre l'humanité" ! Hergé en "bouffait" ! Nous aussi, sans doute, qui, en 1941, tenterions, au Front de l'Est, de mettre fin aux millions de crimes de ce tyran particulièrement sanguinaire ! Mais pour 'Le Nouvel Observateur' et pour M. Pierre Ajame, avoir touché à Staline était, en 1930, déjà, une abomination impardonnable ! Elle le resterait cinquante ans après !

Ajame ajoutait gravement :

> « Degrelle a choisi son camp, un camp qui, par des sentiers dévoyés et des places où fleurissaient les svastikas, devint celui où Hitler concentrait. Au demeurant, ce beau garçon (on le surnommait le "beau Léon") était une des vedettes du 'XXème Siècle', et Norbert Wallez avait naturellement la plus grande estime pour ce journaliste talentueux mais déjà fanatiquement menaçant. »

Or, à cette époque-là (1930), à part mes articles sociaux d'inspiration chrétienne du 'Vingtième Siècle', je ne m'occupais que de l'Action Catholique, à Louvain même. Hergé, à ce moment-là également, se bornait à dessiner les illustrations de mon 'Histoire de la Guerre Scolaire'. Nous n'avions, ni l'un ni l'autre en ces années, d'autres liens que ceux d'une amitié vigoureuse appuyée sur des solides principes moraux.

Pourtant nous étions dès alors, selon les Ajame, des suppôts de Hitler (alors presque inconnu hors d'Allemagne) ! Car « bouffer du bolchevisme » ne pouvait être que de l'hitlérisme caractérisé !

Hergé, qui ne savait même pas, en 1929, dans quel sens tournait une Croix Gammée, dessinait tout juste alors son prophétique et amusant

'Tintin au pays des Soviets'. De nous deux, c'est lui, sans conteste, qui, le premier, s'engagea, avec cet album, sur la voie du sadisme international !

Ajame n'a pas pu nier dans son livre, que Hergé en illustrant mon petit ouvrage, avait découvert, une formule d'art nouvelle : « Le résultat est un merveilleux trompe-l'œil : en systématisant et en accentuant les contrastes entre noir et blanc, Hergé donne l'illusion de la gravure. Hergé joue là une gamme inédite. »

Qu'avait bien à voir dans tout cela le nazisme qu'Ajame nous collait dès alors aux guibolles !

De telles escroqueries dans la manipulation des dates et des faits ne sont pas des cas isolés. C'est le cas de toute la presse de gauche où la même accusation du Hergé facho est sans cesse ressassée. À croire les plus conciliants, 'Tintin au pays des Soviets' avait été « une erreur de jeunesse ». Explication vraiment trop simpliste !

Hergé a été, à propos des Soviets, un grand précurseur. Grâce à lui, Tintin a été le premier –du moins, dans le domaine de la bande dessinée– à faire connaître à la jeunesse non seulement les crimes mais la monumentale faillite du bolchevisme, évidente pour tous aujourd'hui !

Mais, à gauche, cette "bouffe" sacrilège (de l'Hergé de 1929 !) allait à jamais rester sur l'estomac des hordes anti-fachos !

La journaliste Erhel, de 'Libération' reprendrait avidement la thèse d'Ajame : « Cet abbé Wallez entretient une correspondance suivie avec son ami Mussolini, prête ses presses à Léon Degrelle. Tout ce milieu est fascisant et indécrottablement antisémite » ('Libération', 29 janvier 1991).

Ladite bonne femme a-t-elle jamais vu une seule ligne de la « correspondance suivie » que l'abbé aurait reçue de « son ami Mussolini » ? Moi, qui étais sur place, je n'ai jamais vu une seule de ces lettres ! L'abbé eût été fier de me les montrer ! Étrange tout de même ! De toute façon, Churchill avait été en correspondance suivie avec Mussolini ! Quant à « tout ce milieu indécrottablement antisémite », ni Hergé, ni moi ne savions même pas en ces temps ce qu'était un prépuce juif, démontable ou non !

Le fameux dessinateur flamand de bandes dessinées Stan Sluydts qui, lui au moins, vit ce métier, a certes reconnu que l'Abbé Wallez avait pesé lourd, vers 1930, dans l'établissement de notre amitié : « Le père Wallez est à la base des ressemblances entre Tintin et Degrelle. »

Le fond de tout, c'était l'amitié. Celle-ci, par la suite, s'amplifierait. Elle serait soulevée par la grande tempête politique que j'allais déchaîner quelques années plus tard. Hergé serait un fidèle, mais il resterait toujours et avant tout un artiste.

Tintin-Degrelle, vu par Stan Sluydts (alias Gommer), pour la revue 'Forces Nouvelles' en 1991.

Léon Degrelle, par Stan Sluydts.

« Qu'en ces temps-là, a écrit Stan Sluydts, Hergé ait subi l'influence idéologique de Degrelle est d'ailleurs très logique, vu l'immense popularité dont jouissait le chef de REX, surtout auprès de la jeunesse (aux élections de 1936, parti de rien, il obtint 33 sièges, –21 de députés et 12 de sénateurs), mais aussi parce qu'il faisait partie (avec la première femme de Hergé et Jamin-Alidor) de la même équipe du 'Vingtième Siècle' du père Wallez. Le terroir de Tintin et de REX. » ('Forces Nouvelles' janvier 1991).

Le terroir, c'est le mot exact. Une grande fraternité. Hergé, conforté par mes conseils, avait créé Tintin. Il donnerait, par la suite, un développement prodigieux à la projection mondiale de ce petit bonhomme.

De mon côté, j'allais entamer une trajectoire politique qui, rapidement, prendrait un épanouissement distinct. Hergé suivrait la montée de ma fusée, mais en disciple du dehors, à sa manière d'artiste, pour qui l'essentiel était son Tintin.

Fidèle, il le resterait à travers tout. Il connaîtrait la persécution.

Il aurait –fait rarissime en nos temps où se pavanent les lâches– le courage insigne de me témoigner publiquement et hautement sa ferveur en osant proclamer, en 1973 : « Degrelle a été un héros ! »

Revenir sans cesse, en Belgique ou en France, sur les histoires folles de l'antisémitisme de Hergé ou de moi-même est du radotage.

Hergé, c'était Hergé. Degrelle, c'était Degrelle. Ils avaient dans les grandes lignes une foi commune, mais chacun avait suivi sa trajectoire personnelle, l'un devenant l'as mondial des B.D., l'autre le météore politique se hissant dans le ciel comme une comète inattendue.

Le Capitaine Robert Francotte, auteur de 'L'heure de l'Espagne', qui présente la première interview de Léon Degrelle, après la guerre.

Tous deux étaient illuminés par l'amour de leur patrie. Le reste relève du bobard ou de la diffamation. Les Belges eussent dû être fiers de l'un et de l'autre –les hommes hors du commun n'abondent pas chez eux !– au lieu de les rouler pendant un demi-siècle dans la mélasse de leurs élucubrations haineuses.

Cependant, il arrive qu'à cette heure certains Belges ne soient plus aussi fanatiquement aveugles. « Nous en avons assez de cette grimaçante mascarade qui scinde Je pays en deux », s'est exclamé un des rares résistants authentiques de Belgique, M. Jean Wolf.

Le sénateur Ancot a précisé : « Ceux qui, comme moi, ont fait partie des Commissions d'avis savent quel ramassis d'absurdités figurait dans maints dossiers. »

Quant au Colonel Lovinfosse, celui-là qui avait été chargé par le Premier ministre belge Van Acker d'aller me rapter à Saint-Sébastien en janvier 1946, il a tenu à déclarer au journal 'La Libre Belgique' : « Je ne ferais plus cela. »

Le clou, c'est un Londonien célèbre qui l'a enfoncé, un des peu nombreux militaires de la résistance belge dans le camp allié, le Capitaine Francotte, au surplus collaborateur en son temps du quotidien socialiste de Belgique 'Le Peuple'. Il fut interviewé pour la télévision française (chaîne FR3) par Jean-Michel Charlier.

À la surprise de beaucoup de ses congénères hystériques, ce résistant belge notoire lança devant le micro des propos qui faisaient écho à la qualification de héros lancé dans la presse par Hergé lui-même.

> « Degrelle était un personnage extraordinaire qu'il est très difficile de cerner sans accepter de lui certaines qualités, sans lui rendre par exemple l'hommage d'un combattant à un combattant, qui a défendu ses opinions les armes à la main, et qui n'a jamais cédé sur le plan politique devant l'ennemi.
> Quant à l'homme, nous avons affaire à un personnage tout à fait fascinant qui aurait pu mettre au service de son pays et de l'Europe entière des qualités absolument étonnantes et qu'on ne retrouve plus chez les gens qui actuellement nous gouvernent.
> Je crois que si M. Degrelle avait eu les moyens de s'occuper de la question Europe, il l'eût fait avancer dans des conditions tout à fait étonnantes et il aurait entraîné les masses derrière lui, car c'était un champion des idées simples, il savait bien les faire comprendre au peuple, et il savait l'entraîner, ce peuple.
> Voilà ce que je pense de Degrelle. »

Cette déclaration sacrilège est reproduite en toute lettre dans livre 'Degrelle persiste et signe' (p. 426) de Jean Michel Charlier, le fameux spécialiste des B.D., thuriféraire de Hergé, ancien résistant lui-même, mort récemment.

Malgré tout, ni Hergé ni moi n'en avions fini avec les "pieds au cul" lancés par des professeurs de l'Université, ni avec les insanités de valises de bijoux trimballées au Front de l'Est !

Un certain nombre de résistants, ceux-là qui mirent Hergé au trou en 1944 et qui firent périr "pour crime de paternité et de maternité" mes malheureux parents, continuent à faire école.

Au Musée de la Résistance, à Bruxelles –on ne le répétera jamais assez– on peut encore, à cette heure-ci, voir le nom de Hergé placardé dans la "Galerie des Traîtres", sous le numéro 69.

Galerie des Traitres

1ère série

Dans l'antre du SOIR-ERZATZ

Edité par « L'INSOUMIS » à destination de tous les vrais Belges.

Prix minimum : 5 frs.

HERGE
Remy Georges

né le 22 mai 1907, domicilié à Boitsfort, avenue Delleur, 17

Rédacteur au SOIR de De Becker. Créateur de « TINTIN et MILOU ». Etait attaché avant guerre au journal « Le XXe SIECLE » pour les dessins enfantins.

S'est empressé d'offrir ses services à De Becker.

Selon certains renseignements obtenus, serait rexiste, mais nous n'avons pu obtenir confirmation.

Ce document imbécile ne figure pas dans un "Musée de la Connerie humaine" : il est exhibé comme un trophée vengeur au "Musée de la Résistance" de Bruxelles (et en dit long sur les mobiles de cette catégorie de "patriotes" !)

REMI Georges

né le 22 mai 1907, à Etterbeek, domicilié à Boitsfort, avenue Delleur, 17.

Rédacteur au SOIR de guerre.

Impossible d'obtenir des renseignements sur cet individu.

Tout ce que nous avons appris, c'est qu'il doit être surveillé de près.

Dans cette "Galerie des Traîtres", Hergé a le privilège d'être cité à deux reprises : "traître" de toute façon, mais impossible de savoir ce qu'on peut lui reprocher…

Au-dessus de la photographie du père de Tintin s'étale le texte suivant : « Remi, Georges, né le 22 mai 1907 à Etterbeek, domicilié, à Boitsfort, avenue Delleur, 17. Rédacteur au Soir de guerre. Impossible d'obtenir des renseignements sur cet individu (sic). Tout ce que nous avons appris, c'est qu'il doit être surveillé de près. »

Au bas de la photo est ajouté ce complément : « 'Selon certains renseignements obtenus, serait rexiste. »

Un demi-siècle après, cette fiche signalétique de Hergé est toujours là. Quand donc un Belge osera-t-il mettre en pièces cet ignominieux affichage ?...

En 1991 encore, en première page, un journal qui s'appelle glorieusement 'Belge' –relayé tapageusement par 'El Pais', le plus important des journaux "libéraux" de l'Espagne démocratique– a mis le comble à la grossièreté en dépeignant Hergé (mort alors depuis huit ans !) sous les traits du plus infect des pervertis sexuels ! Hergé scatologique ! Hergé pédéraste ! Tintin sodomisant son chien ! Pas moins !

Oui, on a été jusque-là ! En 1991 ! Vous allez le voir!

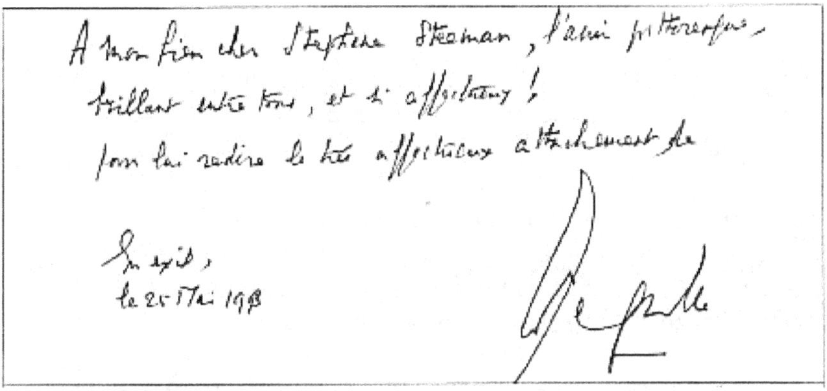
A mon bien cher Stéphane Steeman, l'ami pittoresque, brillant entre tous, et si affectueux ! pour lui redire le très affectueux attachement de

En exil, le 25 Mai 1993

Quelques mois avant sa mort, Léon Degrelle offrait encore cette dédicace à Stéphane Steeman. Fidèle en amitié, il éclatait de rire à l'évocation des contorsions auxquelles s'était obligé l'humoriste collectionneur pour se sortir du scandale de sa visite au Proscrit hitlérien… « Sic ! » s'exclamait ce dernier, « Je dirais même plus : Sieg Heil ! »

Chapitre XXXVII

Tintin sodomisant Milou

Pour tous, toujours, Tintin, même à soixante-dix ans, avait été le scout impeccable, irréprochable, d'une propreté morale qui tenait presque du puritanisme.

Tout cela n'avait jamais été mis en débat. Jusqu'au jour où il fut expliqué que Hergé avait été "rexisant". Du coup, le talent du plus important créateur de bandes dessinées de la planète devint, aux yeux d'énergumènes, une tare particulièrement honteuse !

Qu'un Degrelle, âgé alors de vingt-cinq ans, eût, en 1929, aidé Hergé à créer Tintin, c'était de l'abomination !

Il fallait régler son compte à cet Hergé "facho".

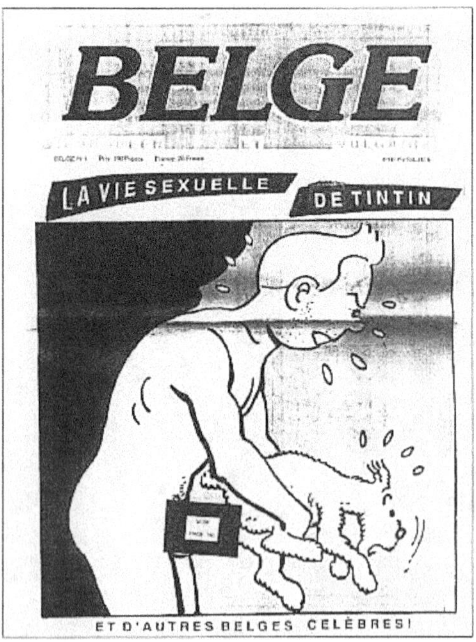

Le journal espagnol publie parfois, comme d'ailleurs, la plupart des grands journaux mondiaux, des reproductions d'albums de Tintin. Publier, à la fois, des textes et des dessins d'un auteur et le couvrir d'immondices, est toujours un exercice délicat. 'El Pais' ne pouvait se livrer à cet exercice de haute voltige qu'en recourant à un tiers qui venait d'inventer un Hergé auquel nul de ses lecteurs n'avait jamais pensé : un Hergé zoophile !

D'où, le 1er février 1991, sur trois colonnes, dans ce quotidien transpyrénéen, ce titre sensationnel : "Tintin, el sexo y los nazis. Historietas feroces sobre el dibujante Hergé y su criatura" ("Ragots terribles sur le dessinateur Hergé et son personnage").

'El Pais', pour ce travail hautement culturel, s'en était remis aux dires de « uno de los humoristas belgas mas corrosivas » (« un des humoristes belges les plus corrosifs ! ») un certain Bucquoy, auteur nécrophage et coprophage d'un ouvrage souvent annoncé, mais jamais paru, intitulé : 'Vie sexuelle de Hergé'.

Pas un seul détail n'était avancé qui eût pu soutenir de telles élucubrations. En fait de textes, il n'en exista jamais, dans toute cette affaire nauséabonde, qu'un seul, celui que publia 'El Pais'. En voici le fleuron : « Les investigations de l'auteur de 'La vie sexuelle de Hergé' le portent à assurer que le créateur de Tintin avait poursuivi des relations homosexuelles dans son adolescence; un autre des thèmes dans lesquels Bucquoy trempe sa plume est l'idéologie poli- tique de Hergé. Il a travaillé pour 'Le Soir', un périodique collaborationniste au cours de l'occupation allemande, de même qu'il a gardé son amitié pour le chef des Waffen SS Léon Degrelle. »

Le rédacteur du 'Pais' et son collaborateur de Bruxelles avaient inventé de bout en bout cette accusation d'homosexualité de Hergé. Mais la calomnie était hypocritement relevée par un gros sous-titre "Amigo de Degrelle", alors que le texte qui suivait avait trait uniquement à la SS. 'El Pais' affirmait que j'avais été le chef des Waffen SS, ce qui n'était même pas exact : J'étais, au front de l'Est, le chef –et j'en reste très fier– d'une Division de héros de la Waffen SS., la 28ème Division SS "Wallonie".

Mais ainsi l'amalgame était complet : Hergé était pédéraste !

Degrelle était son "amigo" ! La Waffen SS les fiait l'un à l'autre ! La triple horreur était nettement établie !

Le journal 'Belge' se chargea de sortir un dessin énorme couvrant l'entièreté de sa première page : Tintin sodomisant Milou, son chien ! Le placard était étalé comme une affiche !

Là, il ne s'agissait pas seulement de stupides affirmations, mais d'une B.D. complète, brossée en quinze grands panneaux.

Première page, en trois couleurs : le Tintin de Hergé, tout nu, debout, plonge son sexe dans l'arrière-train de son chien. Ça ne suffit pas, car si un centimètre carré camouflait le détail le plus typique de l'opération, à la page 14 le camouflage s'est envolé ! De nouveau, trois pages plus loin, Tintin, transpirant de toutes parts, défonce le quadrupède, étoilé de gouttes de sueur.

Vous êtes édifié ? Vous l'êtes trop vite !

Le même 'Belge' (pas fiers, les Belges !) s'en prend, dans le même numéro et avec la même frénésie scatologique, au fils d'un autre collaborateur fameux, au Roi Baudouin lui-même, récemment décédé, successeur de Léopold III, le cerveau lucide, qui avec courage, fit face, dans son pays, aux complications presque inextricables de l'Occupation entre 1940 et 1944.

Dieu sait si, mal à l'aise sur le trône de Belgique, Baudouin était l'homme vertueux entre tous.

Pourtant le journal 'Belge' osa convertir le Roi Baudouin, tout comme Tintin, en un obsédé sexuel au nez énorme gonflé sous une couronne brinquebalante, les mollets zébrés de jarretières, le bas-ventre nu en pleine action de pédérastie !

Impensable ??? Mais non ! En six grandes pages, les dessins s'étalaient là, d'une grossièreté abominable, et il s'agissait du Roi des Belges, le roi le plus chrétien de toute l'Europe !

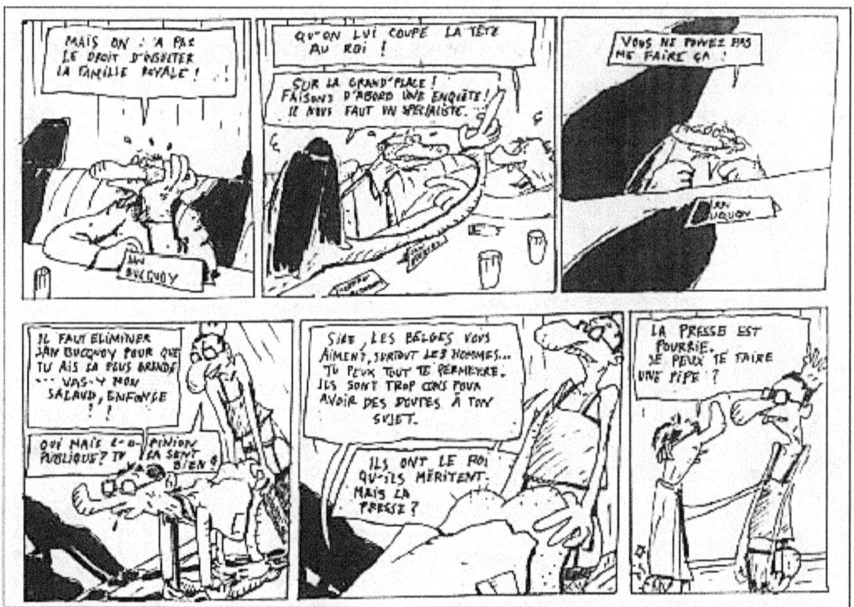

Hergé, tout comme le pauvre Roi Baudouin, a surmonté tous les outrages... En Belgique même, en 1991, des centaines de milliers de Wallons et de Flamands, tous Tintinophiles, ont rendu à Hergé, à

Welkenraedt, un hommage comme jamais on n'en connut dans les annales belges. L'exposition "Tout Hergé" comprenait, entre autres, nos deux signatures originales accolées, Hergé-Degrelle, sur mon 'Histoire de la Guerre Scolaire'. Les stands couvraient six mille mètres carrés ! L'État belge s'est même fendu d'une émission d'un timbre-poste Tintin !

Et dire qu'il s'agissait du même Hergé que l'État belge avait mis ignominieusement sous les verrous le 3 septembre 1944, et qu'un professeur d'Université voulait réduire au rôle de dessinateur de modèles de fixe-chaussettes et de girouettes !

Dépassant cette Belgique qui, en 1944, avait laissé incarcérer si scandaleusement son plus grand créateur de B.D., la gloire de Hergé est devenue, à cette heure, réellement universelle.

Des centaines de millions d'Européens, d'Américains, d'Africains, d'Asiates, d'Australiens sont des Tintinophiles fanatiques. Pensez donc : cent quatre-vingt millions d'albums Tintin vendus à ce jour, soit à peu près un milliard de lecteurs !

Les collectionneurs –innombrables !– s'arrachent à des prix de folie le moindre des souvenirs de Hergé. Ses planches originales s'envolent à plus de trois cent mille francs la pièce ! Pour le seul dessin de couverture des 'Cigares du Pharaon', mis en couleur par Hergé en 1943, le prix d'estimation avait été fixé à deux millions de francs français. Il grimpa, le 8 décembre 1990, à la grande vente, à "l'Espace", à Paris, à trois millions cent mille francs français, un gros demi-million de dollars ! Le propriétaire n'accepta même pas cette offre royale. Exigence : trois millions cinq cent mille francs français pour une couverture d'un album de Hergé !

Alors les injures, les outrages ?...

Beaucoup ont compris –les jeunes surtout– qu'après 1945, on les avait constamment trompés en déversant sur eux des milliers de mensonges, de contre-vérités flagrantes et de bobards grotesques. Ce qui les intéresse, ce qui les passionne, ce qui préoccupe maintenant les millions de disciples du créateur de Tintin, c'est de le connaître, lui, et de savoir vraiment par quelles crises ont passé sa sensibilité et son esprit.

Après toutes ses épreuves, que pensait- il ?

Comment s'était orientée sa vision des hommes et du monde ?

Derrière le Hergé de la gloire, encore vivant jusqu'en 1983, que se passait-il ?

CHAPITRE XXXVIII

HERGÉ CHEZ BOUDDHA

Le monde enchanté de notre jeunesse s'était estompé, où l'abbé Wallez, Jam, Germaine et moi-même avions été les seuls témoins du démarrage de Tintin, d'un Tintin frétillant dans ma culotte de golf et agitant à tous les vents ma houppette !

Depuis 1946, la gloire de Hergé s'est hissée au plan européen puis mondial, tout spécialement aux États-Unis, où le Tintinisme fait fureur, fantastiquement relayé par la télévision. « Tintin est devenu –explique un de ses biographes– souvent à son corps défendant, l'homme-sandwich de la société de consommation. »

Les dessins en noir et blanc de jadis ont été transformés en kaléidoscopes. 'On a marché sur la Lune' n'est plus une excursion d'un fantaisiste amusé. C'est aussi une opération mathématique, étudiée minutieusement sur une maquette inspirée directement des fameux V2 de Von Braun.

C'était désormais le triomphe. Mais ce n'était plus la joie.

Hergé, en effet, ne se remettrait jamais de la crise "affreuse" qu'il avait eue à traverser en 1944-1946. Jusqu'alors il avait cru les hommes bons. Ils les avaient vus, à la "Libération", dénaturés par la haine, par des abîmes de cruauté et de bêtise. Pendant quarante ans, les persécutions, les oukazes, les vengeances des ratés et des impuissants courant à ses trousses l'avaient écœuré. Son monde de scout loyal, fidèle au prochain, s'était écroulé.

D'autre part, les trésors découverts au cours de ses expéditions n'étaient plus seulement livresques, ils produisaient des millions. La seule vente de cent quatre-vingt millions d'albums représentait des montagnes fabuleuses de dollars.

S'inspirant, pour envoyer Tintin sur la Lune, de la fusée V2 mise au point par Werner von Braun, Hergé ne faisait qu'anticiper avec logique : la fusée Apollo emmenant les premiers hommes sur la Lune sera l'héritière directe des travaux de von Braun contraint de travailler pour les Américains (la photo du V2 a été publié par 'Le Patriote Illustré', le 18 octobre 1945)

Depuis lors, cet empire a été coiffé par une omnipotente Fondation, au sujet de laquelle l'hebdomadaire bruxellois 'Pan', le 6 mars 1985, a fait des révélations très peu édifiantes.

Hergé, certes, a empoché de son vivant d'importantes royalties. Mais avec moins de plaisir que lorsqu'il gagnait cent francs jadis.

En dix années, sept publications nouvelles d'albums seraient sept victoires : 'Les Sept Boules de Cristal', en 1948 (dès cette époque paraîtrait aussi une édition de 'Tintin' en France), 'Le Temple du Soleil' en 1949, 'Au Pays de l'Or noir', en 1950, 'Objectif Lune', en 1953, 'On a marché sur la Lune', en 1954, 'L'Affaire Tournesol', en 1954, 'Coke en Stock', en 1958.

'Le Figaro' lui-même devrait bien conclure, en gros titre, sur quatre colonnes, le 2 février 1991 : « Tintin et Milou ont fait le tour du monde, à des millions d'exemplaires, Hergé, de son vrai nom Georges Remi, a poussé le langage de la B.D. à la perfection ».

Hergé eût dû être heureux. Parfois, sur ses photos, il souriait, mais la blessure de 1944 ne s'était pas cicatrisée. Son monde mythique, au fond de son âme, avait perdu sa fraîcheur.

Il voyageait. Des vrais voyages : en Europe, en Asie, aux États-Unis, même chez les Sioux. Mais cela ne valait pas l'imaginaire. Le monde qu'il s'était créé en lui-même, sa vie secrète, étaient figés. En réalité, le cœur n'y était plus, ni la foi, ni l'amour.

Il restait plus vivant que jamais à travers son œuvre, qui s'étendait infiniment. Mais dans la machine intérieure de sa conscience, quelque chose s'était brisé.

Lui, si fervent ! L'homme de l'abbé Wallez du 'Vingtième Siècle', l'homme de mon 'Histoire de la Guerre Scolaire' qu'il avait illustrée avec tant d'élan, l'homme du scoutisme chrétien qui avait même connu ses crises de mysticisme, l'homme qui avait dessiné une vignette émouvante à la gloire de la Vierge de Lourdes, le croyant qui après la guerre, avait multiplié les retraites dans des couvents de trappistes, ne s'y retrouvait plus dans sa foi.

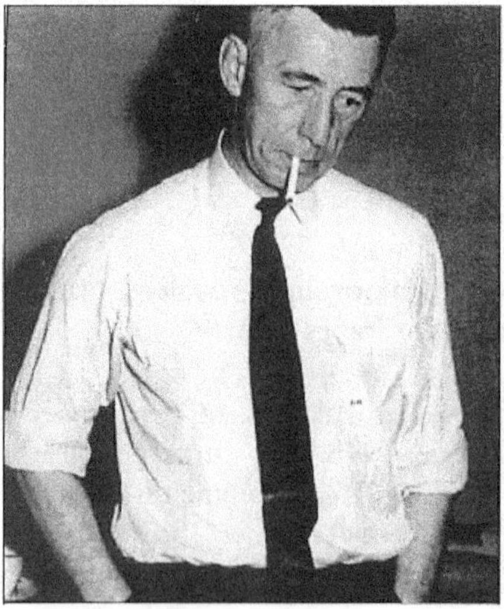

Le Hergé désabusé des années 70.

Dieu s'éclipsait.

« Je me disais que ça allait changer ma vie, mais ça n'a jamais rien changé, et je m'aperçois aujourd'hui que je n'ai jamais eu la foi. »

Était-ce possible ?... Au fond, qui n'a pas la foi ? Qui, vraiment, la perd ?

Tout, dans l'immensité des mondes, nous dit qu'il doit exister une fabuleuse force créatrice, que l'univers, si merveilleusement complet n'a pu naître d'un hasard furtif, boiteux, confus. Si on laisse tomber une croyance, c'est toujours pour s'en découvrir une autre...

Hergé en voyage à Taiwan, en 1973.

Avec Hergé, comme avec des millions d'autres, il en serait ainsi. Il passa de l'Occident pour atteindre l'Orient, du Christ pour déboucher sur le Taoïsme et sur Bouddha.

« Nous en revenons –déclara-t-il– à l'Orient et à ses conceptions religieuses aux antipodes de celles de l'Occident. Pas de Dieu à barbe blanche, pas de Dieu créateur de l'univers représenté par une Église qui vous impose ses dogmes, mais quelque chose d'indéfinissable, comme une sorte de moteur qui établit des relations entre les êtres et les choses, quelque chose qui a trait à votre respiration, à votre digestion, au travail de vos reins, de vos glandes, qui fait que tout cela fonctionne, quelque chose qui est dans tout, qui circule à travers tout. »

Cette religion de glandes et d'intestins n'avait, pourtant, rien d'emballant.

Il tâtonnait. Il ne savait plus où il en était. Il s'appliquait à devenir bouddhiste. Le Tibet de ses vieux rêves hébergeait ses nouveaux rêves.

Le vrai, c'est que, malgré les siècles, rien n'a changé vraiment dans la vie surnaturelle des hommes.

Que Dieu ait une barbe blanche, que les croyants soient des Mormons polygames ou qu'ils suivent les clochettes des moines tibétains, c'est la même idée qui surgit sans cesse dans tous les brouillards humains : il y a quelque chose.

En nos temps d'incroyance, on n'a jamais vu inventer autant de sectes ! Les sectes sont les champignons du siècle. On réinvente Dieu chaque jour.

Hergé, qu'il le voulût ou non, était pris dans les rets du spirituel. Même s'il les rompait, ils renaissaient.

Que recréer à la place de Dieu ?

> « Je n'ai plus –répétait-il– envie de connaître l'avenir... il n'y a que le présent qui compte, l'éternel présent. »

Mais le présent, tout à coup, disparaît, et l'avenir, tôt ou tard, nous tombe dessus...

CHAPITRE XXXIX

HERGÉ LIVRÉ AUX PSYCHANALYSTES

La mélancolie avait, en quelques années, tout corrodé chez Hergé : Les méthodes de travail, les croyances, les espérances.

S'il ne croyait plus en Dieu, pourquoi eût-il encore cru au reste ? Georges, s'y perdant dans ses confusions spirituelles, décida de s'en remettre à des psychiatres-psychanalystes, ces éminents prospecteurs qui rendent fous ceux qui ne le sont pas et font délirer ceux qui le sont.

Hergé se tapa un voyage à Zurich, se livra à un professeur qui ne s'appelait pas Tournesol mais Ricklin. Un freudien juif, ajouteront les mauvais esprits.

Hergé et Germaine Kieckens.

Dans une des rares interviews de sa vie, Hergé a lui-même raconté comment s'était déployé le processus :

« C'était à l'époque de 'Tintin au Tibet'. Je traversais alors une crise morale assez grave. J'étais marié et j'aimais quelqu'un d'autre. La vie ne me semblait plus possible avec mon épouse, mais j'avais la parole donnée, la parole scoute, c'était une vraie catastrophe. Je me trouvais complètement déchiré. »
« J'ai donc été voir Ricklin et je lui ai raconté les rêves que je faisais. C'étaient des rêves uniquement de blanc. On retrouve quelque chose de cela

dans 'Tintin au Tibet' et Ricklin m'a dit cette chose qui m'a beaucoup frappé : « Il faut tuer en vous le démon de la pureté ! » Pour moi ça a été un choc ! Le démon de la pureté, c'était le renversement complet de mon système de valeurs. La prise de conscience n'a pas été sans mal ! »

Or la pureté, la fraîcheur d'âme, c'était l'essentiel de la vie de Hergé. La culbutant, il culbutait tout. Germaine et le reste... Les rêves « uniquement de blanc » interprétés par le magicien helvète devenaient des rêves d'anéantissement.

Ce psychanalisme déclencherait des vagues d'ahurissantes découvertes d'illuminés. De nouveau, des professeurs d'Université se lanceraient dans les plongeons impétueux. Ils farfouilleraient dans les hypothèses les plus saugrenues, les interpréteraient à longueur de volumes.

On verrait un enseignant de l'Université de Paris VII, le professeur Serge Tisserand, tisser là-dessus deux livres entiers : 'Tintin chez le psychanalyste', en 1985 et, en 1990, 'Tintin et les secrets de famille'.

Pauvre Hergé ! Lui qui avait toujours été naturel, sans calculs ni complexes, au bord de l'ingénuité !

Et voilà qu'il se voyait doté, psychologiquement, d'antécédents raciaux aussi fantastiques qu'imprévisibles ! « Des problèmes de filiation, existaient dans la lignée paternelle du créateur de Tintin » expliqueraient savamment des psychiatres ténébreux. Son grand-père avait, paraît-il été un enfant naturel.

Et alors ?...

On expliquerait même que le Capitaine Haddock, le puissant pochard, descendait, de branche en branche, bouteille sous le bras, de l'arbre généalogique de la famille Hergé !

Bref, Tintin était atteint, paraît-il, de paranoïa et du phénomène maniaco-dépressif ! Le professeur Tisserand préciserait gravement dans la note d'envoi à la presse de son 'Tintin et les secrets de famille' : « C'est à la résolution d'un tel secret que Serge Tisserand s'est attelé dans ce nouveau livre. Il y poursuit également une réflexion plus générale sur la transmission familiale du non-dit et ses effets sur plusieurs générations : symptômes, troubles psychiques, mais aussi parfois création, comme ce fut le cas pour Hergé. »

Et quoi encore ?...

À partir d'alors, tout allait dégringoler.

La revue 'Tintin' paraissait toujours, à Paris et ailleurs, considérable, comblée de pages de publicité, mais Hergé y était de plus en plus inexistant.

Dans mon exil, je la lisais, cherchant avidement ses dessins, ne les trouvant plus. Finalement, je me désabonnai, car 'Tintin', c'était Hergé tout seul, et non les miniaturistes de service vidant leurs pots de couleurs, et les banquiers-éditeurs vidant les poches des lecteurs !

Les albums, autrefois presque annuels, s'espaçaient péniblement : trois années entières avant que n'eussent paru 'Les Bijoux de la Castafiore', cinq ans avant qu'on ne pût recevoir 'Vol 714 pour Sydney', huit ans (en 1976) avant que n'apparût 'Tintin et les Picaros'.

La fameuse crise de pureté n'avait pas donné grand résultat !

La jeune candidate Fanny était toujours célibataire : ce ne serait qu'à soixante-dix ans bien tassés qu'Hergé, cancéreux, se décida à se remarier.

Déjà, lorsque Hergé était tombé bleu de la jeune Fanny, il était deux fois plus âgé qu'elle ! L'âge où un patron déjà bien tassé devient la proie facile des collaboratrices aux aguets.

Hergé et Fanny De Vlaminck.

Tout n'avait pas été simple. Car si le magicien à besicles de Zurich avait ordonné à Hergé de laisser tomber la pureté (donc, inclus, sa femme légitime, Germaine), celle-ci restait l'objet d'un véritable culte admiratif de la part du mari. Il en serait ainsi jusqu'à la fin.

Lorsque son biographe Numa Sadoul lui posera la question : « Votre femme (Germaine) a-t-elle joué un rôle dans votre œuvre ? », Georges Remi répondra sans hésiter : « Sans aucun doute. D'abord en m'aidant parfois dans mon travail. Ensuite, par sa droiture morale, par une sorte d'intransigeance, elle a renforcé mon côté perfectionniste, mon côté, je dirais héroïste. J'avais une grande admiration pour elle. »

> « Germaine, ajoute Ajame dans 'Hergé', fut la gardienne en quelque sorte du sacré. »

Leur amour était si charmant que leurs Invitations portaient la double signature "Hergé-Hergée" !

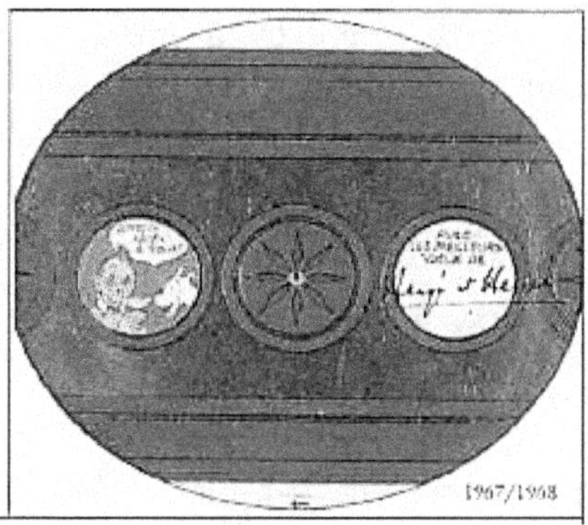

En fait, c'est du temps de "Hergée", exclusivement, que les grands chefs-d'œuvre d'Hergé furent créés.

L'attention que prêta à Fanny le Hergé devenu la proie des psychanalystes date de 1956. Ce n'est que quatre ans plus tard que celui-ci se séparera (en "bons termes") de Germaine. Il lui fit même alors cadeau de sa maison de Boitsfort. Ensuite, une attente interminable se prolongea, presque incroyable, avant que ne fût prononcé le divorce : seize années !

Oui, seize années se passeraient avant que le jugement ne fût rendu ! Hergé était un vieillard amaigri lorsque, enfin, fut prononcé l'acte de séparation légale. Que Fanny fût aimable, amoureuse, attentive à combler Hergé de gentillesse ne fait pas de doute. Mais son rôle dans la création de l'œuvre de Hergé fut pour ainsi dire nul. Les derniers albums qu'il accorda avec réticence, sous le règne de Fanny, à ses éditeurs, furent très en retrait par rapport aux merveilles précédentes.

En fait –cela dit sans vouloir la blesser– son rôle, intellectuellement, artistiquement, a revêtu peu d'importance dans la création hergéenne.

À cette heure, la colombe psychiatrique de 1956 a plus de soixante ans. À la Fondation Hergé, elle règne et gouverne. Mais elle fut plus une héritière heureuse qu'une inspiratrice, à part les pinceaux qu'elle manipula dans sa prime jeunesse lorsqu'elle servait Hergé comme coloriste.

Lors du trépas de Hergé, un des biographes du père de Tintin nota, laconique : « Fanny suivit donc des funérailles en tant qu'épouse légitime. »

Chapitre XL

Les assignations de Fanny

"L'épouse légitime" avait, avant 1983, vécu muette à sa table de travail dans les bureaux de Hergé.

Une fois devenue veuve, elle s'est mise, atteinte par un prurit de démangeaisons gauchistes et reprenant à son compte les vieilles rengaines éculées de 1944 – antisémitisme, rexisme, germanophilie !– à déclencher des procès à tort et à travers. Batailleuse comme les tricoteuses de la Révolution française, elle pique et mord tout ce qui laisse entendre que Hergé aurait pu avoir une accointance quelconque avec quelque tendance que ce fût des "fascismes", alors qu'au temps des "fascismes", elle en était tout au plus à sa première jupette !

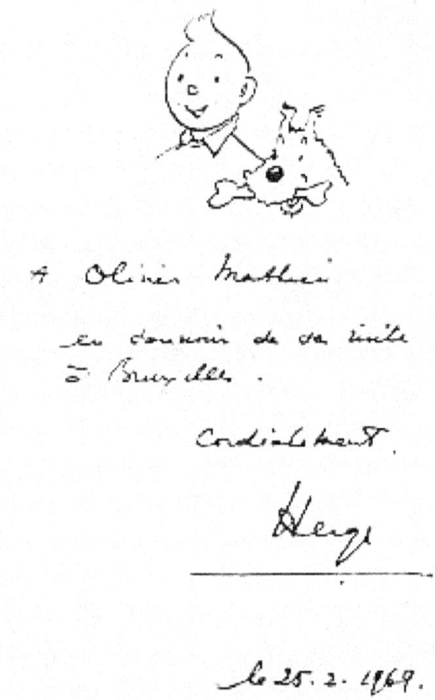

Une des nombreuses dédicaces de Hergé au jeune Olivier Mathieu : le destin de ce dernier ne pouvait que croiser également celui de Léon Degrelle...

À se demander si, après la mort de Hergé, un moustique tropical oublié dans l'un ou l'autre album de Tintin ne s'est pas vengé sur elle en lui inoculant un venin mystérieux extrait d'un alambic tibétain ou péruvien !

Maintenant, qui à l'impudence de répéter que Hergé avait été rexisant ou degrellien se voit aussitôt menacé de ses foudres ! Le grand historien français Jean Mabire avait préparé une étude sur Léon Degrelle et Hergé. Son éditeur se vit interdire toute illustration qui eût appuyé sa thèse !

Olivier Mathieu est l'auteur d'une importante biographie d'Abel Bonnard (postfacée par Léon Degrelle) et de deux brochures sur Léon Degrelle : 'Hergé et Degrelle' et 'Réponse à la presse à propos de la mort de Léon Degrelle'.

En 1991, ce fut le tour d'un jeune écrivain appelé Olivier Mathieu, fils d'une intellectuelle de qualité, Marguerite Mathieu, docteur ès Lettres, qui avait enseigné à l'Université Libre de Bruxelles.

Olivier Mathieu avait imaginé de donner une conférence sur le thème "De Léon Degrelle à Tintin". Ce sujet, qu'avait-il de particulièrement criminel ? Hergé, c'était du domaine public, avait été mon ami. N'avais-je pas tenu un rôle essentiel dans la création du personnage de Tintin ? Hergé avait même illustré jadis un de mes livres pour me témoigner sa solidarité ! Était-ce vrai ou n'était-ce pas vrai ?

Il se fait qu'Olivier Mathieu avait été, lui aussi, de 1969 à 1982, un ami de Hergé. Celui-ci lui avait donné et dédicacé avec beaucoup d'affection un certain nombre de ses albums. Il l'avait reçu chez lui à diverses reprises. Tintiniste acharné, mais me connaissant également, Olivier Mathieu désirait donc décrire, devant un public bruxellois, les deux Tintin qu'il avait connus, le Tintin bruxellois et le Tintin-Degrelle exilé en Espagne.

Olivier Mathieu est un hors-la-loi politique, un adversaire de tout système, l'œil doux, l'esprit parfois extravagant, mais ne manquant pas de talent. Il y a si peu d'écrivains, aujourd'hui, qui méritent plus que de servir de paillassons à une grande presse pourrie jusqu'au métacarpe, qu'il faut prêter attention aux débutants inspirés et essayer de les encourager. J'ai moi-même préfacé un livre d'Olivier Mathieu, lequel m'ahurit parfois, mais porte une hottée de promesses.

Qu'il mit en parallèle la vie de Tintin et la mienne pouvait présenter de l'intérêt. En tout cas, s'employer à saborder une telle conférence avant même de savoir ce qu'elle contiendrait relevait, comme eût dit Hergé en 1945, de "l'intolérance absolue". L'épouse numéro deux, avec la vigueur d'un Torquemada portant soutien-gorge, menaça aussitôt Olivier Mathieu d'inimaginables assignations. Elle lui réclamait de toute urgence, à lui qui ne possède pas un rouge liard, des indemnités énormes pour chaque reproduction des dédicaces personnelles que lui avait signées Hergé, et pour un dessin malicieux de Milou qui ornait la carte d'invitation. Épaulée par un homme de loi nommé, je ne l'invente pas, Beerenboom (nom, comme on le voit, typiquement ardennais), notre veuvette, largement super-millionnaire déjà, entendait bien qu'on remplit son camion de quelques beaux ballots de francs de plus, soutirés en compensation de la reproduction des lettres et dédicaces de Hergé à Olivier Mathieu. Même ma 'Guerre Scolaire' excita ses ardeurs. Ou l'éditeur qui voulait la remettre en circulation payerait de nouveau des droits sur les dessins de mon bouquin, acquis et payés par moi voilà soixante ans, ou M. Beerenboom fourbirait de nouveau des assignations !

Olivier Mathieu est l'une des rares personnes (à part Mme Jeanne Degrelle-Brevet) à posséder un exemplaire du buste de Léon Degrelle, réalisé peu avant son décès.

La digne Fanny, financière avertie, a converti le "Monde Hergé" en une sorte d'énorme bazar où on trafique de tout, des droits les plus divers sur le moindre dessin de Hergé, même s'il avait été bel et bien vendu à d'autres il y a un demi-siècle...

Cette immense exploitation de Tintin s'épanouit au grand jour, alors que Hergé avant de mourir, avait manifesté nettement sa volonté que "son personnage ne lui survive pas". Les opérations sont gérées par des aventuriers aux ordres –économiquement ou sentimentalement– de l'âpre Fanny : « Un certain Alain Baran, écrit le 'Télémoustique', a créé une impressionnante série de sociétés chargées d'exploiter les personnages de Tintin, avant de se voir écarté de ces juteuses affaires par Fanny Remi, la veuve en titre, et son nouveau compagnon, Nick Rodwell. »

Même ceux qui portent le sang des Hergé se sentent mal à l'aise. Le neveu de Georges Remi, qui s'appelle lui aussi Georges Remi, s'est cru obligé de manifester publiquement son indignation devant les gestions et indigestions du patrimoine Tintinesque : « La coupable médiocrité avec laquelle le patrimoine hergéen est géré, fend le cœur. Rien, jamais, depuis le décès de mon oncle, n'est apparu comme une initiative heureuse (...). Les coûteux fiascos se sont au contraire succédé. » Tout cela dans de pitoyables empoignades aux relents de haine politique et de mercantilisme !

Pauvre Hergé, mêlé à titre posthume à de si médiocres bagarres...

L'affaire n'était pas encore assez compliquée ! Ainsi, une révolution économico-sentimentale vraiment imprévue allait bouleverser davantage encore la succession de Hergé.

Lors de la mort du père de Tintin, Fanny était tellement atteinte par son deuil qu'elle avait fait installer sur la tombe de Hergé, au cimetière du Dieweg à Uccle (Bruxelles), une dalle assez stupéfiante : sous la mention "Georges REMI, dit HERGE, 1907-1983", elle avait fait graver dans la pierre même, en grosses lettres, une seconde mention : "Son épouse, Fanny VLAMINCK, 1934-" suivie d'un espace où serait ajoutée, le jour venu, la date de son décès.

Bref, c'était l'amour proclamé éternel, merveilleusement romantique, unissant à jamais le défunt et la survivante que le tombeau, bientôt, réunirait pour l'éternité ! De quoi fendre le cœur d'Alfred de Musset.

Mais voilà ! Les cœurs ne sont pas aussi durs que les pierres tombales. La "veuve en titre" et le "nouveau compagnon Nick Rodwell" (un Anglais qui, à en croire certains, serait...) allait, en 1993, se retrouver tous deux très penauds devant l'inscription mortuaire si tendrement gravée dans le granit au cimetière bruxellois.

On apprendrait en effet, le 1er octobre 1993, que Fanny, asticotée à ses soixante ans par un intempestif démon de midi, venait d'épouser en cachette en Suisse le "compagnon Nick", son cadet de vingt ans. Elle n'était plus désormais la Veuve Georges Remy, mais Madame Nick Rodwell. Le Nick en question, installé en lieu et place du brave Georges, tenait désormais dans ses larges mains, le co-pouvoir de manipulation du gigantesque héritage, devenu le trust Hergé et extensions.

Retour imprévu : la bonne Germaine, liquidée jadis par Fanny et par le psychiatre freudien de Zurich, se retrouvait la seule veuve fidèle, malgré la double inscription sur la dalle conjugale que l'accapareuse Fanny s'était prématurément attribuée !

On souhaite aux tourtereaux beaucoup de succès. Il ne reste plus qu'à leur offrir, comme cadeau de noce, un solide burin, pour effacer la malencontreuse inscription gravée, en 1983, sur une tombe, à Uccle, avec un peu trop de précipitation... Que les nouveaux M. et Mme Rodwell se tranquillisent. D'autres –les Tintinophiles sont innombrables– se chargeront de couvrir d'incessants monceaux de fleurs la tombe solitaire, à jamais inachevée.

Pierre tombale de Hergé au cimetière du Dieweg, à Uccle (Bruxelles).

Après ces incidents multiples, ces cascades sentimentalo-financières, ces barrages anti-racistes, ces assignations anti-fascistes, cette installation insolite et belliqueuse du ménage Rodwell sur les dépouilles de l'Empire Tintin, que va-t-il subsister de l'œuvre d'harmonie et de paix que nous avait laissé Hergé, le pacifique ? Lui, qui, peu avant de mourir, écrivait gentiment : « Essayons de faire le moins de dégâts possible : c'est le savoir-vivre dans le sens le plus fort. »

Se refuser à voir dans un être humain, quel qu'il soit, un correspondant possible, est spirituellement peu intelligent.

Hergé et moi eussions pu avoir, politiquement, des conceptions complètement distinctes et être malgré tout de bons copains. Un des écrivains les plus fameux d'Espagne, l'éminent docteur et académicien Juan Rof Carballo, anti-hitlérien et anti-franquiste déclaré, est, depuis plus de quarante ans, un de mes amis ibériques les plus affectueux. Il a passé deux semaines chez moi, dans une de mes cachettes, aux moments les plus périlleux de mon exil, à écrire un essai sur le poète Rilke. Jamais, en quarante ans, un mot aigre-doux n'a troublé nos propos.

N° 49 DU 13 DÉCEMBRE 2000 le Ligueur 13

Hergé tabou

Un film vient d'être frappé d'interdit sous le prétexte qu'il remet en cause l'image d'Hergé en artiste idéal doublé d'une sorte de sage bouddhique au-dessus de la mêlée. Qui disait qu'il n'y avait plus de censure en Belgique?

› Daniel Fano

Programmé le 1er octobre dernier dans le magazine culturel européen **Alice 2000** sur la 2e chaîne de la RTBF, le documentaire **Madame Charles-Quint, vous avez oublié vos pistolets** a été suspendu de diffusion par décision de M. Christian Druitte, administrateur général de la RTBF, contre l'avis du service juridique de sa maison et expressément pour complaire à la veuve d'Hergé, Mme Fanny Rodwell. Dans ce film, l'écrivain Maxime Benoit-Jeannin, natif des Vosges, et le cinéaste Michel Jakar, originaire du Jura suisse, tiennent des propos subjectifs et décalés d'Européens qui s'interrogent sur les singularités bruxelloises au cours d'une balade à bord du tram 55, la ligne qui relie les stations *Paix* et *Silence* (ironie suave), avec un arrêt au cimetière du Dieweg. L'occasion, pour les deux comparses, évoquant son attitude pendant l'Occupation allemande, de prendre l'exemple emblématique d'Hergé pour illustrer la culture du non-dit et du secret de polichinelle qui fleurit si facilement en Belgique. Fanny Rodwell a vu là une injure caractérisée à la mémoire de feu son premier mari.

Une phrase d'épicier

Or, la participation d'Hergé en tant qu'auteur de bandes dessinées au Soir "volé" d'octobre 1940 à septembre 1944 est un fait historique archiconnu. Ce que les tintinologues ont toujours relativisé, c'est qu'Hergé avait choisi de publier dans le **Soir** nazifié et non ailleurs la suite des aventures de Tintin, et cela en parfaite conformité avec l'esprit d'évasion recommandé par la Propaganda Abteilung en matière de publications destinées à la jeunesse. En 1942, il publia un épisode engagé explicitement contre l'Amérique, **L'Etoile mystérieuse**, qui contenait une charge antisémite notoire: c'était l'époque où les armées hitlériennes triomphaient partout et l'entourage d'Hergé, qui militait à l'extrême droite et l'influençait, était persuadé d'être du bon côté. Si en 1945, le dossier Hergé fut classé sans suite, c'est simplement qu'alors le racisme n'était pas un délit et que l'on ne considérait pas encore la bande dessinée comme un art responsable. Dans les interviews qu'il accorda durant le reste de sa vie, Hergé ne manqua pas d'affirmer qu'il tenait l'épuration pour une injustice et ne cessa de dire sa solidarité avec ses amis poursuivis.

Tout cela se trouve écrit noir sur blanc dans **Hergé**, de Pierre Assouline (Folio Gallimard), biographie officielle, autorisée sans réserve par Mme Fanny Rodwell. Aujourd'hui, celle-ci attaque un film qui est déjà passé sur FR3 puis sur une chaîne suisse et une italienne sans faire de vagues. Son action ne privera, dans l'immédiat, que les publics slovènes et roumains d'un documentaire qui, dans son ensemble, se présente comme une sorte d'hommage à l'esprit populaire bruxellois (le titre est une phrase d'épicier entendue par Maxime Benoit-Jeannin, qui l'avait frappé par son sens de la formule surréaliste), où il est question d'Hergé seulement lors d'une très brève séquence. Pour ces quelques secondes, M. Christian Druitte négocie avec Mme Fanny Rodwell un droit de réponse qui pourrait être lu juste avant le film en proposant en plus, semble-t-il, la coupure de la séquence incriminée: si ce cas de figure était adopté, ce serait absurde, car le téléspectateur lambda ne comprendrait pas pourquoi le désaccord affiché de Mme Fanny Rodwell n'aurait pas de correspondance dans le film visionné. Maxime Benoit-Jeannin et Michel Jakar, de leur côté, acceptent le droit de réponse avant la projection de leur film pourvu qu'il soit montré dans son intégralité. C'est déjà beaucoup concéder alors qu'ils n'ont fait que rappeler qu'une création est toujours connotée par une idéologie et ne saurait en aucun cas s'appréhender exclusivement comme une affaire de style, fût-elle géniale. ■

Quelques heures avant de mettre ce livre sous presse, tombait la dernière assignation de Fanny !... À remarquer la perversion du journaliste pour qui la "culpabilité" de Hergé publiant « dans le Soir nazifié et non ailleurs » (où d'autre pendant la guerre ?!) ne fait aucun doute : « Si en 1945, le dossier Hergé fut classé sans suite, c'est simplement qu'alors le racisme n'était pas un délit » !!! Les fusillés de l'épuration se demandent aussi pourquoi ils ont été éliminés après des parodies de procès !

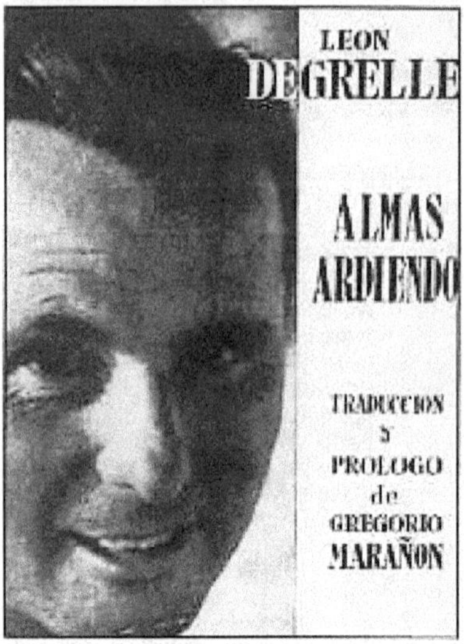

Le docteur et Académien Gregorio Maranon, le plus complet des intellectuels d'Espagne, un libéral qui, politiquement, s'était même rangé pendant quelques mois, en 1936, du côté des Républicains, invitait souvent l'hitléro-Européen que j'étais –et que je suis toujours– à sa table familiale. Nous échangions nos propos sans souci quelconque, dans son admirable bibliothèque. Ayant feuilleté un jour Je manuscrit de mon ouvrage, inédit alors en Espagne, 'Les Âmes qui brûlent', il passa chaque petit matin de la fin de sa vie à le traduire et en assura la toute première édition sous le titre 'Aimas Ardiendo'. Il paya de sa poche les vingt exemplaires qu'il voulut conserver pour en faire cadeau à ses amis !

> « Je n'admets pas, écrivit-il dans le prologue qu'il plaça en tête de l'ouvrage, je n'ai pas admis, je n'admettrai jamais que les hommes puissent s'écarter les uns des autres, si ce n'est pour des motifs profonds et permanents. Et encore cette profondeur et cette permanence, faut-il les soupeser avec tant de sincérité que, presque jamais, elles ne parviendront à paraître suffisantes, si on est loyal avec la vérité ». Il ajoutait : « Ceci je le dis pour expliquer mon attitude à ceux qui se permettraient de trouver étrange le fait que ce soit moi qui loue et patronne ce livre, étincelant comme une flamme, dans lequel conte sa vie, sa vie du dehors et sa vie du dedans, un homme dont la trajectoire sociale est distincte de la mienne. »

Quelle leçon pour les pseudo-intellectuels belges ou français dévorés de jalousie et qui, depuis cinquante ans, hurlent comme des hyènes derrière ceux dont les convictions devraient, obligatoirement, si on les écoutait, être diaboliques jusqu'au seuil de l'éternité !

Un autre de mes contradicteurs espagnols est une des personnalités les plus en vue de l'extrême-gauche, l'économiste Teodulfo Lagunero. Il fut longtemps un des plus solides piliers du Parti Communiste. C'est lui qui ramena clandestinement, en Espagne, dans sa grande Mercedes blanche, en 1976, le meneur révolutionnaire Santiago Carillo, le crâne coiffé d'une perruque pareille à une vieille peau de chat !

Nous sommes situés aux deux extrêmes de la vie politique : Cela ne nous empêche pas de confronter avec bonne humeur nos doctrines et nos jugements. Il mange chez moi, je mange chez lui. Sa collection de tableaux modernes m'éblouit. Il possède notamment une douzaine de faïences de Picasso et plus de deux cents gouaches du poète d'extrême gauche Alberti. S'il m'arrivait un jour un pépin, le cher Teodulfo serait certainement parmi les premiers à accourir pour me tirer du pétrin !

Alain Delon est, nul ne le niera, un des plus grands acteurs qui soient au monde. Ses positions ne sont pas nécessairement les mêmes que les miennes. Est-ce un obstacle à nos relations ? Il vient me voir gentiment à Madrid. Je l'ai accompagné au tournage de son film 'Zorro'. Il a même assez de liberté d'esprit pour témoigner en face de millions de téléspectateurs français le plaisir qu'il ressent en prenant connaissance du livre 'Degrelle persiste et signe' qu'il sortit lui-même de son emballage devant des télé-auditeurs plutôt abasourdis !

Nous sommes, Alain et moi, des amis. Mais pourquoi, entre gens corrects ne pourrait-on pas être des amis ?

Léon Degrelle n'a pas manqué de rendre visite à son ami Alain Delon lorsque ce dernier tourna 'Zorro' en Espagne.

Et Arletty, la dynamique reine du cinéma de jadis ?... Elle fut toujours joyeuse et gaillarde, le verbe direct. Jadis, nous cassions la croûte ensemble, en compagnie de Josée Laval. Jusqu'à peu avant sa mort, nous parlions au téléphone à tout bout de champ... Son rire éclatait dans l'appareil.

Une des dernières photos de Hergé (1983).

Dans chaque ami ou adversaire honnête, il y a toujours des possibilités de découvertes. L'un peut apprendre quelque chose à l'autre, et en apprendre tout autant. Si l'interlocuteur est politiquement irréductible, mille autre aspects de sa personnalité permettent des enrichissements réciproques, qu'il s'agisse de la découverte, chaque fois plus raffinée, de Beethoven, ou de Mozart, ou de Robert Brasillach, ou des miracles d'équilibre des volumes et des couleurs d'un Giotto, d'un Cranach, d'un Velasquez, ou d'un Van Gogh. Les arts tracent des liens magiques. Cas, même sur un plan plus médiocre, d'un Spaak, socialiste a-socialiste, cynique et tout rond, mais collectionneur averti de tableaux modernes.

Cas d'un De Man, mordant comme un brochet, mais aux propos drôles et très colorés lorsqu'à ma table il piquait dans son beefsteak comme dans la peau d'un de ses collègues crocodilisés !

Il y a de tout dans l'être humain.

Même à l'ex-veuve de l'ami Hergé, je fais, de loin, un salut gentil. Elle plaisait à Georges à la fin de sa vie, ça me suffit. D'ailleurs, une grimace n'améliore jamais un minois féminin...

Se bagarrer, se crêper les cheveux devant les tribunaux pour un dessin ou pour une dédicace, ou pour des gros sous ! Vous voyez Hergé tracer une "reproduction interdite" sur chacune des photos qu'il dédicaçait à ses amis !

Si Hergé assistait aujourd'hui à ces bagarres, il s'effondrerait une deuxième fois !

Cette hargne de certains Belges, depuis longtemps, le scandalisait. À un journaliste qui, un jour, lui avait demandé : « Vous sentez-vous encore Belge ? » Il avait répondu sèchement : « Pas du tout. » Et parfois on le comprend !

Malgré tout, il aimait encore les Belges : ceux-ci lui avaient donné son premier public juvénile. Puis il était devenu, comme certains d'entre nous, un homme de l'univers. Néanmoins, il tenait toujours, par toutes ses fibres, à son vieux peuple, tout en maudissant les âpretés mesquines qui ont toujours empoisonné en Belgique la vie politique, que ce fût sous Charles le Téméraire, sous Joseph II, sous Léopold II, ou, dernièrement à mon sujet, à la fin de la Seconde Guerre Mondiale.

À l'heure qui clôt la course humaine, seule compte l'œuvre accomplie.

Celle de Hergé est là, installée en toutes les terres et pour toujours. Il pouvait mourir, il savait que son œuvre, elle, ne mourrait jamais. Anémique depuis plusieurs années, le père de Tintin vit calmement venir la fin de sa vie. Le cancer le rongeait, les transfusions de sang se succédaient. À la sortie de la clinique, il disait chaque fois, simplement : « J'ai fait mon plein » tendant à son entourage un sourire un peu crispé.

Le jeudi 3 mars 1983, à dix heures du soir, à Bruxelles, le bon et le doux Georges Remi expirait.

CHAPITRE XLI

TINTIN AU PARADIS

Quand et où nous retrouverons-nous, les premiers qui vîmes Tintin entreprendre sa course miraculeuse ? Comment sera Hergé dans les vastes cieux ?... Taoïste ou Bouddhiste, bien sûr ! Le crâne rasé, drapé dans une vaste robe jaune de soie luisante ! Nos dieux différents devront se mettre d'accord, d'autant plus que Jam-Alidor sera à l'affût, astré, l'œil ironique, le crayon en l'air.

Le Tout-Puissant, nous voyant nous amener, me regardera d'un drôle d'œil, je le sais à l'avance. Déjà, pendant la guerre, on racontait en Belgique ses inquiétudes à mon sujet. Épouvanté par la durée des hostilités de la Seconde Guerre Mondiale, il avait, en 1944, convoqué au ciel tous les responsables du conflit. Chaque fois qu'un invité entrait, que ce fût Churchill, ou Hitler, ou Pétain, ou Roosevelt, le Seigneur, soigneusement barbu, très poli, saluait, se levait à la rencontre de l'arrivant.

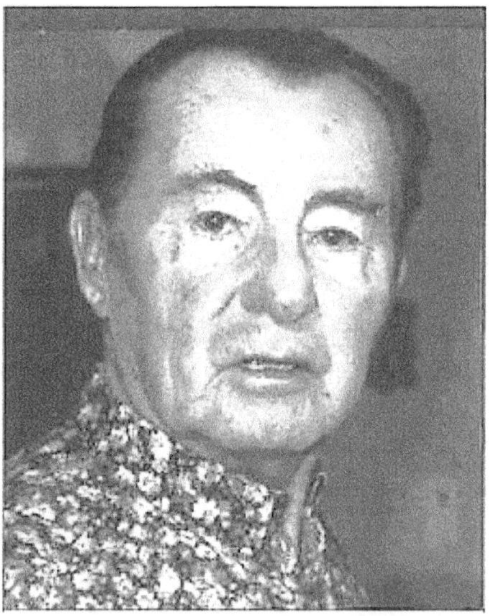

Une des dernières photos de Léon Degrelle (1993)

À mon tour, je m'étais amené. Mais Dieu le Père était resté pétrifié sur son grand fauteuil.

Saint Pierre, chargé du protocole, s'était alors penché discrètement sur l'épaule du maître des lieux et des cieux :

« – Vénéré Bon Dieu ? N'avez-vous pas vu que Léon Degrelle s'approche de vous ? Vous ne vous levez pas ?...

– Je m'en garde bien, répondit le Maître des Nations. Celui-là, je le connais : si je me levais de mon trône, Il s'installerait à ma place à la minute même ! »

C'était assez exact. Je me connais.

Mais, désormais, les temps approchent où Dieu, collé à son siège, nous verra approcher sans trop s'émouvoir ! Chacun à son tour, on arrivera. Germaine arrivera. Jam arrivera. Et Renée Jamin qui a pris le relais quand est morte la gentille Lucette de jadis...

Moi aussi, je prendrai place. Bon dernier, j'espère.

Mais même si, cher vieux Georges, je bats tous les records de ton actuel voisin au Paradis, Mathusalem, je devrai bien, tôt ou tard, malgré ma pertinacité, prendre, à un guichet quelconque d'un "Tour Opérator" terrestre, mon ticket d'avion. On ne délivre, hélas, que des billets d'aller. Je découvrirai, bon gré mal gré, la paix azurine des cumulus hyperboréens.

Et l'ex-veuve, lorsque ce sera son tour de venir ?... Elle sera peut-être interloquée de te revoir, surtout si son niquedouille de Nick l'accompagne... Mais ne t'en fais pas. On ne sera pas méchant. On dira à Fanny de laisser au frigo terrestre ses assignations. Tu verras. Bien vite, elle sourira, un peu gênée, plutôt soulagée...

On relira tes albums tous ensemble. On s'amurera en retrouvant le nez de Blumenstein. On ira même peut-être lui dire un petit bonjour, du côté du purgatoire.

Toi, tu auras des admirateurs et des admiratrices accourus de partout ! Agitant des palmes ! Quelques centaines de millions de lecteurs de ce siècle-ci ! Et au moins autant du siècle prochain ! Cela fera un sacré monde ! On devra reconstruire pour toi au Paradis le Palais des Sports bruxellois de nos gloires passées !

Tu as enfin de la chance ! D'abord, tu es au ciel. Brave comme tu l'es, même bouddhiste, tu y seras arrivé comme une flèche. Tu auras été particulièrement bien reçu. Partout, sur les gradins célestes, tes dessins feront fureur.

Jadis, oui, certains Belges t'ont embêté. Tu as pris ta revanche. On ne tardera pas à te rejoindre. On te le promet. Chante des magnificats en nous attendant !

La vie est gaie, disions-nous jadis, tu t'en souviens ?... Elle l'est restée ! Elle le sera plus que jamais quand on se retrouvera tous.

Aujourd'hui même, quand je termine ce livre, brille de toutes ses splendeurs le printemps d'Andalousie. Sous le ciel d'un bleu doré, l'air sent bon les œillets, les roses, les bougain-villées, les hibiscus, les jeunes oranges.

Mais près de toi, là-haut, le firmament doit être encore bien plus embaumé. On t'aime bien vieux Georges, tu le sais bien !

À la revoyance ! comme disent les Bretons !

À la revoyure ! comme on dit à Bouillon !

ANNEXES

LE TOMBEAU DU GÉANT

Léon Degrelle est décédé le 31 mars 1994, peu avant minuit, à Malaga. Selon ses dernières volontés, ses cendres devaient être dispersées à Botassart (près de sa ville natale, Bouillon) au lieu-dit "Le Tombeau du Géant".

Le "Tombeau du Géant", cénotaphe de Léon Degrelle
Les conifères elles feuillus, plantés avec soin, dessinant tes runes de mort et vie (Algiz), de justice (Tiwaz) et d'éloquence (Ansuz), représentent et associent le lien entre le monde divin et les hommes, l'esprit de sacrifice et l'inspiration poétique...

À l'occasion de la diffusion, le 16 novembre 2000, par la chaîne de télévision flamande CANVAS, du reportage réalisé par Freddy Coppens, 'Degrelle, le Führer de Bouillon', le SS-Hauptsturmführer Jean Vermeire a confirmé la dispersion des cendres de celui qu'Adolf Hitler fit, "Chef de Peuple" : « Les cendres de Léon Degrelle reposent dans un endroit absolument fabuleux, où personne ne viendra jamais les enlever. Ce fut l'exécution totale et parfaite d'une promesse. Je crois que personne ne peut me le reprocher... »

Le Capitaine SS Jean Vermeire, à qui furent confiées les cendres de Léon Degrelle afin qu'elles reposent à Bouillon, explique à la télévision flamande, le 16 novembre 2000, les détails de l'opération secrète de dispersion des cendres pour cause de seconde "Lex Degrelliana".

LA SECONDE "LEX DEGRELLIANA"

Poursuivant de leur haine stérile, par-delà la mort, celui dont elles eussent dû, à tout le moins, accueillir la nouvelle du décès par un silence digne à défaut d'être respectueux, les autorités belges se sont donné le ridicule insigne et unique dans l'histoire de l'après Deuxième Guerre Mondiale de poursuivre de leur vindicte stérile le cadavre de Léon Degrelle en promulguant, pour la seconde fois en cinquante ans, une *"Lex Degrelliana"* !

Afin que nul n'ignore l'épouvantable méchanceté et l'absolue mauvaise foi qui animent et animeront toujours les pseudo-démocrates vainqueurs de 1945 au service du mensonge sioniste et du "nouvel ordre mondial" qui en découle, voici le texte complet de cet arrêté royal ainsi que la correspondance du service juridique du Ministère de l'Intérieur qui prétend le "justifier"...

23.04.1994 — MONITEUR BELGE

18 AVRIL 1994. — Arrêté royal d'interdiction d'accès au territoire belge des restes mortels de Léon Degrelle

ALBERT II, Roi des Belges,
A tous, présent et à venir, Salut

Vu l'article 108 de la Constitution,

Vu la loi du 6 mars 1818 concernant les peines à infliger pour les contraventions aux mesures générales d'administration intérieure, ainsi que les peines qui pourront être statuées par les règlements des autorités provinciales ou communales, notamment l'article 1er, alinéa 1er, modifié par la loi du 5 juin 1934,

Considérant que la présence sur le territoire belge des restes mortels de Léon Degrelle est incontestablement de nature à provoquer des troubles de l'ordre public

Considérant en conséquence qu'il est urgent de prendre des mesures en vue du maintien de l'ordre public

Sur la proposition de Notre Ministre de l'Intérieur,

Nous avons arrêté et arrêtons

Article 1er. L'accès au territoire belge et la détention des restes mortels de Léon Degrelle sont interdits.

Art. 2. Les auteurs, co-auteurs et complices d'infraction à l'article 1er seront punis d'un emprisonnement de huit jours à quatorze jours et d'une amende de vingt-six francs à deux cents francs ou d'une de ces peines seulement.

Art. 3. En application des articles 42 et 43 du Code Pénal, une mesure de confiscation spéciale sera prononcée en cas d'infraction à l'article 1er du présent arrêté.

Art. 4. En cas de confiscation tel que prévu à l'article 3 du présent arrêté, les restes mortels seront renvoyés aux autorités du pays du décès.

Art. 5. Le présent arrêté entre en vigueur le jour de sa publication au *Moniteur belge*.

Art. 6. Notre Ministre de l'Intérieur est chargé de l'exécution du présent arrêté.

Donné à Bruxelles, le 18 avril 1994

ALBERT

Par le Roi

Le Ministre de l'Intérieur et de la Fonction publique

L. TOBBACK

AV

Ministère de l'Intérieur

Direction générale de la Législation et des Institutions nationales

Bruxelles, le

Service juridique

Correspondant :

Note pour Monsieur le Ministre

Votre lettre du	Vos références	Nos références	Annexe(s)
		III 11 CD 572	

OBJET : Rapatriement éventuel des cendres de Léon DEGRELLE.

Suite à la demande formulée par M. le Chef de Cabinet, je prie M. le Ministre de trouver ci-après mes avis et considérations sur le problème visé à l'objet.

I. **Position de la question sur le plan réglementaire**.

Aux termes de l'article 10, alinéa 2, de l'arrêté royal du 19 janvier 1973 relatif à l'incinération des cadavres humains, le transport des cendres des corps incinérés est soumis aux autorisations requises pour le transport des cadavres.

L'arrêté du Régent du 20 juin 1947 relatif au transport des dépouilles mortelles dispose en son article 1er que l'entrée (ou le passage en transit) sur le territoire belge des corps des personnes décédées à l'étranger est soumise, si le corps provient d'un pays qui n'est pas partie à l'Arrangement international de Berlin du 10 février 1937 concernant le transport des corps (cet accord a été approuvé par la loi du 26 août 1938 publiée au Moniteur belge du 9 avril 1939) - suivant des informations en ma possession, l'Espagne n'est pas partie à cet accord - à une autorisation spéciale délivrée par le Ministère de la Santé publique et de la famille ou par le chef d'une mission diplomatique ou d'un poste consulaire de carrière belge.

Il est à noter que cette autorisation ne peut être refusée que pour des motifs tenant à la santé et à la salubrité publiques et que, s'agissant des cendres d'un corps incinéré, elle est toujours accordée.

Il semblerait donc que rien ne s'oppose à ce qu'une entreprise de pompes funèbres fasse pénétrer sur le territoire belge l'urne cinéraire contenant les cendres de Léon DEGRELLE, du moins si le Ministre de la Santé publique en donne l'autorisation.

Rue Royale 66 - 1000 Bruxelles - Tél. (02) 500 21 11 - Fax (02) 500 21 19

2.-

Toutefois, suivant la loi du 20 juillet 1971 sur les funérailles et sépultures, les cendres des corps incinérés ne peuvent recevoir que quatre destinations. Elles peuvent :

- soit être inhumées dans un cimetière à au moins huit décimètres de profondeur;

- soit être placées dans un columbarium sis dans l'enceinte du cimetière;

- soit être dispersées sur une parcelle du cimetière réservée à cet effet;

- soit être dispersées sur la mer territoriale contiguë au territoire de la Belgique, conformément à l'arrêté royal du 25 juillet 1990 réglant la dispersion en mer territoriale des cendres des corps incinérés, c'est-à-dire dans le respect des modalités fixées par le règlement édicté en cette matière par la commune côtière choisie.

Les inhumations et incinérations étant confiées dans notre pays à la responsabilité des communes et celles-ci pouvant édicter des règlements en matière de funérailles et sépultures, il conviendrait d'examiner, à supposer que les cendres de Léon DEGRELLE aient pu pénétrer sur le territoire belge, si le règlement édicté par la commune retenue ne s'oppose pas à ce que les cendres d'un étranger - Léon DEGRELLE a acquis la nationalité espagnole et l'arrêt qui l'a condamné à mort par contumace à l'issue de la seconde guerre mondiale l'a vraisemblablement déchu de la nationalité belge et privé de ses droits civils et politiques - soient inhumées ou dispersées dans le cimetière.

Se pose ici la question subsidiaire de savoir si le droit d'être inhumé, que ce soit dans une concession ou en pleine terre, est un droit civil et si, en cas de réponse affirmative à cette question, Léon DEGRELLE en reste privé, nonobstant qu'il a acquis une autre nationalité et qu'il a vraisemblablement été déchu de la nationalité belge.

Est-il possible d'interdire l'entrée sur le territoire belge de l'urne cinéraire contenant les cendres de Léon DEGRELLE ?

De prime abord, il semble qu'il n'y ait aucune autorité fédérale qui soit habilitée à édicter pareille interdiction.

Certains auteurs de droit constitutionnel, notamment Pierre WIGNY dans son manuel de droit constitutionnel, estiment toutefois que même à défaut d'une loi l'y habilitant expressément, le Roi peut, par la voie d'un arrêté contresigné par le Ministre de l'Intérieur, en s'autorisant de l'article 67 de la Constitution (actuellement 108) et en s'appuyant sur la loi du 5 juin 1934 qui a modifié la loi du 6 mars 1818 concernant les peines à infliger pour les contraventions aux mesures générales d'administration intérieure, ainsi que les peines qui pourront être statuées par les règlements des autorités provinciales et communales, édicter des mesures de police visant à préserver la tranquillité et la sécurité publiques dans le cas où elles pourraient être menacées.

3.-

Au niveau subordonné, il y a lieu de se référer aux articles 128 et 139 de la loi provinciale qui confient au gouverneur et au commissaire d'arrondissement le soin de veiller au maintien de la tranquillité et du bon ordre dans la province ou dans l'arrondissement, ainsi qu'à la sûreté des personnes et des propriétés. A cet effet, le gouverneur et le commissaire d'arrondissement peuvent faire appel à la gendarmerie et, en cas de rassemblements tumultueux, de sédition ou d'opposition avec voie de fait à l'exécution des lois ou des ordonnances légales, ils ont le droit de requérir la force armée à condition d'en informer immédiatement les ministres de l'Intérieur et de la Défense nationale.

Les cendres de Léon DEGRELLE étant incontestablement de nature à provoquer des troubles à l'ordre public et des rassemblements séditieux, à supposer qu'elles deviennent un objet de vénération - l'endroit où elles seraient inhumées se transformerait presqu'à coup sûr en un lieu de pèlerinage où viendraient se recueillir les nostalgiques du fascisme - le gouverneur et le commissaire d'arrondissement pourraient sur cette base prendre un arrêté interdisant l'entrée de l'urne cinéraire sur le territoire de la province ou de l'arrondissement, au même titre que le Roi pourrait, selon certains auteurs, prendre un arrêté similaire dont le champ d'application ratione loci couvrirait l'ensemble du territoire.

Enfin, il est à noter que sur le plan communal, le bourgmestre pourrait également prendre une telle mesure d'interdiction en s'autorisant des décrets révolutionnaires du 14 décembre 1789 et des 16-24 août 1790 qui ont été intégrés à la nouvelle loi communale sous les articles 134 et 135.

*

* *

Au moment de signer la présente, je reçois les informations ci-après du Ministère de la Justice auquel je m'étais adressé :

1. L'arrêt de condamnation prononcé à l'encontre de Léon DEGRELLE date du 27 décembre 1944.

2. Le 31 juillet 1945, il a été déchu de la nationalité belge et cette déchéance a été tanscrite dans les registres de l'état civil de la commune d'Uccle le 21 août 1945.

3. Aux termes de l'article 86 du Code pénal, "les peines prononcées par des arrêts ou jugements devenus irrévocables s'éteignent par la mort du condamné". La question de savoir si le droit d'être inhumé dans une concession est un droit civil et si Léon DEGRELLE en reste privé au-delà de la mort puisqu'il a été déchu de ses droits civils et politiques est par ailleurs sans intérêt eu égard à ce qui suit. La doctrine enseigne en effet que la concession de sépulture n'est pas un contrat de droit privé mais un acte par lequel l'autorité communale concède une parcelle du domaine public à un particulier pour un temps limité et moyennant certaines conditions. Etant donné que l'autorité concédante peut mettre fin à la concession unilatéralement dans certaines circonstances, par exemple lorsque le cimetière doit être désaffecté, il ne s'agit pas d'un droit de nature civile au sens de l'article 144 de la Constitution. Tout au plus les héritiers de Léon DEGRELLE pourraient-ils, le cas échéant, intenter une action en dommages-intérêts devant le tribunal civil si interdiction leur était faite d'inhumer dans le caveau dont ils disposeraient l'urne cinéraire contenant ses cendres.

4.-

4. Mieux vaut donc, conclut le Ministère de la Justice - et je me rallie à cette conclusion-, fonder le refus de laisser pénétrer en Belgique l'urne cinéraire contenant les cendres de Léon DEGRELLE sur des considérations tenant à la nécessité de préserver l'ordre et la tranquillité publics.

*

* *

A la lumière des observations émises par le Ministère de la Justice, il me parait qu'il existe une solution encore plus radicale au problème posé. Elle consisterait à faire voter par le législateur une loi interdisant le retour en Belgique des cendres du corps incinéré de Léon DEGRELLE.

Si M. le Ministre en exprime le souhait, je lui soumettrai le texte d'un projet de loi rédigé en ce sens. Pour justifier le dépôt d'un tel projet, il suffirait, dans l'exposé des motifs, de se référer à l'arrêt prérappelé du 27 décembre 1944 qui a condamné Léon DEGRELLE à la peine capitale du chef d'intelligence avec l'ennemi et de haute trahison contre la sûreté extérieure de l'Etat.

Le Directeur général,

J. BARTHELEMY.

Un dernier mot : si l'administration communale de Bouillon a bien enregistré, en date du 15 juin 1906, la naissance de "Léon, Joseph, Marie, Ignace Degrelle", les autorités espagnoles de Malaga n'ont pu que noter le décès, à la date du 31 mars 1994, de "Léon José Ramirez y Reina".

En conséquence, nous devons bien admettre que
LÉON DEGRELLE VIT DANS L'ÉTERNITÉ !

TINTIN-DEGRELLE, HERGÉ ET JAM-ALIDOR

S'il fut un intime de Hergé et de Léon Degrelle, c'était bien Paul Jamin, alias Jam et Alidor : il ne fait pas de doute que, pour lui, Tintin était Léon Degrelle. On ne compte d'ailleurs pas les caricatures degrelliennes dans 'Pan' ou 'Père Ulm' sur le mode tintinesque. Ces deux personnages étaient, pour lui, indissolublement liés : c'est ainsi que parmi les "gloires nationales" sorties du Panthéon belge pour l'accueillir à l'occasion de son déménagement figurent le Général SS (au milieu du second rang) et son alter ego Tintin (au premier rang). Léon Degrelle ne manqua pas de faire relire également et corriger le manuscrit de son 'Tintin, mon copain' par Paul Jamin.

En 1992, alors qu'il savait 'Tintin, mon copain' achevé, Paul Jamin réalisa ce dessin pour la couverture du livre d'Éric Fournet 'Quand Hergé découvrait l'Amérique' : il voulut y rassembler tous les protagonistes des débuts de l'aventure "Tintin" : Hergé, bien sûr, l'Abbé Norbert Wallez, l'un des deux autres "pères" spirituels du héros de papier, et lui-même, l'ami des débuts difficiles. Pour Léon Degrelle, le modèle, c'était plus "délicat" puisque l'auteur, prévenu par la campagne de presse contre Stéphane Steeman, s'était fendu d'un chapitre dénonçant « Une tentative de récupération » (« Les nostalgiques du IIIe Reich répètent haut et fort que Tintin n'est autre que la représentation dessinée de Léon Degrelle et les révisionnistes de tous poils appliquent leur sinitre théorie à l'œuvre du dessinateur ! »)... Jam tourna la difficulté en illustrant la couverture du 'Petit Vingtième' d'un Staline face à un personnage tintinesque récalcitrant : ce n'est pas tout à fait Degrelle, mais pas tout à fait Tintin non plus. Comme il l'expliqua de manière sibylline aux éditeurs qui furent ravis de reprendre le commentaire : ce « petit Belge à houppette (...)pourrait fort bien appartenir à la famille de celui que Hergé envoya en reportage en la Russie des Soviets. » Si Tintin se promena bien chez les Soviets, qui donc d'autre que Léon Degrelle donna tant de fil à retordre à Staline lui-même ?

LE TESTAMENT DE LÉON DEGRELLE

Quelques semaines avant de mourir, Léon Degrelle adressait cet ultime message, d'une plume moins assurée, mais d'une élévation de pensée toujours égales, à ses soldats réunis à Bruxelles le 18 février 1994 pour célébrer le cinquantième anniversaire de la percée de Tcherkassy.

Aux portes de la mort, le vieux lion national-socialiste, associant dans le même hommage l'héroïsme des soldats des deux camps de ce qui fut, pour nos peuples, une guerre fratricide, redit son idéal d'abnégation et de générosité qui doit irradier la civilisation européenne de demain.

7 h. du soir

Mes chers, mes très chers camarades!

Coincé au fond de mon exil, je suis, plus que jamais, tout près de vous en ce cinquantième anniversaire de Tcherkassy.

Ces jours là — à force de courage, de souffrances, de renoncements, — vous avez emporté, ~~tous ensemble~~, la dernière grande victoire des armées de Europe nouvelle au ~~front~~ de l'Est.

Souvenez-vous en avec fierté! Dans le monde pourri d'aujourd'hui, seules brillent encore les vertus des héros! Demain, ce sont eux — et les héros d'en face — qui, ~~...~~ réunis dans la gloire,

Vous été grands. Seul cela compte dans la vie!

A vous, à vous, mes chers camarades! Avec toutes mes dernières ! tout mon coeur!

~~Debout~~, Je vous embrasse

Degrelle

17 Février 1994

BIBLIOGRAPHIE

Quelques ouvrages de Léon Degrelle (récents ou réédités et disponibles en –bonnes !– librairies)

La Cohue de 1940
La Guerre en prison
La Campagne de Russie
Les Âmes qui brûlent
Hitler pour mille ans
Le Traquenard de Sarajevo
La Pseudo-guerre du Droit
Les Tricheurs de Versailles

Poèmes (éditions rares...)

Mon Pays me fait mal
Les Tristesses d'hier
Prière à Notre-Dame de la Sagesse
La Chanson Ardennaise
L'Ombre des soirs
Je te bénis, ô belle mort

Quelques livres sur Léon Degrelle (à consulter en bibliothèques ou à découvrir par chance chez les bouquinistes)

Robert Brasillach : 'Léon Degrelle et l'avenir de Rex' (Plon, Paris)
Pierre Daye : 'Léon Degrelle et le Rexisme' (Fayard, Paris)
Joseph Mignolet : 'Léon Degrelle, on fré' (Rex, Bruxelles)
Ursmar Legros : 'Léon Degrelle, un homme, un chef' (Rex, Bruxelles)
Duchesse de Valence : 'Degrelle m'a dit...' (Le Baucens, Bruxelles)
Wim Dannau : 'Ainsi parla Léon Degrelle' (Byblos, Bruxelles, 13 vol.)
Jean-Michel Charlier : 'Degrelle persiste et signe' (Picollec, Paris)

DÉJÀ PARUS

OMNIA VERITAS
Omnia Veritas Ltd présente :
LES PAMPHLETS de LOUIS-FERDINAND CÉLINE
« ... que les temps sont venus, que le Diable nous appréhende, que le Destin s'accomplit. »
Bagatelles pour un massacre
L'École des cadavres
Les Beaux Draps
Un indispensable devoir de mémoire

OMNIA VERITAS
Omnia Veritas Ltd présente :
ÉCRITS CONTROVERSÉS
de
LOUIS-FERDINAND CÉLINE
« Jamais la littérature ne fut si facile à concevoir qu'à présent, mais aussi plus difficile à supporter. »
ÉCRITS CONTROVERSÉS
Aucun régime politique ne résisterait à deux mois de vérité...

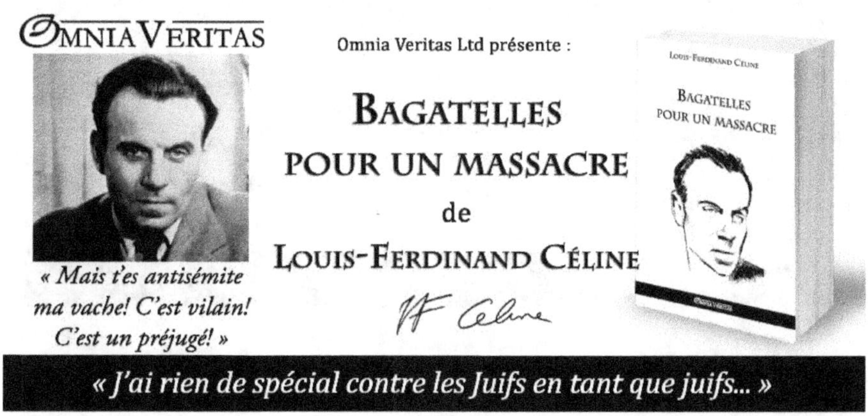
OMNIA VERITAS
Omnia Veritas Ltd présente :
BAGATELLES
POUR UN MASSACRE
de
LOUIS-FERDINAND CÉLINE
« Mais t'es antisémite ma vache! C'est vilain! C'est un préjugé! »
Bagatelles pour un massacre
« J'ai rien de spécial contre les Juifs en tant que juifs... »

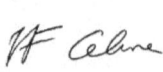

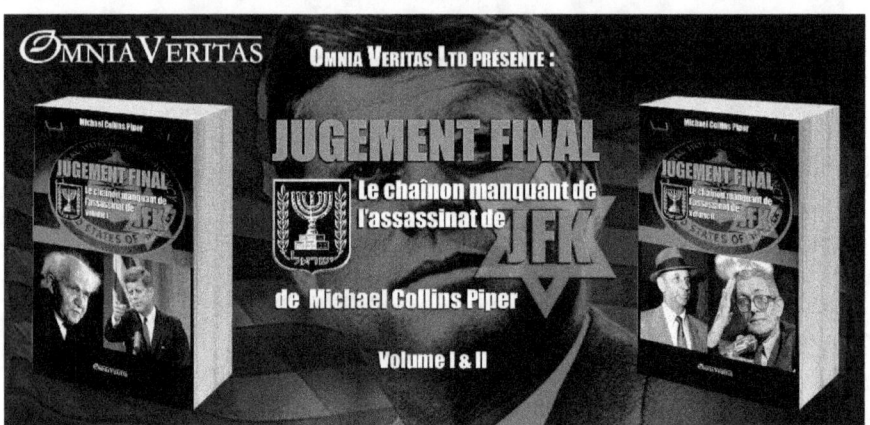

www.ingramcontent.com/pod-product-compliance
Lightning Source LLC
Chambersburg PA
CBHW070803030726
47504CB00003B/680
* 9 7 8 1 9 1 2 4 5 2 8 0 4 *